経営学の定点

増補改訂版

石嶋芳臣
岡田行正
［編著］

同文舘出版

〈執筆分担〉(執筆順)
石嶋　芳臣（第1章）
今野　喜文（第2章）
岡田　行正（第3章）
赤石　篤紀（第4章）
森永　泰史（第5章）
横尾　陽道（第6章）
田中　史人（第7章）
伊藤　友章（第8章）
庄司　樹古（第9章）

増補改訂版によせて

　本書の初版が上梓されて，早いもので6年余の月日が経過した。振り返ってみると，当初，本書のタイトルに悩みながら，大学院時代の恩師・石坂巌先生のご高著『知の定点』（1984年，木鐸社）をヒントに，無謀にも『経営学の定点』と命名したことが昨日のことのように鮮明に思い出される。まさに若気の至りである。

　初版の上梓からこれまでの間，第5刷まで重刷することができたのは，各大学でテキストや参考文献として活用いただいた多くの大学教員・関係者の方々をはじめ読者の皆様のお蔭であるのはもちろんのこと，石坂先生のご高著にあやかった影響も大きいものと思っているところである。

　一方，この6年余りの間にも企業経営を取り巻く環境は変革の波に曝され，数多くの深刻な問題に直面している。

　たとえば近年，急速に日本企業の海外進出が進み，国際市場における海外競合他社との競争が激化しつつある一方で，海外企業の日本市場への進出も増加し，海外競合他社との競争環境が，ますます本格的なグローバル化，ボーダレス化の様相を呈するようになってきている。しかし他方で，かつてコストを追い求めて工場や研究所の海外移転を進めてきた日本企業の多くは，技術やノウハウの流出，現地競合企業の台頭に圧されるかのように国内回帰の傾向にある。また，ディープ・ラーニングによって急速な進化を遂げているAI（人工知能）技術は，製造現場から流通，マーケティング，投資・金融分野にまで活用範囲が広がっており，今後もさらなる応用範囲の拡大が見込まれている。こうした技術革新は，企業に対するラディカルなイノベーションへの挑戦圧力が加速していくことを意味している。さらに，少子高齢社会となり人口減少の急速な進行が現実のものとなった今日，量・質ともに継続的な人材不足に直面しつつも，多くの企業経営者にとって5年先の見通しさえ立たない状態にある。労働のあり方が政策として議論され始めているものの，過労死・過労自殺のニュースは後を絶たず，精神障害等に関わる労災申

請件数も増加傾向にあり，変わらない労働環境・企業体質の実態をうかがい知ることができる。

　しかし，このように加速度的に変化し続ける今日であるからこそ，変わることのない，変わってはならない普遍的な理念や価値を常に自覚的に確認し続けなければならない。そこにこそ自らがよって立つべき視点・観点，現象や事象を認識・理解するための基軸，すなわち「定点」の確立が求められているという思いは，初版から一貫しており，本書増補改訂版においても何ら変わってはいない。

　同時に，石坂先生が『知の定点』において，日本民族の才能は，敗戦を終戦といい，工害を公害という言葉の「すり替え」を巧みに行う特技にあると揶揄したように，今なお，犯罪・不正を不祥事といい，権力・権威への服従を忖度という，すり替えの妙技に衰えはない。自分のしたことを他人事のようにすれば，経験が内面化されることも，責任の内的負担を自覚することもなく，すべての社会諸現象が雨・風と同じ自然現象でしかなくなる。そこには無責任さしか残らないという危機感を本書の各執筆者は基底において共有している。

　こうした思いのもと，本書増補改訂版では，マーケティングと会計学の領域を新たに加え，現代の企業経営をより俯瞰的な視点から考察し，各領域における「定点」をさらに詳細に提起することを目的としている。

　追加した第8章「マーケティング戦略の基本的視座としてのマーケティング・コンセプト」では，企業がマーケティング戦略を構築していく際，「マーケティング・コンセプト」という概念の意味するところが，今日においても定点をもたらしうるものかを検討している。1960年代以降，幾人かの論者が指摘したように，マーケティング・コンセプトの考え方を実際の企業経営に落とし込んでいき，さらに高業績につなげていくことは容易なことではない。しかしながら90年代以降は，こうしたマーケティング・コンセプトを巡る課題を受け継いだ市場志向の研究において，実践への道筋を示唆し，企業業績に影響を与えるメカニズムを実証的に明らかにしようとした研究が数多く蓄

積されている。市場志向研究の成果は、マーケティング・コンセプトがいくつかの問題点を含みながらも時代を超えてマーケティングの変わらぬ定点の1つとして位置づけられる根拠が提示されている。

　続く第9章「会計学における利益概念の基本的視座」は、「何を利益とするか」という命題が探究されている。そこではまず、企業活動と会計との歴史的相互作用から導かれる利益の概念構造を明らかにし、各種財務諸表の構成要素を定義する基盤を示すために、利益観の違いによる財務諸表の構造が解明される。さらに、アメリカにおける代表的な4つの利益概念を取り上げ、発生主義会計成立以降の会計理論が、財務諸表の構成要素を定義するための基礎として、2つの利益観をどのようなかたちで採用しているのかについて検証している。こうした考察によって、利益概念の基本的視座とその範囲が導かれ、さらには利益操作による粉飾決算に対する利益の功罪についても言及されている。

　なお、今回の増補改訂版についても、先学諸氏の研究成果を基盤に、論を展開していることはいうまでもない。本書をきっかけとして、ひとりでも多くの読者の方が経営学への関心をさらに高めていただけたら、執筆者一同、望外の喜びである。

　今回の出版にあたっても、多くの方々からのご指導・ご支援をいただいた。とりわけ、日本経営学会、組織学会、日本労務学会、工業経営研究学会、経営哲学学会、日本商業学会、日本会計研究学会の諸先生には、衷心より感謝申し上げる次第である。

　最後に、本書増補改訂版の刊行に際して、ご高配を賜った同文舘出版の中島治久社長はじめ青柳裕之氏、また格別なご尽力を頂いた大関温子氏にもこの場をかりて厚くお礼申し上げたい。

2018年2月

石嶋芳臣
岡田行正

はしがき

　企業を取り巻く環境は，常に変化している。情報通信やバイオといった技術分野の高度化，社会や経済活動におけるグローバル化・ボーダレス化の進展に加え，少子高齢社会の本格的到来や自然環境汚染の深刻化など，企業が対応すべき課題は多岐にわたっており，こうした諸課題をいかに解決していくか，各企業の存続に関わる重要な経営課題となっている。

　経営学はその成立以来，現実の経営と相互に連繫しつつ展開してきた。企業が直面している諸課題を明らかにし，その対応のあり方や解決の糸口を探ることは経営学に課された重要な役割の1つである。ところが時として，経営学という名の下でさまざまな所説が主張され，社会的風潮に流されるがまま，もてはやされては廃れていくことがある。それはひとえに，日々流転する現実への対処に翻弄され，目新しさを無批判に取り入れることで具体的・実践的課題を対処療法的にクリアしようとしているからに他ならない。こうした議論には，結果的に従来までの日本企業の長所を捨て去る事態を招き，比較優位性を失わせる誘因となる危険性が潜んでいる。

　いかなる社会科学においても複雑多様な現実をトータルに把握することは不可能であり，対象を意識的に選択しなければならない。このとき，学問・研究もまた人間の行為の1つである以上，一定の価値と結びついている点を忘れてはならない。意識的であるかどうかに関わらず，自身の行為がもつ究極の意味を明らかにし，自ら負うべき責任を強いることができるのも学問の役割である。つまり，社会科学としての経営学において，加速度的に変化し続ける今日であるからこそ，変わることのない，変わってはならない普遍的な理念や価値を常に自覚的に確認し続けなければならない。そして，そこにこそ自らがよって立つ視点・観点，現象や事象を認識・理解するための基軸，別言すれば「定点」が確立する。

　今日，経営学に求められる分析視点が学際的・多角的にならざるを得ない以上，「定点」なくしては，次々と生み出されるキーワードに翻弄され，ス

マッシュヒットのような議論が繰り返されるだけとなる。たとえ再び同様の問題が生じたとしても，過去の論争の到達点から出発することはなく，蓄積された議論が共有財産として経営学の発展に寄与することもない。さらに，何が問題の本質なのか，具体的・実践的課題そのものの是非が問われることもない。

今こそまさに，経営学における「定点」が問われているのである。

本書は，こうした問題意識のもと，企業が直面する諸課題をガバナンス，戦略，人的資源管理，経営財務，MOT，企業文化，ベンチャービジネスといった各専門領域の立場から検証し，それぞれの専門分野における「定点」を探求しようと果敢に挑んだものである。

第1章「株式会社制度とコーポレート・ガバナンス論」は，錯綜するコーポレート・ガバナンス論における議論の焦点を定めることに主眼を置き，企業諸理論の検討を通じて株式会社企業のあり方とその方向性について論じている。コーポレート・ガバナンスという文脈で議論される内容は，企業の業績や収益，株価の上昇をもたらすためのシステム設計ないし制度改革に関するものが主流を占めている。しかし，ガバナンスと効率性・合理性が直ぐさま結びつくわけではない。そこで，株式会社制度とはそもそも何かという根本的問題に立ち返り，今日の株式会社企業に求められる役割が再検討されることによって，経営者から企業の価値創出プロセスを促進するような効果的なコーディネーション能力を引き出すメカニズムの解明こそ，コーポレート・ガバナンス問題の焦点であると提示される。

第2章「戦略論の探求」では，2つの目的を設定している。1つは戦略論の進化の過程を探求するなかで「戦略論の基本的視座を確認すること」である。そしてもう1つは，「戦略の基本的視座を捉えなおす」という，現代の日本企業にとってきわめて重要な作業を進めるための材料を提供することである。一般に，戦略論の歴史は1960年代に始まるといわれる。現在までの間，戦略論はさまざまな分析ツールやコンセプトを生み出してきた。とりわけ，1980年代に入り戦略論の主要なトピックが，企業成長の問題から競争優位の

問題へとシフトするなかで，ポジショニング・アプローチ，資源ベース・アプローチ，能力ベース・アプローチ，ゲーム・アプローチ，ダイナミック・ケイパビリティ・アプローチといった競争優位の源泉を説明するためのアプローチが注目されてきた。本章では，これら5つのアプローチについて検討を試みている。それは，こうした戦略論の探求こそが，「戦略の基本的視座を捉えなおす」ための有効かつ貴重なプロセスとして理解されているからである。

第3章「人的資源管理の史的展開と基本的視座」は，まず現在まで約1世紀にわたって発展してきた人事管理・人的資源管理の主要理論を取り上げ，それぞれの理論体系や枠組み，特徴などを発展段階的に概観している。その際，特に従来までの人事管理から人的資源管理へとパラダイムシフトしたことによってもたらされた理論的特徴や労働者観の変化，およびそこに包含される根幹的な問題などに焦点を当てて考察されている。こうした発展史的な観点から現代の企業経営における人的資源管理の実態や現状を鑑み，労働者観とその実践的応用，協調的な労使関係を構築するうえでの集団的労使関係管理の意義と役割，人的資源開発と人的資源計画，報酬・賃金制度の基本原理と生活者として労働者の視点が，人的資源管理領域では欠くことのできない基本的視座であると論考されている。

第4章「経営財務の基本的視座と株主価値創造経営」では，もっぱら資本の観点から企業をみる経営財務に着目し，資本主義社会，とりわけその中心にある英米において，企業がどのように捉えられているのか，また企業経営に関わる人間がどのように捉えられているのかについての知見を与えることを主たるねらいとしている。経営財務論の1つの特徴は，株式会社の所有者として株主を念頭におき，企業が果たすべき目的として，株主価値の最大化，企業価値の最大化を置いた議論を行うことにある。こうした資本の論理に立った議論は，さまざまな利害関係者が関わる今日の企業経営のあり方を考えるうえでの基本的視座を与えるものであり，また英米を中心とする経営学の展開過程を理解する手掛かりを与えるものである。本章では併せて，かかる理論を援用した形で米国において1980年代後半より展開され，また日本でも

1990年代から2000年代に着目された株主価値創造経営の是非についても再考している。

　第5章「MOT教育の広がりと，理論に対する変わらぬ誤解」は，MOTに関する定点を取り上げる。MOTとは，Management of Technologyの略称であり，日本では「技術経営」と訳されることが多い。MOTは，経営学のなかでも，特に製造業の経営に焦点を当てた研究・教育分野のことである。近年，日本でも，このMOT教育の普及に伴い，実務の世界と学問の世界の距離が近付きつつあるが，相変わらず実務家の経営理論に対する誤解や誤使用は多い。それはなぜであろうか。実務家との間で経営理論を正しく理解するための「定点」が共有されていない可能性がある。そこで本章では，経営理論が誤って使用される代表的な3つのパターン，①トレンド・フォロアー型，②木を見て森を見ず型，③イメージ先行型を取り上げ，それらの誤使用が生じる根本的な原因について考察している。そして最後に，そのような原因を解決するための方策が提示される。

　第6章「企業文化論の展開と基本的視座」では，企業文化論における論点の変遷を概観していくと同時に，一連の議論のなかで変わることのない企業文化論の視点や企業経営における企業文化の位置づけを検討することが主題とされている。そのため，まずは企業文化論の出発点として，1980年代初頭に企業文化という概念が企業経営のなかで注目されるようになった背景について確認される。次いで，その後の理論的展開に関して，特に企業文化の内部統合と外部適応という2つの機能的側面から論点が整理されている。そして，このような考察から見出される企業文化論の基本的視座として，さまざまな経営要因との相互関連において企業文化を統合的に捉える視点，および企業文化を企業経営の必要条件ないしは基盤と位置づける視点の重要性が示される。そのうえで，昨今の動向を踏まえながら，企業文化に対する実践上の問題点についても指摘されている。

　第7章「ベンチャービジネスの本質」では，今後の日本経済の発展にとって主役となるべきベンチャービジネスの群生と成長に関する経営学的知見のあり方が示されている。経営学におけるベンチャービジネスの位置づけを明

らかにする目的から，まず用語の定義という基本的な課題からはじめ，経営学研究における現代的意義が検討される。そのうえで，国際的な地位の低下が顕著になっている日本経済の再生において，ベンチャービジネスの果たす役割を明確にし，ベンチャービジネスの誕生と成長を促進するメカニズムを探求することの重要性が指摘される。最後に，現在の日本に求められているベンチャービジネス像の考察から，ベンチャービジネスの現代的意義としてアントレプレナーシップとイノベーション，その担い手としての企業家に焦点を当てた，日本経済の新たな成長に向けたベンチャービジネスの「定点」が提示される。

　本書の各執筆者は，いずれも札幌の地に縁の深い30歳代から40歳代の若手研究者であり，これまでの各自の研究成果をもとに各章を展開している。もちろん，それぞれの専門領域の立場によってアプローチなどに違いは存在するが，本書は一貫して現代における企業経営の実態や動向を見据えながら，各専門分野における基本的視座を示し，再検証すべき課題やそれに対する一定の指針・方向性を提起しているところに最大の特徴がある。その意味で本書は，大学生，大学院生，ビジネスに携わる人など幅広い読者層に対応するよう心掛けて作成されている。今後，読者の方々から忌憚のないご批判やご教示をいただければ幸いである。

　なお，私的なことではあるが，本書を2010年1月にご急逝された後藤啓一先生（北海学園大学名誉教授）の御霊前に捧げることをお許しいただきたい。本書執筆メンバーが，それぞれ札幌に赴任し大学教員としてスタートしたときから，後藤先生にはつねに温かい眼差しで見守っていただき，有形無形の数多くの教えを賜ってきた。先生からいただいた適切かつ有意義なご助言や，我々を丸ごと受けとめ包み込んでくださった寛容なお心遣いが，今まで我々にとってどれほど心の支えや励みになってきたことか。その学恩に，ただただ深く拝謝するばかりである。

　最後に，当節の困難な出版事情にも関わらず，本書の刊行を快くお引き受けいただいた同文舘出版株式会社の中島治久社長をはじめ市川良之取締役，

編集・校正作業などで多大な配慮を賜った青柳裕之氏に心からお礼を申し上げたい。

2011年7月

石嶋芳臣

岡田行正

経営学の定点（増補改訂版）　目次

第1章
株式会社制度とコーポレート・ガバナンス論

Ⅰ　問題の所在 …………………………………………………………… 1

Ⅱ　株式会社制度 ………………………………………………………… 2
　1．株式会社制度の諸特徴 …………………………………………… 4
　2．株式会社と証券市場 ……………………………………………… 6
　3．株式会社制度と経営者支配 ……………………………………… 7

Ⅲ　経営者支配論とコーポレート・ガバナンス問題 ………………… 9
　1．今日の経営者支配的状況 ………………………………………… 10
　2．機関投資家によるコーポレート・ガバナンス改革 …………… 12

Ⅳ　コーポレート・ガバナンス論の検討 ……………………………… 14
　1．エージェンシー理論 ……………………………………………… 14
　2．ステークホルダー・アプローチ ………………………………… 17
　3．エージェンシー理論とステークホルダー・アプローチ ……… 20

Ⅴ　株式会社における経済性と社会性 ………………………………… 21

Ⅵ　むすび ………………………………………………………………… 24

第2章
戦略論の探求

Ⅰ 問題の所在 …………………………………………………………… 29

Ⅱ 戦略論の起源とその後の発展 …………………………………… 30
　1．戦略論の起源を辿る ……………………………………………… 30
　2．戦略論の偉大な先駆者 …………………………………………… 32
　3．マトリックス分析の全盛時代 …………………………………… 34

Ⅲ 競争優位の源泉をめぐる戦略アプローチの攻防 …………… 37
　1．ポジショニング・アプローチ …………………………………… 37
　2．資源ベース・アプローチ ………………………………………… 40
　3．能力ベース・アプローチ ………………………………………… 43

Ⅳ 戦略論のダイナミクスへの挑戦 ………………………………… 45
　1．ダイナミックな戦略観の重要性 ………………………………… 45
　2．ゲーム・アプローチ ……………………………………………… 48
　3．ダイナミック・ケイパビリティ・アプローチ ………………… 50

Ⅴ むすび ………………………………………………………………… 52

第3章
人的資源管理の史的展開と基本的視座

- Ⅰ 問題の所在 …………………………………………………………… 59
- Ⅱ 人事管理の理論的変遷 ……………………………………………… 60
  - 1．科学的管理法 ……………………………………………………… 61
  - 2．初期人事管理論 …………………………………………………… 61
  - 3．伝統的人事管理論 ………………………………………………… 63
  - 4．人間関係論的人事管理論 ………………………………………… 64
  - 5．行動科学的人事管理論 …………………………………………… 65
- Ⅲ 人的資源管理の理論的枠組み ……………………………………… 66
  - 1．ハーバード・グループの人的資源管理論 ……………………… 67
  - 2．ミシガン・グループの戦略的人的資源管理論 ………………… 71
- Ⅳ 人的資源管理のパラダイム ………………………………………… 74
  - 1．メギンソン理論の意義と特徴 …………………………………… 75
  - 2．ハーバード・グループ理論の意義と特徴 ……………………… 77
  - 3．ミシガン・グループ理論の意義と特徴 ………………………… 78
- Ⅴ 人的資源管理の基本的視座 ………………………………………… 79
  - 1．労働者観とその実践的応用 ……………………………………… 79
  - 2．集団的労使関係管理の意義 ……………………………………… 81
  - 3．人的資源開発と人的資源計画 …………………………………… 82
  - 4．報酬・賃金制度の基本原理 ……………………………………… 83
- Ⅵ むすび ………………………………………………………………… 84

第4章
経営財務の基本的視座と株主価値創造経営

- **Ⅰ　問題の所在** …………………………………………………………… *89*
- **Ⅱ　経営財務の理論展開** ………………………………………………… *90*
  - 1．経営財務における議論の対象 ……………………………………… *90*
  - 2．議論の前提条件 ……………………………………………………… *91*
  - 3．株主価値の最大化＝株価の最大化 ………………………………… *93*
- **Ⅲ　経営財務の人間観および企業観の展開** …………………………… *95*
  - 1．新古典派経済学の人間観および企業観 …………………………… *95*
  - 2．経済人モデルへの批判 ……………………………………………… *97*
  - 3．エージェンシー理論 ………………………………………………… *98*
- **Ⅳ　エージェンシー理論に基づいた議論の深化** ……………………… *100*
  - 1．企業におけるエージェンシー問題：利害関係者間の対立 ……… *100*
  - 2．エージェンシー問題の抑制 ………………………………………… *102*
  - 3．エージェンシー・コストの存在を考慮に入れた財務的意思決定 … *104*
- **Ⅴ　株主価値創造経営** …………………………………………………… *106*
  - 1．株主価値創造経営の嚆矢 …………………………………………… *106*
  - 2．株主価値創造経営の展開 …………………………………………… *107*
  - 3．株主価値創造経営の枠組み ………………………………………… *108*
- **Ⅵ　株主価値創造経営の再考** …………………………………………… *110*
  - 1．所有権の変質からの批判 …………………………………………… *110*
  - 2．公平性からの批判 …………………………………………………… *111*
  - 3．効率性からの批判 …………………………………………………… *112*

Ⅶ　むすび	114
1．理論の定点，現実世界の揺らぎ	114
2．理論の実践に際して	115

第5章
MOT教育の広がりと，理論に対する変わらぬ誤解

Ⅰ　問題の所在	121
Ⅱ　経営理論の誤った使用例	122
1．トレンド・フォロアー型の誤使用	123
2．木を見て森を見ず型の誤使用	125
3．イメージ先行型の誤使用	128
Ⅲ　事例の考察	131
Ⅳ　むすび：問題解決の処方箋	133
1．受け手側のリテラシー不足の解消	133
2．作り手側の不親切の解消	135

第6章
企業文化論の展開と基本的視座

- Ⅰ 問題の所在 ……………………………………………………………… *139*
- Ⅱ 企業文化論の出発点 …………………………………………………… *140*
  - 1．分析的アプローチの限界と経営の認知的・行動的側面への注目 … *141*
  - 2．「ジャパニーズ・マネジメント」と経営における統合的視点と文化的視点 … *143*
- Ⅲ 内部統合の視点 ………………………………………………………… *145*
  - 1．「強い文化」論の論点 ………………………………………………… *146*
  - 2．「日本型企業モデル」と内部統合の機能 …………………………… *148*
- Ⅳ 外部適応の視点 ………………………………………………………… *150*
  - 1．「強い文化」の逆機能と外部適応の視点 …………………………… *151*
  - 2．環境変化の激化とイノベーションの視点 ………………………… *154*
- Ⅴ むすび …………………………………………………………………… *155*

第7章
ベンチャービジネスの本質

Ⅰ 問題の所在 …………………………………………………… *163*

Ⅱ ベンチャービジネスとは …………………………………… *165*
  1．ベンチャービジネスの誕生 ……………………………… *165*
  2．ベンチャービジネスの誤解 ……………………………… *166*
  3．ベンチャービジネス再考 ………………………………… *168*

Ⅲ 求められる新しいベンチャービジネス像 ………………… *170*
  1．イノベーションの担い手としてのベンチャービジネス …… *170*
  2．アントレプレナーシップ発揚の場としてのベンチャービジネス … *171*
  3．グローバル・アントレプレナーシップ・モニター ……… *172*
  4．アントレプレナーシップの本質 ………………………… *174*

Ⅳ ベンチャービジネスの現代的定義 ………………………… *176*
  1．ベンチャービジネスと企業規模 ………………………… *177*
  2．ベンチャービジネスと企業年齢 ………………………… *177*
  3．ベンチャービジネスとリスク …………………………… *179*
  4．変革期のベンチャービジネス …………………………… *180*

Ⅴ 経営学のなかのベンチャービジネス研究 ………………… *182*
  1．経営学とベンチャービジネス …………………………… *182*
  2．ベンチャービジネスを研究する視点 …………………… *183*

Ⅵ むすび：日本的『企業家社会』の構築に向けて ………… *184*

第8章
マーケティング戦略の基本的視座としての マーケティング・コンセプト

Ⅰ 問題の所在 …………………………………………………………… *191*

Ⅱ マーケティング・コンセプトの概念と
　マーケティング戦略プロセス ……………………………………… *192*

Ⅲ 1990年代以前のマーケティング・コンセプトに関する
　研究の展開 …………………………………………………………… *196*

Ⅳ 1990年代以降の市場志向の研究の展開 ………………………… *200*
　1. 市場志向の概念規定と測定尺度の開発
　　〜行動アプローチと文化アプローチ〜 ……………………… *200*
　2. 市場志向と業績との関係 ……………………………………… *205*

Ⅴ 市場志向とイノベーションとの関係 …………………………… *208*
　1. なぜ市場志向がイノベーションのブレーキになるのか？ … *208*
　2. 市場志向とイノベーションとの関係を巡る研究の展開 …… *211*
　3. 市場志向と破壊的イノベーションとの関係 ………………… *213*

Ⅵ むすび ……………………………………………………………… *215*

第9章
会計学における利益概念の基本的視座

Ⅰ 問題の所在 …………………………………………………………… *221*

Ⅱ 会計の歴史的変遷と利益の計算方法 ………………………………… *223*
 1．会計の起源と現金主義会計の始まり ………………………………… *223*
 2．信用取引の生起と半発生主義会計の出現 …………………………… *225*
 3．現金収支からの分離と発生主義会計の成立 ………………………… *225*
 4．経済学からのアプローチと意思決定有用性会計の萌芽 …………… *226*
 5．ファイナンス型市場経済の進展と公正価値会計への移行 ………… *228*
 6．2つの利益測定方法 ……………………………………………………… *230*

Ⅲ 利益観に関する考察 …………………………………………………… *232*
 1．財務諸表観とは ………………………………………………………… *233*
 2．資産負債アプローチと収益費用アプローチの特徴 ………………… *235*
 3．資産負債アプローチと収益費用アプローチの相違 ………………… *238*

Ⅳ 利益概念の諸類型─利益観からの考察─ …………………………… *242*
 1．ペイトン＆リトルトンにおける利益概念 …………………………… *242*
 2．エドワーズ＆ベルにおける利益概念 ………………………………… *243*
 3．ASOBATにおける利益概念 …………………………………………… *244*
 4．FASB概念フレームワークにおける利益概念 ……………………… *244*

Ⅵ むすび－利益の功罪－ ………………………………………………… *246*

・事項索引 ………………………………………………………………… *253*
・人名索引 ………………………………………………………………… *257*

第1章 株式会社制度とコーポレート・ガバナンス論

I 問題の所在

　1980年代末のバブル経済の崩壊以降，わが国においてもコーポレート・ガバナンス（Corporate Governance）という用語が広く認知されるようになった[1]。その背景には，相次いで露呈する企業の不祥事・犯罪，行き過ぎた投機的行動や経営者の暴走のほか，長引く経済的低迷と企業業績の悪化，激化するグローバルな市場競争，さらには情報化社会の進展，少子高齢社会の本格的到来など経済的社会的環境の変化がある。

　企業の社会的な信頼回復と収益力の向上に向けた構造転換が迫られる事態に直面して，企業倫理（Business Ethics），遵法経営（Compliance Management）や企業の社会的責任（Corporate Social Responsibility：CSR）とともにコーポレート・ガバナンスへの関心が高まり，行政当局や実務家，業界団体，NPOなどからさまざまに具体的な政策提案がなされているほか，経営学，会計学，経済学，法学，社会学など関連諸領域から活発な議論が行われてきている。

　法制度の面でも，1993年の商法改正で大会社への社外監査役の選任が義務づけられ，続く2002年の改正では委員会設置会社が導入された。2004年に東京証券取引所が「上場企業のコーポレート・ガバナンス原則」を公表し，有価証券報告書に自社のコーポレート・ガバナンスに関する報告書の提出を求めるようになった。また，それまで商法において定められていた会社に関す

るいくつかの法律が統合・再編成され，2006年5月から施行された会社法では，取締役の権限強化，内部統制システムの構築などによる経営への監視体制が強化されている。

　もっとも，法制度上の改革によってコーポレート・ガバナンス問題のすべてを解決できるわけではない。コーポレート・ガバナンス論は，究極のところ，「企業は誰のものか」「企業は誰の利害に尽くすべきか」という，企業の基本的なあり方が問われているからである。

　しかしながら，現代の巨大な株式会社企業をどのように理解するのかという会社観，また如何なる企業のあり方を目指すのかといった基本的な理念や視座が必ずしも共有されているとはいえない。さらには，誰のために，何のためにコーポレート・ガバナンスが論じられているのか，議論の本位が必ずしも定まっているわけでもない。こうした，いわば「定点」がないまま議論の展開がなされるならば，対処療法的にさまざまな制度改変を繰り返し，お題目としてコーポレート・ガバナンスが唱えられるだけか，あるいは安易な制度設計による意図せざる結果として，日本企業がこれまで有していた競争優位性を危うくする事態が生じると思われる。

　本章では，コーポレート・ガバナンスという枠組みにおいて，何が問題とされているのかという点について，まずもって株式会社制度について概観する。そもそも株式会社とは何かから始め，コーポレート・ガバナンス論における立論上の基底とされる経営者支配が何を意味するのかを明らかにし，次いでコーポレート・ガバナンスの主体の問題について検討する。最後に，コーポレート・ガバナンス問題の本質，および現代における株式会社企業のあり方について検討したい。

II　株式会社制度

　コーポレート・ガバナンスという概念に一義的で明確な定義が与えられているわけではない。論者によってさまざまな観点から多様なアプローチに基

づいた定義がなされ，具体的な提言や改革の方向性が示されている。勝部（2004）によれば，コーポレート・ガバナンスの定義に関しガバナンスの客体を経営者とする点では多くの論者が一致しつつも，主体・内容・目的の点で議論が分かれるとしている。論者によって，ガバナンスの主体は株主，従業員，ステークホルダー（Stakeholders）と分かれ，ガバナンスの目的については経営者のパフォーマンスないし効率，価値の配分，責任や権限の配分と分かれる。またガバナンスの内容については監督，コントロール，規律づけ，影響力，モニタリング，牽制，監視，統制と多様である（勝部，2004，292頁）。

　少なくとも多くの論者に共有されている問題意識に従って，「株主ないし多様な諸ステークホルダーの立場から，公正性や合法性ないし企業価値や企業パフォーマンスの向上に結びつく経営効率の維持・改善に向けて，経営者の行動をチェック＆モニタリングし規律づけてゆく活動のあり方」（植竹，2009，135頁）に関する議論ということができる。

　もっとも，**図表1-1**で示されるように，株式会社をどのように理解するかという会社観の相違によって会社の目的もまた多様化する。それ故，ガバナンスの目的・内容についても多様ならざるを得ないといえる。会社観の形成

図表1-1　さまざまな会社観

会社観		会社は誰のものか	会社の目的
会社用具観	株主用具観	株主のもの	利益の最大化・企業価値の最大化
	従業員用具観	従業員のもの	従業員所得の最大化
	経営者用具観	経営者のもの	企業成長：規模の最大化
			自由裁量利益の最大化
			経営者所得の最大化
	多元的用具観	労使共同のもの	共同利益の最大化：付加価値の生産の配分
		多様な利害関係者のもの	交渉による目的の形成
会社制度観		会社は公器（誰のものでもない）	会社の成長と存続

出所：加護野ほか，2010，18頁。

は社会的文化的環境と連動しており，株式会社の機能や役割，目的も経済的環境および歴史的経緯によって一義的に規定されているわけではない。そこで，コーポレート・ガバナンス問題が株式会社制度と不可分の関係にある以上，まず株式会社制度について改めて検討する意義があると思われる。

1. 株式会社制度の諸特徴

　株式会社の形態的諸特徴として，①全出資者の有限責任制，②会社法人性，③会社機関の存在，④出資と経営の分離，⑤株式の自由譲渡性の5つをあげることができる（植竹，1984，94頁）。

　合名会社や合資会社の一部の出資者には，会社債務に対し直接無限責任を負い経営機能を担う権限が与えられる。これに対し株式会社では，すべての出資者の責任は間接有限責任となる。株式会社形態の第1の特質ともいわれる全出資者の有限責任制が成立するためには，会社債務に対する弁済責任を会社財産そのものによって負担させる必要がある。このとき，出資者とは明確に区別された一個の独立した法的権利・義務の主体たる会社「法人（Legal Person）」が会社財産の所有者として登場する。**図表1-2**で示されるように，会社財産の直接的所有者として法人が介在することによって，全出資者の有限責任制が確立する。出資者によって拠出された資金は結合資本として会社財産を形成するが，出資者である株主は会社財産に対する直接的な所有権はない。

　近代法において，所有対象を排他的に自由にし得るという関係が成立するのは，ヒトとモノとの間においてのみである。ところが図表1-2で示されるように，自然人である株主は出資者として法的な会社の所有者であり，モノとしての「法人」の所有主体でありながら，会社財産の直接的所有権は法的に擬製された人格である法人にあるという「2重の所有関係」におかれるのである[3]。

　株式会社では合名会社や合資会社において無限責任をもって経営機能を担っていた出資者は存在しない。もし仮に，特定の出資者が経営権を有するならば，彼に会社財産の所有者として無限責任が負わされることになるだろう。

実際,株式会社の財産は不特定多数の出資者による結合資本として存在しており,出資者すべてが直接的に資本の運用に携わることは不可能である。また,資本主義社会は私的所有権が社会的に保証される私有財産制を根幹とする。これによりわれわれは,自己の所有対象について排他的財産権を主張し得る。所有権は所有対象に対する排他的な使用・収益・処分の諸権利が三位一体となった権利であるから,会社財産を運用する経営権は法人が有するということになる。

しかし,法人は自然人とは異なり,意思(Mind)をもち自ら意志(Will)を決定する能力も経営機能も担うことができない。そのため,会社の意思決定(Decision-making)機関として「会社機関」が設置される。株式会社は,会社の法的所有者である株主によって構成される株主総会を最高意思決定機関として,その下に日常的・業務上の意思決定機関である取締役会が設置されている。株主総会において株主は,議決権によって定款に関する事項の決議や取締役会メンバーの選任・解任を行う。会社の最高意思決定機関である

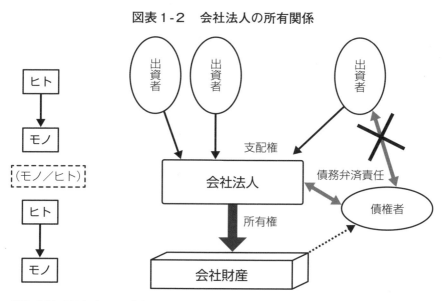

図表1-2　会社法人の所有関係

出所：岩井(2003)をもとに筆者作成。

株主総会は，多数の株主の存在にもかかわらず1株1票の資本多数決原理によって組織としての統一的意思決定の維持が可能となる。

こうして，株式会社制度の基本的な特質として「出資」と「経営」が人格的にも機能的にも分離する。出資者が必ずしも経営機能を担う必要はなく，専門知識や経験において優れた経営者を選任することで効率的な企業運営が可能となる。

なお，この点はすでにアダム・スミス（Adam Smith）によって，株式会社は投資家達が「会社の事業をまったく理解しようとさえしない」ために，株主や会社までをも犠牲にして「怠慢で金づかいのあらい」取締役達に私腹を肥やす機会を与えると批判されているとおりである（Smith, 1937, pp.699-700）[3]。

2．株式会社と証券市場

株式会社は当初から大規模な資本を必要とする事業に向いた形態であり，必要とされる資本は株式の発行によって調達できる。株式とは，資本金を均一に細分化した単位であり，これを表示した有価証券を株券と呼ぶ。出資者からみれば，有限責任に加え出資単位が少額であるためきわめて出資しやすい条件である。出資者は出資金に応じた株式を保有することで株主となり，会社は広く社会に散在する資本から必要とする資金を得ることができる。

さらに，出資した資金がいつでも回収できるならば，より多くの人が出資に応じるだろう。しかし会社側からみれば，出資された資金はすでに財・サービスの生産に向け設備投資や原材料の購入，従業員の雇用などに使われており，出資者の要求である出資金の返還は会社の解散を意味する。資本を長期に固定化することで生産活動を継続し利益の拡大を図りたい会社の要求と出資者の要求とは相互に矛盾しており，両立は不可能である。

この矛盾を突破するのが，証券市場を通じた株式の流通である。株式を自由に売買できる株式会社のことを上場企業ないし公開会社と呼ぶ。出資者によって払い込まれた資金を元手に会社は生産活動を開始し，資本の長期固定

化によって利益の拡大を図る。他方，出資者は証券市場を通じて株式を投資家へ売却することで現金を手にすることができる。証券市場における株式の流通・売買は，企業の生産過程に直接影響を及ぼすことはない。これにより出資者の資金の随時回収可能性は名目上，満たされ，同時に会社の資本の長期固定化の要求も満たされることになる。

　さらに，個人としての株主や取締役ないし各種委員会メンバーがどんなに入れ替わろうと，ゴーイング・コンサーン（Going Concern）＝継続事業体としての永続性が会社法人に備わることとなり，利潤の一部を再投資することによる資本の蓄積を推し進めることが可能となる。また，証券市場を通じた株式の流通は，資本の集中による飛躍的な資本規模の拡大を容易にする。証券市場を通じた株式の自由譲渡性は，「株式会社をして株式会社たるに相応しい存在とさせている基本要因」（植竹，2009，96頁）と理解される。株式会社制度が資本規模の拡大可能性からみて，最高次の企業組織形態とされる所以である。

3．株式会社制度と経営者支配

　企業は株式会社形態を採用することで容易に資本規模の拡大が可能となる。証券市場の発達とともに，株式が自由に売買されるにともない，議決権を行使して会社を支配する支配証券としての意味が希薄化し，株式の売買によって得られるキャピタル・ゲインを目的とした収益証券としての性格が色濃くなってゆく。さらに，資本規模を拡大するために株式が大量に発行されると，個々の株主の持株比率が相対的に低下していき，やがて単独では直接的に取締役会メンバーを選任・解任できなくなってゆく。株式会社の大規模化は，「出資と経営」の分離を超えて，「所有」と「経営・支配」が分離・乖離する契機をもたらす。

　こうして，株式保有の広範な分散化によっていかなる株主も直接的に取締役の任免を行い得ない状態にあり，さらにまた資本規模の拡大にともなって企業経営に高度な専門知識や豊富な経験が必要とされるなどの理由により，

経営陣自らが取締役を選出する事実上の権限を有し，経営陣が自己永続的な存在として企業経営に関して十全な自律性を有する「経営者支配（Management Control）」と呼ばれる状態がもたらされる。バーリ＆ミーンズ（Berle, A.A. and G.C.Means）によれば，株式会社の大規模化とともに株式保有が高度に分散化し「経営者支配」的状況がもたらされるのである（Berle and Means, 1932）。

これに対し，個々の企業を取り上げ詳細な歴史的分析を行ったチャンドラー（Chandler, A.D., Jr.）によれば，経営者支配は逆の展開によってもたらされたとする。鉄道のように複雑な事業を効率的に運営・管理するためには，当初から特殊な技能や訓練，専門的知識をもった専門経営者を必要としていた。ところが株主は，そうした専門的知識も経営能力も持ち合わせてはおらず，株主の主たる目的は当該企業への投資収益率の拡大にあった。株主に経営を委託された専門経営者が経営戦略上，企業規模の拡大に向けた資金調達のために株式を大量に発行した結果，個々の株主の持株比率が相対的に低下したのである。つまり，専門経営者の台頭が資本規模の拡大を推し進め，結果として株式の分散化へと結びついたのである。専門経営者の必要性が，持株比率とは無関係に当初から株式会社における「経営者支配」的状況をもたらす契機になっていたと理解される（Chandler, 1977）。このため，より複雑になってゆく企業経営を合理的・効率的に運営するためには，経営者支配は不可避な現象と考えられる。

少なくとも，株式会社における支配問題にとって持株比率や株主構成のみが決定的な要因ではない。しかしながら，資本主義社会における株式会社の支配の正当性根拠は，私有財産制度，私的所有権に求めなければならない。企業経営における支配が会社財産の運用に関する決定権，すなわち意思決定権にあるとするならば，その究極的支配手段は株主権（議決権，配当請求権，残余利益請求権）ということにならざるを得ない。そこでバーリ＆ミーンズは，株式会社における支配を「取締役を選出する法的権限」と定義し，支配の所在を取締役の任免力に求めたのである。

株式会社制度において，株主の有する意思決定権は会社機関を通じて取締

役会に客体化されているため，株主総会における取締役の任免によってのみ支配権を行使することができる。株主総会において会社の日常的・業務上の意思決定を担う取締役会のメンバーを選任・解任することによって会社の意思決定を左右し，実質的に会社を支配する。しかし，経営陣が自己永続的な支配的地位を占有する経営者支配の状況は，株主の利益，あるいは会社までをも犠牲にして自らの私腹を肥やすような経営者の機会主義的行為の可能性を示している。経営者権力の制御問題を明らかにした株式会社支配論が，コーポレート・ガバナンス論の立論上の基底と理解される所以である。

III 経営者支配論とコーポレート・ガバナンス問題

バーリ＆ミーンズの著書『近代株式会社と私有財産（*The Modern Corporation and Private Property*)』は，大きく4部構成になっている。第1編の「財産の変革」では，資本の運営とそれによる富の創出という積極的財産と，消費や浪費に向けられるだけの不労所得の源泉となった株式という消極的財産との分離が株式会社の発展によって生じたとする議論から始まり，実証研究を踏まえたうえで「所有と経営の分離」という議論が展開され，経営者支配の問題が提示される。そのうえで，彼らの主張は第4編に集約されており，経営者支配型が優勢となった巨大株式会社企業の運営にあたって，如何なる原理が妥当するかが検討される。

第1の原理として，所有者支配型の基本原理でもある財産の論理に従えば，経営者は株主の単純な代理人となり，会社が生み出した利潤のすべてが株主のもとに帰属する。このため，経営者の企業運営に対するインセンティブが減少し，結果的に企業は利益を生み出せなくなってしまう。

他方，第2の原理である利潤の論理に従えば，経営者支配型企業では，資本の運営を担っているのは経営者であり，彼らが効率的な資本運営に対し究極的な責任を担い，株主は単なる資本提供者とみなされる。資本リスクの分担部分を配当として支払ったあとに残る利潤を経営者が受け取れば，彼らの

インセンティブを高めることは可能となるが，所有権のない経営者にはこれを受け取る正当性はない。このため第1，第2，どちらの原理も採用することができない。

そこでバーリ&ミーンズは，「もし株式会社制度が存続すべきものとするならば，大会社の『支配（Control）』は，コミュニティの諸集団による多様な要求を均衡させ，私的貪欲よりもむしろ公的政策に基づいて収入の一部を各集団に割り当てるような，純粋に中立的なテクノクラシー（purely neutral technocracy）に発展すべきである」（Ibid., p.312-313）という第3の原理を提示し，株式会社制度そのものを新たに定義づけたのである。

「所有と経営」，さらには「所有と支配」の分離・乖離といった現象は，経営者にとって，彼らのもつ専門的知識とも相俟って株主に対する自律性・優位性を高め，むしろ株主の私的利潤追求から解放される契機となる。そのとき，株式会社は多様な諸利害関係者間の利害調整に責任をもつ「準公的会社（quasi public corporation）」として行動することになるという。すなわち，「経営者支配」状況にある企業の経営者が「中立的なテクノクラシー化」することによって，諸利害関係者の利害の調整を果たすよう会社運営を行う原理を提起したのである。それはまた，巨大株式会社企業における会社運営の原理に新たな可能性を切り開いたものといえる。

1．今日の経営者支配的状況

もっとも，バーリ&ミーンズが前提としていたのは古典的な個人株主であり，今日の経営者支配型企業の主要な株主は法人株主や機関投資家など非個人によって占められている。**図表1-3**で示されるように，日本における株式保有状況は約20％の個人株主に対し，約70％が金融機関や他の事業法人によって占められている。日本において注目すべきは，非個人株主の属性である。金融機関の株式保有比率は1990年度には43.0％あったものが，2000年度には39.1％，2009年度には30.6％まで下降している。事業法人による株式保有もまた1990年度で30.1％あったものが，2009年度には21.3％と同じく下降

図表 1-3　投資部門別株式保有比率の推移

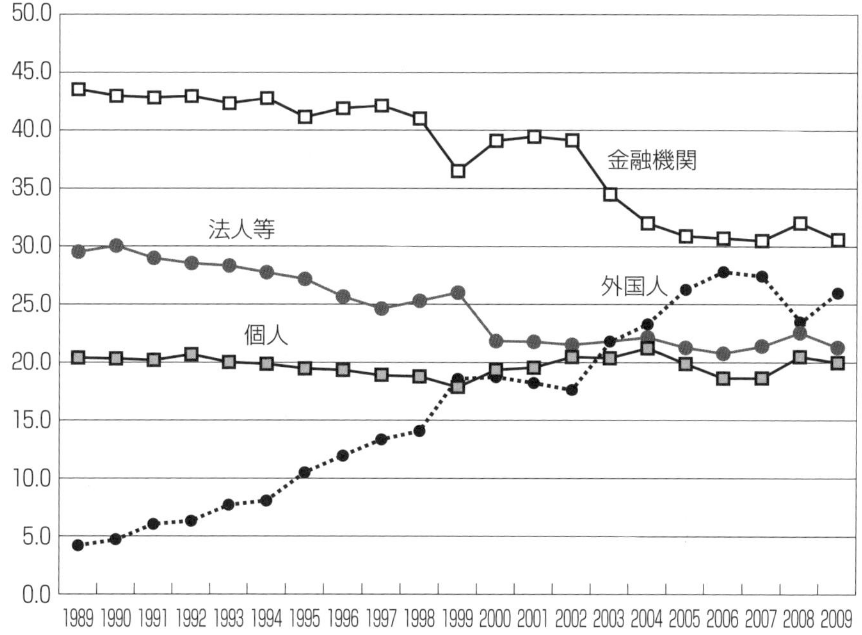

（備考）金融機関は，投資信託，年金基金を除く。
出所：全国証券取引協議会『平成 21 年度株式分布状況調査』より筆者作成。

している。これに対し1990年度には4.7％足らずであった外国人の株式保有比率は，1995年度には10.5％，2000年度18.8％と徐々に上昇し2003年度から21.8％，2005年度26.3％と急速に上昇し，2009年度には26.0％となっている。金融機関や事業法人における株式保有比率の低下に呼応して，外国人による株式保有比率が上昇している。外国人の大多数は，主にアメリカの年金基金や投資信託などである。

　日本において，コーポレート・ガバナンス問題への直接的関心は，相次いで露呈された企業犯罪によって多様なステークホルダーが甚大な被害を被ったことにより，経営行動そのものに対する疑問が呈されるようなった点にあるが，具体的なコーポレート・ガバナンス改革を推し進めてきたのは，持株比率を急速に上昇させてきた機関投資家の影響力によるところが大きいといえる。

2．機関投資家によるコーポレート・ガバナンス改革

　機関投資家が株式を保有する第一の目的は，株式のもつ「収益証券」としての側面である。そもそも機関投資家本来の目的は投資収益にあり，会社を支配することではない。彼らは複雑に組まれた投資ポートフォリオにもとづいて当該企業の株式を保有しているに過ぎない。通常，機関投資家においては，投資先企業それぞれの日常的経営をチェック＆モニタリングする意思も能力もないとされてきた。むしろ，投資先企業のROEやROI，PERなどの指標が満足し得るレベルにあり経営が安定的状態にあると評価されるならば，機関投資家は当該企業の経営にはまったくの無関心を装う。彼らが「スリーピング・パートナー（sleeping partners）」と呼ばれた所以である。そして従来，投資先企業の株価や配当の先行きに不安があれば，その株式を売却し収益の見込めそうな株式へ転換するという，いわゆる「ウォール・ストリート・ルール」に従って機関投資家は行動するものとみなされてきた。

　今日，機関投資家の持株比率は，証券市場における自らの売り注文の圧力によってさらなる株価の下落をもたらすほどに増加している。機関投資家にとって，株価や配当性向が低迷し始めた企業へ投資し続けることは機関投資家自身の損失であるばかりか，彼らの背後に存在する＜本来の＞受益者である多数の個人の資金損失でもあり，顧客に対する受託責任を果たせなくなることを意味する。市場で簡単に売却することが困難となり，もはや単なる「投資家」ではいられなくなった機関投資家にとって，株主総会において議決権を通じて企業経営へ直接介入してゆくか，市場で持株を売却する代わりにM&Aの仕掛人へ保有株式を譲渡する以外にはない。

　アメリカにおいては，会社支配市場（Market for Corporate Control）における流動性の高さが敵対的M&Aの可能性を高め，これが経営者に一定の「規律」を与える有効な手段であると評価されてきた[4]。ところが，1980年代の敵対的M&Aの嵐のなかで経営者がとったポイズン・ピルやゴールデン・パラシュートといった防衛手段が，株主を始め多様な諸ステークホルダーに膨大な損害を与えたばかりか，総じてアメリカ企業全般に競争力の低下をも

たらした要因として，機関投資家などの「市場近視眼」的な短期的利益志向に対する社会的批判が高まってゆく。

このため，短期的に利益獲得を目的とする市場近視眼的な「投資家」としてではなく，安定的「所有者」として長期的に企業価値の拡大を目指す「リレーションシップ投資」へと機関投資家の投資哲学が方向転換せざるを得なくなる。取締役会や各種委員会の再構成は直接的に金銭的利益と結びつくものではないが，株主に有利な決定がなされることを保証するガバナンス・システムを投資先企業に作り出すことができれば，長期的には株主および機関投資家の顧客の利益と結びつく。こうして今日，「アクティビスト（ものいう株主）」と呼ばれる一部の機関投資家を中心に，経営者の行動をチェック・モニタリングし規律づけてゆくコーポレート・ガバナンスに関する改革提言が積極的に行われている。会社支配市場の意義が問い直されるなかで，取締役会や各種委員会が機関投資家らにとって最適な利害表明の場としてクローズ・アップされてきたものと理解できる。

機関投資家にとって自らの利益を確保するためには，形骸化した会社機関を活性化させ経営者に対する規律づけとチェック＆モニタリング機能を高める方が効果的である。また，投資先企業の株式を長期的に保有することを前提とした場合，たとえ現在の業績が好調であったとしても将来起こりうる重大な利益背反の可能性をできるだけ排除する方が合理的となる。株主の利害に忠実であることを保証する制度として，経営者の意思決定を常にチェック＆モニタリング可能な取締役会や各種委員会のメンバー構成が問題とされる理由である。

機関投資家の行動は企業価値，とりわけ株式価値を高めることに一義的に方向づけられている。ひとたび法的所有者である株主の利害が損なわれるとき，「経営者は株主の忠実な受託者に過ぎないとする企業観が主流を占め」（植竹，1994，58頁），経営者支配の正当性が問題とされる。経営者支配といえども市場競争において会社が存続・成長するためには，常に一定以上の収益性を確保しなければならない。この収益性の確保は同時に，株主へ還元しなければならないレベルの利潤性の要請に経営者が拘束されていることになる。

つまり，専門経営者の行為と能力が，株主の利害関心に従うかぎりで経営者支配は妥当とみなされ，問題にされることがなかったに過ぎない。

もっとも，所有権を絶対視する株主至上主義という意味でのアメリカ型の株主一元論は，エンロン・ワールドコム事件以降，大きくその論調を修正してきたことは，周知のとおりである。株価中心主義ないし時価総額至上主義ともいえる経営者への規律づけには，重大な問題があることを示唆している。かのケインズ（Keynes, J.M.）による「美人投票」のアナロジーを持ち出すまでもないが，株主にとっての最適が，社会的な最適を保証するとは限らないのである（Keynes, 1936, p.156）。

IV　コーポレート・ガバナンス論の検討

1．エージェンシー理論

こうした経営者と株主の関係を詳細に論じているのが，エージェンシー理論である。エージェンシー理論とは，「1人あるいはそれ以上の人数の人（プリンシパル）が別の人（エージェント）を雇い，エージェントに対して一定の権限を委譲してプリンシパルのために何らかのサービスを遂行させるという契約関係」，すなわちエージェンシー関係を分析単位とする。エージェンシー関係にある両当事者は，それぞれ自己の効用を最大化するよう行動する経済主体であるが，両者の利害内容は必ずしも一致するとは限らず，エージェントがプリンシパルの利益を最大化するよう行動する保証はない。しかもすべての経済主体が同じ量と質の情報を有しているとは限らないため，両者の間には情報の非対称性が存在する。プリンシパルとエージェントの間に利害の不一致と情報の非対称性とが存在するために，エージェントの機会主義的行為（Opportunistic Behavior）によってプリンシパルが損害を被る危険がある。さらにエージェンシー関係を規定する契約は不完備ならざるを得ないため，常に非効率な資源の利用と配分の問題が現出する。

経営者支配の状況にある株式会社の場合，法的所有者である株主による日常的・直接的なチェック＆モニタリングは困難である。エージェントである経営者がプリンシパルである株主の利益を最大化するよう行動する保証はない。このとき，経営者が株主の利益はもとより会社をも犠牲にして，自己の利益のために資源を浪費する機会主義的行為をとる可能性が存在する。

　株主と経営者との間に発生するエージェンシー問題を事前に抑制するためには，会社支配市場を通じて間接的に経営者へ規律づけを行うか，取締役会を通じて直接的に規律づけを与える方法，ないし，ストック・オプションなどを利用して経営者の利害を株主の利害と一致させる方法などが考えられる。エージェンシー問題を解決する最善の方法は，株式の非公開化によって達成されるということになる[5]。つまり，両者の利害内容が完全に一致する「所有経営者（Owner-Manager）」型企業である。この場合，そもそもプリンシパルとエージェントが同一の経済主体であるため，エージェンシー関係自体の解消ともなる。

　エージェンシー問題の抑制による効率的経営の維持という点では，大正製薬，鹿島建設，ブリヂストン，出光興産，サントリーのような優良企業と評価されるビック・ビジネスにおける同族支配の存在，ソフトバンクの孫正義やユニクロの柳井正などに代表される強力なトップダウンが可能な所有者支配型の企業における業績の高さは，経験的にその妥当性を示しているともいえる。また，アメリカにおいて業績の高い企業のなかにも，マイクロソフトのビル・ゲイツやウォルマートのサム・ウォルトンのように，経営権は第三者に委ねつつも，大株主として個人や一族が君臨している所有者支配型企業が多いのも事実である。

　しかし通常，株式会社企業は株主と経営者とが人格的・機能的に分離する形態的特徴をもっており，この「出資」と「経営」の分離をはなれては，統一的経営を維持しつつ，より大なる資本集中を可能ならしめる株式会社制度の基本的特質を損なうこととなる。また非公開化は，企業規模の拡大という株式会社形態の経済的メリットを否定していることを意味する。

　結局，今日の巨大株式会社企業においてエージェンシー・コストは不可避

的に存在することになる。このため，エージェンシー・コストを最小化する制度設計がコーポレート・ガバナンス問題として展開される。菊澤（2010）によれば，唯一絶対的に効率的なガバナンス・システムは存在しないとしつつも，エージェンシー理論による多元的会社観から分離型と統合型という2つのステークホルダー・ガバナンスに収束していくと論じている。

　実証的エージェンシー理論では，企業は「企業価値」として存在しており，企業価値の拡大や減少は多様なエージェンシー関係の束を反映しており，企業価値が高まれば，ステークホルダーとの関係が良好である証拠とみなされる。企業の目的が企業価値の最大化と設定され，ガバナンスの目的はいかに企業価値を高め，フリー・キャッシュ・フローの増加と資本コストが低下するような経営を経営者にさせるかということになる。

　この点から菊澤は，日米独企業における資本構成の変化に着目して，次のように分析している。伝統的に負債比率の低いドイツ企業の場合，株主と経営者のエージェンシー問題は顕在化しないため，債権者と経営者とのエージェンシー問題を抑止するためユニバーサル・バンクによるガバナンスが発展してきた。日本やドイツのように資本市場や債券市場の発達が低い場合，株主と債権者というステークホルダーが統合している方が合理的となり，他方，アメリカのように市場の発達が高い場合，株主と債権者が併存し状況に応じて協力する分離型が合理的となる。こうして，ステークホルダー・ガバナンスと呼ばれるシステムへ収束していくとしている。

　しかしながら，ドイツにおけるユニバーサル・バンクによるガバナンス・システムを別の側面からみると，次のように展開することも可能である。高度な技術や高品質の製品を志向してきた企業において，技術開発にかかる投資が利益に結びつくには一定の期間を必要とする。そのため比較的長期的なスパンで投資効率を判断するような，いわば忍耐強い大株主の存在が企業の経営戦略と適合的であった。他方，投資家からすれば内部情報がモニターできなければ，投資効率を判断できず，さらに，技術レベルが高度になるほど銀行や金融の専門家だけではモニターできなくなってゆく。そこで，技術や製品に関する専門的知識をもつ人材が不可欠となる。こうして，ドイツ企業

に特徴的な多様な人材によって構成される取締役会が形成されていくことになる[6]。

　つまり，エージェンシー問題の抑制からではなく，経営戦略上の課題とステークホルダーの利害のバランスによってガバナンス・システムが形成されていったという理解である。もちろん，たとえ資本構成のあり方がガバナンスを規定するとしても，企業の資本構成を左右する市場の発達度合いというもの自体に存在する制度補完性（Complementarity）や経路依存性（pass-dependency）にも留意する必要があろう[7]。

2. ステークホルダー・アプローチ

　さて，実際の企業活動は，会社の存続に直接・間接的な利害をもち，彼らの支援なしには事業を運営しえないような人々ないし集団によって担われている[8]。会社が存続し得るのは，純粋な市場取引だけでは得られない便益（＝準レント）が多様な諸関係のなかで協働的に創出される点にある。ここに，株主だけではなく，従業員，顧客，債権者，取引業者，金融機関，行政など多様な主体に対しても経営者はなんらかの責任を負っているとみなすステークホルダー・アプローチの意義がある。

　コーポレート・ガバナンスの主体を多様な諸ステークホルダーに求める議論の基礎には，大規模会社の影響力が広範囲に及び，市場の調整機能も十分に作用しない今日，会社企業が社会経済全体のなかで果たす役割からみて，巨大株式会社は単なる株主の所有物を越えた社会的制度として理解されなければならないという認識がある。

　このとき，諸ステークホルダーの資源・エネルギーが協働に向かうことによって生み出される準レントの配分を規制するルールが重要となる。諸ステークホルダーの利益を実現するために会社運営がなされているかどうか監視・監督するシステムを如何に構築するかという点において，コーポレート・ガバナンス問題が展開される。富の創出と有形・無形の資産の運用にかかわる意思決定をどのような構造が支えているかという点，さらには意思決定メカ

ニズムと資産の運用に先立つ会社の＜目的＞内容が重要な論点となる。

　この点について，ブレア＆スタウト（Blair,M.M. and L.Stout）は，所有に規定された株主一元論を否定し，株式会社は諸ステークホルダーにおける利害調整として組織化される「企業特殊的投資の束」であるとする。株式会社の資産は株主ではなく「会社それ自体」に属するものと確認したうえで，株主，経営者，従業員など会社にかかわるすべてのステークホルダーを「チーム」とみなす。チーム・メンバーは，各自の投資する資産に対する財産権を法人に委譲している。それ故，「取締役会は，＜本来＞株主を守るためではなく，株主，経営者，従業員，おそらく債権者のような他の集団をも含む企業の「チーム」のメンバー＜すべて＞の企業特殊的投資を保護するために存在する」（Blair and Stout, 1999, p.253）と論じている。

　株式会社企業における諸レントの源泉は，各チーム・メンバーによる企業特殊的投資から生み出される。企業活動から諸レントを創出するためには，ある種の企業特殊的投資に対するインセンティブを与えることが不可欠である。しかし，チーム生産における各人の貢献が明確に確定できずモニターもできないとき，チーム・メンバーの機会主義的行為による手抜きやレント・シーキングによって企業特殊的資本への投資が抑制される可能性がある。チーム・メンバー間での手抜きやレント・シーキングを防止し，チーム・メンバーすべてに企業特殊的投資を促進させるためには諸レントに対する残余コントロール権を第三者に譲渡する事が次善の解決策になる[9]。

　ブレア＆スタウトによれば，チーム関係を維持し，各チーム・メンバー間での利害バランスを図ることを主目的とする権威者のポジションに取締役会が設定される。取締役が株主のエージェントとして行為することを否定し，取締役は「株式会社それ自体のための受託者」であり，「企業を構成する多くのステークホルダー間で競合する諸利害のバランスをとる責任を負う存在」（Ibid., p.298）と規定する。しかし，取締役自身の機会主義的行為の可能性は否定できない。この点に関し，取締役には諸ステークホルダーの利害に尽くすことを促進させる理由があるとする。

　第１に，少なくとも株式会社の重要な参加者すべての最低要求を満たさな

ければ取締役としての自己のポジションを維持できない。第2に,忠実義務の規定により取締役自身の利益のために自己のポジションを機会主義的に利用できない以上,むしろ自己の利益と間接的に結び付く諸ステークホルダーすべての利益を促進することによって,結果的に取締役は他の利益のために自己のポジションを使うことを選択する。第3に,利害コンフリクトに対する調停機能を期待するためには,取締役会が特定の利害に酌みしないという信用が必要である。「『信用(trust)』と『誠実性(integrity)』が,(取締役のような)権力者に機会主義的行為を思い留まらせる」(*Ibid.*, p.318)ことになる[10]。こうして取締役の機会主義的行為が一定に制限され得ると論じている。

　株主が自己の利益を確保しより多くのリターンを獲得するためには,従業員,経営者,あるいは債権者や取引業者など他の諸ステークホルダーの企業特殊的投資への適切なインセンティブを与え促進させる必要性がある。そのためには取締役会の独立性・中立性が必要不可欠であるといえる。実際,コーポレート・ガバナンス改革に関する諸提言において,取締役の独立性・中立性ないし透明性の確保が決定的に重要な要件とみなされている[11]。株主主権を前提とするアプローチによっては,取締役会の独立性を株主側から求める理由は説明し得ない。取締役会の独立性を促進するステークホルダーには,相対的に同質性の高い株主のような利害集団の方が合理的である。それは,多種多様な職位と職務がある従業員の利害は異質性が高く,利害集団内部での利害調整に多大な時間とエネルギーが必要とされるからに過ぎない。

　少なくとも,取締役会の独立性はコーポレート・ガバナンスを機能させる重要な要件である。株主の利害に敏感すぎる取締役会構成では,市場の短期的圧力によって長期的な企業価値が犠牲にされる可能性がある。また逆に,経営者や当該企業と利害関係を強くもっている取締役会構成では,株主の利益が犠牲にされる危険性がある。どちらか一方の利害が犠牲にされた場合に生じる重大な利害コンフリクトを回避するためには,諸ステークホルダーのパワー・バランスを図るよう取締役会の独立性・中立性を確保する必要がある。

3. エージェンシー理論とステークホルダー・アプローチ

　ところで，エージェンシー理論とステークホルダー・アプローチとの差異はそれほど本質的ではない。もし，株式会社が株主利害に反して収益を実現しえなければ存続は不可能であろう。その結果，他の諸ステークホルダーの利害も損なわれてしまう。この意味からすれば，株式会社と諸ステークホルダーとの関係は，エージェンシー理論に包摂されうる概念となる。

　しかし，エージェンシー理論によるコーポレート・ガバナンス問題へのアプローチは，インセンティブの整合化やモニタリングの問題として展開されるに過ぎない。株主と経営者のエージェンシー問題を議論する際に，問題とされる経営者の非効率的な資源の利用とは，手抜きや不要な支出など明らかに自己利益を追求する機会主義的行為によるものとされ，株主の利害に沿うことが困難な状況やエージェントがプリンシパルにとって何が最善かを明示できないような状況は扱われない。おそらく，これこそが日常的業務上の意思決定において経営者が常に直面している問題であろう。また，所有者支配企業については，経営者と株主のエージェンシー問題はほぼ抑制され，債権者や従業員などとのエージェンシー問題にポイントが移ることとなる。ここでは経営者の独裁や暴走がもたらす問題は議論の対象とはなりえない。所有にともなう責任の問題や経営者権力の正当性，さらには社会の期待という公正性や合法性の問題に関する議論の展開は期待できない。他方，ステークホルダー・アプローチが単に諸ステークホルダーの利害考慮を指摘するだけでは，戦略策定におけるステークホルダーの重要性を指摘しているに過ぎない。

　これに対し，株式会社を「企業特殊的投資の束」と捉えたブレア＆スタウトの議論は，経営者や取締役会における利害調整機能に関する議論を一歩進めており，ステークホルダー・アプローチにおける新たな地平を切り拓く可能性を示している。さらにいえば，新たな株式会社制度のあり方を提示していると評価できるだろう。

　しかしながら，コーポレート・ガバナンス論における経営者に対する「規律づけ」とチェック＆モニタリング・システムの構築による企業パフォーマ

ンスの向上という観点からみれば,株主と取締役・取締役会が問題の中心とされ,経営者は調停ヒエラルキーとしての取締役会に従属する合意に進んで従うものと展開されている。現代の巨大企業における経営者の相対的自律性,支配的地位の占有についての検討は十分とはいえない。とくに日本企業において,取締役会の独立性が「法人企業の自律化」をさらに進展させるかも知れない点は留意されるべきところであり,利害対立を前提としない諸ステークホルダーの自発的貢献を引き出す協働システムの解明もまた,その社会的帰結も含めて十分な検討の要するところである[12]。経営者が相対的自律性を相当程度享受している点にこそ,現代の巨大な株式会社におけるコーポレート・ガバナンス問題の本質があるといえるからである。

V 株式会社における経済性と社会性

　コーポレート・ガバナンス問題が提起している論点の1つは,株式会社を適切に機能させるためのファンダメンタルな方向づけや経営者に対する規律づけ,共有されたフレームワークの存在がますます重要な意味をもってきたという点にある。企業が社会に受け入れられ活動していくために,経営者に適切な意思決定を行わせる規律づけとチェック&モニタリング・システムを如何に構築していくかが問われているのである。

　国内外を問わずたびたび露呈する企業犯罪はもとより,ポッカや牛角,タリーズのように長期的な経営戦略を踏まえたうえでMBO（Management Buy-Out）によって非上場へ切り替える企業の出現。さらには,シリコン・バレーや中国のクラスターのような現象,あるいはソニーや任天堂にみるEMS化の動き。会社法における合同会社の新設による株式会社から他の形態への変更可能性。これらは,株式会社制度の機能不全だけではなく,従来の株式会社理解に対する疑問符とも考えられる。

　また,俗にわが国の法人企業の99％は同族企業とさえいわれている。同族企業は中小規模の企業に限ったことではなく,世界的にも優良企業とされる

トヨタ自動車やパナソニックなども含まれる。平成20年度国税庁調査によれば，資本金10億円以上の株式会社企業のうち非同族企業が占める割合は30.2％であるに過ぎない[13]。量的には「所有者支配」型企業が多数を占めているのである。西武グループや武富士，ダイエーといった同族企業の事件やトヨタ自動車のブレーキ問題に対するリコールの遅れなどを取り上げるまでもなく，所有者支配型企業のガバナンス問題も重要な課題となっている点，この際，付言されてもよいであろう。

　株式会社制度における資本規模の拡大可能性にだけ焦点を当てて，最高次の企業組織形態とみなすことには限界があると思われる。今日，株式会社の果たす経済的機能や社会的な役割が大きく変化してきており，経営学的に株式会社制度の再検討が求められているといえる。同時に，「企業のあり方そのものを包括的に問うガバナンスの視点」（勝部，2004，294頁）が不可欠となっているのである。

　ところで，バーリ＆ミーンズが最終的に展開していたのは，株式会社を巡るさまざまな諸ステークホルダー間で発生する利害の対立を超えて，社会のための会社運営を実現するにはどうすればよいか，という点にあった。この点にこそ，今日のコーポレート・ガバナンス問題に底流する決定的に重要な視座があると考えられる。バーリ＆ミーンズ以降の株式会社支配論に対し，コーポレート・ガバナンス論はより現実的で直接的な問題提起であると理解され，多くの論者が指摘するように，株式会社支配論とコーポレート・ガバナンス論は「組織の活動と社会の期待との不一致の問題」を扱うという点に共通項があるとされる[14]。

　現代の巨大な株式会社企業は，決して社会的諸問題を解決するために存在するわけではないが，少なくとも社会的諸問題と密接な結びつきをもち，強大な社会的影響力を有した存在である。その意味で，社会的問題に配慮せざるを得ないといえる。社会的利害に反する経営行動がとられた場合，諸ステークホルダーにおける企業への利害関心や期待を喪失させ，経営者の支配の正当性と妥当性が問われることになる。企業の収益性と社会性に関しては，「共同経済的収益性こそが現在の企業に内在的なものであり企業の本質を決定す

る……経営者に広範な決定の自由がみとめられているのは，……社会経済的にものぞましい結果をもたらすものと信ぜられているからにほかならない」（中西, 1980, 175頁）と指摘されるとおりである。企業の収益性と社会性は相互に矛盾する規定ではない。この意味で，経営者への規律づけと自律性のバランスもまた考慮されなければならない。経営者の自律性を一定に許容しなければ，企業の価値創出活動を促進しイノベーションをもたらす独自性や創造性を発揮することは困難であろう。しかし同時に，経営の効率性や公平性を維持するよう規律づけられなければならない[15]。

このとき，株式会社が埋め込まれている制度的枠組みが考慮されなければならない。法規制や社会的ルール，人間行動の定式化されたパターンといった制度的枠組みによって企業活動は制約を受けるが，同時にたとえば，企業が社会的問題に配慮することで，企業への社会の期待が高まり，それが投資を生み出すという互恵的な関係にもある。いわば社会との「共進化」という視点において，企業のあり方を考察する必要があるといえる。

株式会社は多様な諸ステークホルダーとの関係のうちに存在している。資本市場や債券市場の流動性だけではなく，賃金水準や生産性水準の度合い，技術者の確保や人材育成にかかわる教育制度など，企業のコンピタンス（能力）は，こうした関係のうちに存在するものとみなすことができる。企業として継続的な価値創出活動を増進するためには，多様なステークホルダーからの企業特殊的投資が行われなければならない。もちろんそこには従業員の人的資本だけではなく，戦略の策定や実行，リーダーシップなど経営者資源も含まれる。機会コストの増加とホールド・アップ問題をもたらすかも知れない企業特殊的投資を促進させるためには，各ステークホルダーへのインセンティブの配分が重要となるだけではなく，なによりも各ステークホルダー間で競合する利害のバランスをいかに図るかが重要な課題となる。

株式会社が存続するためには，まずもって各ステークホルダーとの関係の維持が図られなければならない。そこで考慮すべき点は，「将来に向けた期待」という心理的契約が存続するかぎりで各ステークホルダーが当該企業との関係を維持しようとする事実である[16]。ステークホルダー間で発生する利害対

立の効果的コーディネーションは，ステークホルダー間に「相互信頼」が形成されるよう，いわば互恵的関係が形成されていくようコーディネーションされる必要がある。このため，私心のない中立的な立場でコーディネーションが行えるような存在が不可欠となる。株式会社に対する「将来に向けた（相互の）期待」が各ステークホルダーの長期的利害と適合的であるように，常に発生し続けるコーディネート問題の均衡点の探索が続けられることになる[17]。なぜなら，唯一絶対の均衡点や最適解は存在せず，常に新たなコーディネーション問題が発生し，不断のコーディネーションによるスパイラルな制度進化が発生するからである。つまり，如何に諸ステークホルダーとの効果的なコーディネーションを達成するか，またそのコーディネーション能力を如何に高めるかが社会との「共進化」を促進する重要な経営課題となる。

この点から，経営者が株主のエージェントであるとする理解は，明らかなパワーの偏りを引き起こすこととなる。そのため，経営者を会社法人のエージェント，あるいは「株式会社それ自体のための受託者」と理解する方が合理的となる。こうして今や，所有者支配型企業も議論の対象とすることが可能となる。所有者支配型であろうと経営者支配型であろうと企業価値の増大が社会的富の創出に寄与するかぎりで，その存在理由が基本的に規定される点になんら変わりはないのである。

VI むすび

現代の巨大株式会社は，諸ステークホルダーとの互恵的関係が不可避であり，諸ステークホルダー間の利害調整なしにはその関係性の維持も不可能である。さらに，諸ステークホルダーとの関係の質を高めるようなコーディネーション問題の解決，ないしは「均衡」が企業価値の拡大と結びついている。株式会社が存続し続け，いわばゴーイング・コンサーンとして企業価値の拡大を図るためには，各ステークホルダーによる企業特殊的投資が不可欠である。各ステークホルダーが当該株式会社と特定の利害関係を持ち続け企業特

殊的投資を行うのは,「将来に向けた（相互の）期待」があるかぎりにおいてである。

　各ステークホルダーとの関係の質を高めるような利害の調整が図られることで安定した経営社会関係が形成され，これにより各ステークホルダーの企業特殊的投資を促進するインセンティブが保証され，価値創出活動の活性化がもたらされる。しかも，社会的制度として巨大株式会社をみるならば，私的利益のみならず公共の利益のためにも利害の調整が図られ，会社が維持・発展されなければならいということを意味する。

　簡単にいえば，いっそう高尚な視点から事業判断ができる意思決定能力に長けた優秀な経営者が存在すればよいわけである。しかし，人間は如何なる局面においても完全ではない。それゆえ，企業の価値創出プロセスを促進するような効果的なコーディネーション能力を経営者から引き出すメカニズムの解明がコーポレート・ガバナンス問題の焦点となる。コーディネーション能力を引き出すメカニズムとして，取締役会の独立性が求められるところであるが，「信用」や「誠実性」ないし「信頼」といったシンボルが，取締役自身の機会主義的行為に対する抑止機能になりうる決定的な根拠を示すことは困難である。

　コーポレート・ガバナンス論は制度設計やシステム・デザイン，あるいは企業のあり方そのものに関する議論であり，経営学的には価値創造プロセスとメカニズムの解明にあるとはいえ，結局，「人間」の問題を基底とし，「人間」の問題に帰着する。そしてこの問題の自覚こそが，決定的に重要なのである。

注

1）"Corporate Governance"は，日本語では一般に「企業統治」と訳されている。Corporateとは，法人ないし会社企業のことを指すことから「会社統治」と訳されることもある。さらに，コーポレート・ガバナンス問題の発生を株式会社の大規模化にともなう株式の分散化によって生じる所有と経営・支配との分離が出発点をなしているという認識から「株式会社統治」と呼ぶこともできる。不要な議論を避けるために単に「コーポレート・ガバナンス」と表記する。

2）岩井（2003），参照のこと。なお，2001年度の法改正による無額面株式の解禁によって，資本と株式の関係がまったく自由になっている点，留意しなければならない。
3）アダム・スミスの指摘は，近代株式会社とは厳密に区別されるべきところの議会や国王の特許に基づき独占的特権が付与された前期的株式会社に対してであり，こうした時代的制約は看過できない。しかしそこには，いわゆる「出資（所有）」と「経営」とのギャップによる取締役会の「受託責任（accountability）」の問題が問われており，今日では，エージェンシー理論においてより精緻な議論が展開されている。
4）この点，Lipton and Panner（1993）に詳しい。
　もっとも，M&Aの役割理論は市場が株式を＜正確に＞価値づけられるかどうかに原理的問題があるものの，ジャンセンは，LBOによる非公開化によって株主と経営陣との長期的関係から企業価値拡大が期待できるとM&Aを評価している（Jensen, 1993）。
5）Jensen（2000），pp.63-79.
6）この点について，Hall and Soskice（2001）；遠山ほか訳（2007）が比較制度論的分析を行っている。
7）青木（2008），参照のこと。なお，菊澤（2010）では，制度補完性や経路依存性による高い変革コストの存在が現状維持に至るとする議論については，現在のガバナンス・システムが非効率である以上，結果的に淘汰されると論じている。
8）経営戦略論的視点から始めてステークホルダーの重要性に着目したFreeman（1983），参照のこと。
9）チーム生産における利益の配分が，固定給のように事前に設定されているとすれば，アウトプットに対する個々の貢献にかかわらず同じ利益を得られるために，「手抜き（shirking）」しようとするインセンティブが働く。またボーナスのように事後的な報酬の配分が行われる場合は，より多くの配分を得ようとする交渉やアピールに時間と努力を浪費するレント・シーキング（Rent-seeking）と呼ばれるインセンティブが働く。レント・シーキングは，チーム生産によって生み出された経済的余剰である諸レントを損なわせ破壊し得る機会主義的な行動である。
10）信用や信頼，誠実性などが社会制度に果たす機能について，その重要性はすでによく知られたところである。たとえば，山岸（1998），参照のこと。
11）日本企業の独立取締役が重要な論点となっている点について，アジア・コーポレート・ガバナンス協会（2009）「日本のコーポレート・ガバナンス改革に関する意見書」参照のこと。
12）経営者が「会社を会社として維持してゆくために…一個人としてではなく，会社という自己永続体の一機関として」（間宮，1993，55頁）行動するものであるとすれば，行動の主体性は乏しくなり経験が＜内面化＞されず，経営者は強大な権力を保有しつつもその権力に対し無自覚となる点，留意すべきである。
13）国税庁HP「税務統計から見た法人企業の実態」（http://www.nta.go.jp/kohyo/tokei/kokuzeicho/kaishahyohon2008/kaisya.htm）参照のこと。

14) たとえば，勝部（2004），出見世（1997）などが代表的である。
15) なお，この問題はまさに，M・ウェーバーが近代資本主義経営の本質的問題として捉えた官僚制問題と同じである点，留意されるべきであろう。すなわち，大規模化する組織の効率的運営は官僚制を除いて達成できないが，官僚制化は組織メンバーの人間性剥奪とともに進行する。人間性の喪失は個々人の人格や個性に含まれるところの創造性を奪い，ひいては企業組織の存続にかかわるイノベーションを不可能にする。
16) なお，ここでいう「将来に向けた期待」は，コモンズ（Commons,J.R.）におけるグッドウイルを指向するゴーイング・コンサーンとしての株式会社理解と類似する点，ここでは指摘するにとどめたい。
　　また，心理的契約については，Rousseau（1995）の議論が重要である。
17) ここでは日本語で「調整」とせず，敢えてカタカナで「コーディネーション」とした理由は，単にレギュラシオン学派の議論と区別するためである。

参照文献

Berle,A.A.and G.C.Means（1932）*The Modern Corporation and Private Property*, Macmillan.（北島忠男訳『近代株式会社と私有財産』文雅堂銀行研究社,1958年）およびNew Brunswick（Transaction Book），1991.

Blair,M.M.and L.Stout（1999）"A Theory of Corporation Law in Team Production", *Virginia Law Review*, Vol.85, No.2.

Chandler,A.D.,Jr.（1977）*The Visible Hand:The Managerial Revolution in American Business*,The Belknap Press of Harvard Univ. Press,Cambridge Mass.（鳥羽欽一郎・小林袈裟治訳『経営者の時代（上・下）』東洋経済新報社，1979年）

Commons,J.R.（1934）*Institutional Economics*, University of Winsconsin Press.

Freeman,R.E.（1983）"Strategic Management:A Stakeholder Approach", *Advances in Strategic Management*, Vol.1.

Hall,P.A.and D.Soskice（2001）*Varieties of Capitalism:Institutional Foundations of Comparative Advantage*, Oxford.（遠山弘徳・安孫子誠男・山田鋭夫・宇仁宏幸・藤田菜々子訳『資本主義の多様性：比較優位の制度的基礎』ナカニシヤ出版，2007年）

Jensen,M.C.（2000）*A Theory of the Firm*, Cambridge；Harvard Univ. Press.

Keynes,M.J.（1936）*The General Theory of Employment, Interest and Money*,Harcourt Brace & Co.

Lipton,M.and M.Panner（1993）*Takeover Bids and United States Corporate Governance*, in Prentice,D.D. and P.R.J.Holland（eds.）, *Contemporary Issues in Corporate Governance*, Oxford Univ. Pron Demand.

Smith,A.（1776）*An inquiry into the nature and causes of the wealth of nations*, London.

Rousseau,D.M.（1995）*Psychological Contracts in Organizations*, SAGE Publications.
アジア・コーポレート・ガバナンス協会（2009）「日本のコーポレート・ガバナンス改革に関する意見書」。
岩井克人（2003）『会社はこれからどうなるのか』平凡社。
植竹晃久（1984）『企業形態論』中央経済社。
植竹晃久（2009）『現代企業経営論：現代の企業と企業理論』税務経理協会。
加護野忠男・砂川伸幸・吉村典久（2010）『コーポレート・ガバナンスの経営学：企業統治の新しいパラダイム』有斐閣。
勝部伸夫（2004）『コーポレート・ガバナンス論序説―会社支配論からコーポレート・ガバナンス論へ―』文眞堂。
菊澤研宗（2010）「コーポレート・ガバナンス・システムの多様性と収束生―ステークホルダー・ガバナンスへの収束説」鈴木豊編著『ガバナンスの比較セクター分析―ゲーム理論・契約理論を用いた学際的アプローチ』法政大学出版。
佐久間信夫（2003）『企業支配と企業統治』白桃書房。
出見世信之（1997）『企業統治問題の経営学的研究』文眞堂。
中西寅雄（1980）『経営経済学論文選集』千倉書房。
間宮陽介（1993）『法人企業と現代資本主義』岩波書店。
山岸俊男（1998）『信頼の構造』東大出版会。

第2章

戦略論の探求

I 問題の所在

　「ほとんどの日本企業には戦略がない（Porter, 1996, p.63；邦訳57頁）」。これはハーバード大学のポーター（Porter,M.E.）が，1996年のハーバード・ビジネス・レビュー誌で発表した論文「戦略の本質」（What is Strategy ?）のなかにあるコラムのタイトルである。振り返ってみれば，日本企業のグローバル市場における地位は1980年代にピークに達し，バブル崩壊後の1990年代にその地位は揺らぐことになった。1980年代半ばまでの日本企業は，TQMや継続的な改善などによる品質の向上とコスト削減といったオペレーション効率（Operational Effectiveness）による競争を通じてグローバル市場でリードすることができた。だが，その後，欧米企業と日本企業とのオペレーション効率の差が狭まり始めると，グローバル市場における日本企業の競争優位は徐々に失われることになった。日本企業の経験が明らかにしたのは，オペレーション効率のみによる戦略なき競争は相互破壊的であり，消耗戦につながるということであった。

　さて，現代の日本企業はどうだろうか。結論を先取りすれば，状況はさらに深刻である。というのも，急速に進展するグローバル化は多くの日本企業の行動に抜本的な変革を迫っていることは誰の目にも明らかだからである。すでにさまざまなプレイヤーが参加し，大きく変化を遂げたグローバル市場で繰り広げられるゲームでは過去の競争において通用した方法も無力であり，

たとえ日本企業のお家芸であったオペレーション中心の経営によっても限界がある。この点で，日本企業は今まさに正真正銘の戦略を必要としている。日本企業が直面する戦略的課題を解決し得る有効な戦略とは何か。これまで多くのマネジメントが，この問いに対して対症療法的で安易な解答を導き出してきたに違いない。むろん，この問いに対する直接的な解答を導き出すことは容易なことではない。それはこうした困難な問いを考えるうえでは戦略の基本的視座を捉えなおすことから始めなければならないためである。企業は変化する環境に対して柔軟に対応できなければ存続することはできないが，戦略論は企業の戦略対応の変化を巧みに説明しながら進化してきた。したがって，戦略論の進化の過程を辿る作業は日本企業が戦略の基本的視座を捉えなおすためのきわめて貴重なプロセスになろう。

そこで，本章では2つの目的を設定している。1つは戦略論の進化の過程を探求するなかで戦略論の基本的視座を確認することである。そしてもう1つは，戦略論の基本的視座を確認するプロセスから「戦略の基本的視座を捉えなおす」という，現代の日本企業にとってきわめて重要な作業を進めるための材料を提供することである。

II　戦略論の起源とその後の発展

本節では企業経営において戦略が重要になった背景とともに，戦略論の基盤形成に大きな貢献をした1960年代から1970年代にかけての諸研究を概観することにしたい。

1.　戦略論の起源を辿る

一般に，戦略（Strategy）という言葉は軍事用語から発展してきたといわれている。古来，戦略とは戦いに勝つためにはどうしたら良いかという課題にこたえるためのものであり，より具体的には，軍事力を行使すべき戦争に

対処するためのものであった（野中・戸部ほか，2005，299頁）。その代表的な古典として，孫武によって記されたとされる『孫子』やクラウゼヴィッツ（Carl von Clausewitz）による『戦争論』（Vom Kriege）が広く知られている。たとえば，クラウゼヴィッツによれば，戦略とは「戦争という目的に沿って戦闘を運用する方策」（Clausewitz, 1980, p.13；邦訳246頁）である。つまり，戦略とは戦争目的を達成するために戦闘という手段をいかに使用するのかを決めたものである。

　こうした軍事上の戦略の概念と企業経営との結びつきは19世紀後半以降のアメリカ大企業の形成プロセスにみることができる。それ以前のアメリカでは，伝統的な家族企業のような小規模で個人的に所有され運営される企業が支配的であった。むろん，こうした企業は市場に対する影響力をほとんど持ち得ないほど小さな存在であるがゆえに，戦略はそれほど重要なものではなかった。ところが，この状況が一変し，戦略が企業経営における重要な問題として理解されるようになったのは南北戦争後の工業化と都市化が進行し，アメリカ国内に大企業が産声をあげた19世紀後半以降のことである。

　周知のように，アメリカ国内における大企業の出現・形成の背景として，交通，通信，金融といったインフラの発達がある。とりわけ，交通と通信の発達は，それまで分散していたアメリカ国内の市場を1つに結び付け，広大な国内市場の形成を促進した。企業は広大な国内市場におけるニーズと企業間競争に対応すべく，その規模を拡大することで複雑な組織構造やプロセスを擁し，産業内における集中化を進めることになる。第1次世界大戦の頃までには，アメリカ経済の多くの産業部門において大企業が誕生した。そこにはすでにアダム・スミス（Adam Smith）が捉えた「見えざる手（Invisible Hand）」によって導かれる世界とは明らかに異なる世界があった。すなわち，かの有名な経営史家であるチャンドラー（Chandler,A.D.,Jr.）が「見える手（Visible Hand）」によって表現した市場に対して大きな影響力を有する大企業の姿があった。大企業がライバル企業との競争を有利に展開するとともに確実な企業成長を実現するためには，まさに戦略を巧みに駆使する必要性があったのである。

こうしたアメリカ国内における大企業の発展プロセスを歴史的アプローチから具に研究し，マネジメント研究に戦略の問題を導入した研究に，先のチャンドラーが1962年に記した『組織は戦略に従う』（*Strategy and Structure*）がある。彼はこの著作において戦略を「長期の基本目標を定めたうえで，その目標を実現するために行動を起こしたり，経営資源を配分したりすること」（Chandler, 1962, p.13；邦訳17頁）と定義した。チャンドラーが経営史家として研究の中心に据えたのは，組織と戦略との関係，常に変化する外部環境と組織や戦略との複雑な相互関係を調べることであった。そこで彼は，デュポン，GM，ニュージャージー・スタンダード，シアーズ・ローバックといったアメリカの大企業4社を中心とした詳細なケース・スタディから，次のような組織と戦略との相互関係を見いだした。すなわち，単一製品の大量生産・大量販売による規模の経済性（Economies of Scale）を追求する場合，垂直統合を通じた集権的な職能別組織が適合する。他方，垂直統合戦略によって蓄積された経営資源を効果的に活用するために範囲の経済性（Economies of Scope）を追求して多角化を推し進めると，職能別組織では機能不全に陥る。この際，職能別組織では処理しきれない管理上の問題を解決し得る組織イノベーションとしての事業部制組織が適合する。ここから「組織は戦略に従う」というきわめて有名な命題が導かれることになる。

2．戦略論の偉大な先駆者

　前述のごとく経営史家としてのチャンドラーは本格的な戦略研究に関心を払うことはなかった。この点でアンゾフ（Ansoff,H.I.）とアンドルーズ（Andrews,K.R.）こそが今日的な戦略研究の先駆者であるといえる。
　カーネギー工科大学の教授として活躍したアンゾフは実践的な戦略論を展開しようとした。彼は『企業戦略論』（*Corporate Strategy*）において企業内の意思決定を①戦略的意思決定，②管理的意思決定，③業務的意思決定に分けて捉えたが，彼の主要な関心は戦略的意思決定にかかわる実用的な枠組みを作り上げることにあった。戦略的意思決定とは「主として企業の内部問題

よりもむしろ外部問題に関係のあるもので、具体的にいえば、その企業が生産しようとする製品ミックスと、販売しようとする市場との選択に関するもの」（Ansoff, 1965, p.5；邦訳7頁）である。つまり、戦略的意思決定の核心は多角化の決定にある。こうした戦略的意思決定は企業外部の問題とかかわる意思決定であるがゆえに、部分的無知の状態のもとで行われ、他の意思決定タイプに比べて非反復的にならざるを得ない。アンゾフはこの意思決定プロセスに必要不可欠な、いわば「部分的無知の状態のもとでの意思決定のためのルール」（*Ibid.*, 104；邦訳p.150）を戦略と捉えたのである。

　他方、1960年代から1970年代初頭にかけ、その後の戦略研究の基盤を提供したのがハーバード大学のアンドルーズであった。アンドルーズの戦略研究に対する最も大きな貢献は、後にSWOT分析と呼ばれる基本的枠組みを提示した点にある。アンゾフの『企業戦略論』が出版された年の1965年に、アンドルーズはラーンド（Learned,E.P.）を始めとしたハーバード大学の同僚との共著 *Business Policy:Text and Cases* を出版した。同書において、今日のSWOT分析のもとになった考え方が紹介されている。SWOT分析は企業外部の要因と企業内部の要因との適合関係を重視する戦略策定のための分析手法であり、この概念はその後のアンドルーズ自身による著作『経営戦略論』（*The Concept of Corporate Strategy*）においても重要な概念の1つとして登場する。このことは、同書の第3章で戦略（経済的戦略）の価値は企業の能力と外部環境における機会とリスクとの兼ね合いによって決まることを強調し、機会と諸資源との関連性について詳細に論じていることからも明白である。

　ここで、アンゾフとアンドルーズという2人の偉大な戦略論の先駆者の貢献について若干の考察を加えておこう。ほぼ同時期に展開された両者の研究は企業の内部要因と外部要因との適合問題を扱っているという点で類似する。だが、決定的な相違もある。まず、アンゾフが戦略を「意思決定のためのルール」であり、「企業の目標の役割を補足するもの」と捉えたのに対して、アンドルーズは「会社の重要目的、意図、あるいは、目標ならびにこれらの目標を達成するための基本的な諸方針と諸計画などからなる構図である」

(Andrews, 1971, p.28；邦訳53頁) とした[1]。両者の戦略の定義から明らかなように，アンゾフは戦略と目標との明確な区別をしているが，アンドルーズは目的や意図，目標決定までをも戦略に含めている。もちろん，アンドルーズは単に目的や意図，目標を戦略と同一視したのではない。彼は目的や意図，目標を達成するための計画やドメインの設定があってこそ戦略であると考えたのである。

さらに，アンゾフがより実践的な戦略策定モデルの構築に注力したのに対して，アンドルーズは戦略の策定プロセスと実行プロセスを切り離し，これらの一連の概念的枠組みを提供した。アンゾフが自身の著書で「本書では，管理的な問題にはほんの一べつを与える程度にして，戦略的な問題についての包括的な考え方を取り扱っている」(Ansoff, 1965, p.20；邦訳26頁) と論じているように，彼は戦略的意思決定に役立つ実際的方法の構築に注力するあまり，組織的・管理的な問題にはほとんど関心を払うことはなかった。これに対して，アンドルーズは策定された戦略が実行に移され，最も重要となるその目的が達成されて初めて戦略が全うされるのだとする見地から，戦略の策定と実行プロセスにかかわる統一的な概念枠組みを提供した。この際，アンドルーズはマネジメントの諸機能や社会的責任に対する配慮，動機づけ，リーダーシップといったきわめてホリスティックな問題をも取り扱ったのである。

3．マトリックス分析の全盛時代

2人の偉大な戦略論の先駆者が活躍した時代は，産業の成熟化によって企業間競争が激しさを増し，技術イノベーションによる既存の製品や技術，設備の陳腐化が急速に進んだ時代でもあった。このような時代にあって，企業成長を意図した企業のマネジメントが取り得る選択肢はやはり事業の多角化であった。とはいえ，1950年のセラー・キーフォーバー法（Celler-Kefauver Act）により，関連産業内の水平統合や垂直統合を目指す合併が規制されていたため，多くのマネジメントは非関連分野への事業の多角化を進めること

になる。こうしたなかで，いかに事業の多角化を進め，いかに多角化した事業を管理するのかといった企業成長のための重要な問題を考えるうえで精巧な分析ツールが必要とされていた。当時のこうした要請に応えるかたちで経営学者や経営コンサルタントたちによって多角化にかかわる分析ツールが生み出されたが，そのパイオニア的な研究にアンゾフの成長ベクトル（Growth Vector）がある。

　アンゾフによれば，戦略的意思決定の究極の目的は製品・市場ミックスの選択にあり，その核心は多角化の決定にある。そこで，彼は製品ラインと市場とを組み合わせたマトリックスを用いて企業の成長戦略を示そうとした。そもそも，彼が多角化の問題について初めて論じたのは，1957年にハーバード・ビジネス・レビュー誌で発表した論文（Strategies for Diversification）においてである。これによれば，企業の成長戦略には市場浸透（Market Penetration），市場開拓（Market Development），製品開発（Product Development），そして多角化（Diversification）がある。この4つの選択肢のうち，多角化は企業成長に不可欠な選択肢であるが特有の難しさをともなう。それは多角化の決定には他の3つの選択肢とは異なり，企業の過去の流儀や伝統と決別し，未知なる成長軌道への参入を必要とするからである（Ansoff, 1957, p.113）。その後，このマトリックスはアンゾフが『企業戦略論』において論じた戦略の4つの構成要素である①製品-市場分野（Product-market Scope），②成長ベクトル（Growth Vector），③競争上の利点（Competitive Advantage），④シナジー（Synergy）のうちの1つとして捉えられるようになり，アンゾフ理論の代表的な分析ツールへと発展した。

　アンゾフ理論はマトリックスを巧みに活用し，多くのマネジメントに対して企業成長を捉えるための体系的な枠組みを提供したものの，理論上の実証的な側面における弱さは否めなかった。1970年代に入るとアンゾフ理論の弱みを克服し，独自の実証研究を強みとした多角化戦略のための分析ツールが生み出された。その中心にいたのがボストン・コンサルティング・グループ（以下，BCG）やマッキンゼー＆カンパニー（以下，M&C）といった，いわゆる経営コンサルティング・ファームのコンサルタントたちであった。

1970年代初頭，複数の事業を抱える大企業にとって，それぞれの事業に対していかに限られた資源を配分するのかということが大きな課題になっていた。どのような基準によって資源を配分するかは企業の将来を決定づける重要な問題である。各事業に対する資源配分の誤りは，企業の長期的な発展を阻害しかねないからである。BCGがこうした時代の要請に応えて提唱したのがPPM（Product Portfolio Management）であった。PPMは市場成長率と相対的マーケット・シェアといった2つの次元からなるマトリックスであり，キャッシュ・フローの観点から最適な資源配分を導き出すモデルである。市場成長率は各事業の潜在的な資金需要の指標となり，製品ライフサイクル（Product Life Cycle）を基に測定される。他方，相対的マーケット・シェアは各事業の資金創出にかかわる潜在的な能力を示しており，経験曲線（Experience Curve）を基に最大競合企業と比較した際の累積生産量の多寡から測定される。各事業はこの2つの次元を基に，花形（Star），問題児（Problem Child），金のなる木（Cash Cow），負け犬（Dog）の4つのセルに分けられ，マトリックス上の位置と事業規模をもとに各事業に対するキャッシュ・フローが決定づけられる。

　PPMの概念はそのシンプルさと視覚的なインパクトを強みに，1970年代の戦略論の主流となった。ただし，この概念にはその他の理論もそうであるように批判も少なくなかった。理論である以上，さまざまな批判に耐え，問題を克服しなければならない。だが，PPMそれ自体のシンプルさに起因する問題の克服はそう容易ではなかった。そもそも，2つの次元を基に事業環境を分析しようとすること自体に無理があった。まさに強みは弱みにもなり得る。この点では，M&CとGEが共同で開発したGEビジネス・スクリーン・マトリックスに軍配があがる。このマトリックスは，「業界の魅力度」と「ビジネスの強さ」といった2つの次元から構成される。このため，PPMと類似した概念に捉えられるかもしれないが，類似するのは余剰キャッシュを将来有望な事業に選択的に配分する点だけである。実は，これら2つの次元は多数の変数から成る複合測度になっている点でPPMの弱点を克服している。たとえば，業界の魅力度は，市場の絶対的規模，市場の可能性，競争構造以

外にも,財務,経済,技術といった広範囲な変数から構成される。同様に,ビジネスの強さは,事業単位,マーケット・シェア,位置づけ,比較優位性,ブランド,研究開発力といった変数から構成される。そして,これらの変数をもとに評価を行い,各次元を「全体的に大変魅力がある」,「全体的に中程度の魅力がある」,「全体的にあまり魅力がない」といった3つに分類すると3×3で9象限のマトリックスができあがる。多角化した事業の判断を迫られたマネジメントは,このマトリックスを活用することで事業やSBU (Strategic Business Units) への投資の程度を,少なくともPPMよりは説得力ある根拠に基づいて意思決定できたのである[2]。

以上の1970年代に全盛を極めたマトリックスによる分析ツールは,多くのマネジメントに対して実践的な戦略策定の可能性を提供した。だが,それはまさにマネジメントの期待に応えることなく可能性に終わった。その後,経験曲線の問題点やマトリックス分析それ自体の有効性が疑われ始めると,次第にその人気は失われることになった。

III 競争優位の源泉をめぐる戦略アプローチの攻防

1970年代の後半から1980年代にかけて,企業を取り巻く競争環境が厳しさを増すにつれ,そうした競争環境を客観的に理解し,対処するための分析枠組みが強く求められていた。まさに戦略の中心は企業成長のための多角化戦略から競争に対処するための競争戦略へとシフトしていた。本節では,1980年代から1990年代初頭にかけて台頭した競争戦略の主要な戦略アプローチについて概観することにしたい。

1. ポジショニング・アプローチ

1980年,ポーターは若干33才にして今日のポジショニング・アプローチ (Positioning Approach) の基盤となる『競争の戦略』(*Competitive*

Strategy）を世に送り出し，メイソン（Mason,E.S.）やベイン（Bain,J.S.）らを中心に発展したハーバード学派による伝統的産業組織論のパラダイムを援用して競争戦略の概念を提唱した。同書における中核的概念に5つの競争要因分析（Five Competitive Forces Analysis）があるが，これは業界分析の1つの枠組みであり，業界の構造的要因に注目する考え方である。伝統的産業組織論のパラダイムがポーターの競争戦略論で活かされるのは，まさに5つの競争要因分析においてである。

伝統的産業組織論の前提はS-C-Pパラダイムにみることができる。S-C-Pパラダイムは「市場構造（Market Structure）→市場行動（Market Conduct）→市場成果（Market Performance）」という一連の因果関係を表しており，「市場構造が市場行動に影響を与え，市場成果を決定づける」ということを示している。したがって，このパラダイムを前提とする伝統的産業組織論の最も大きな特徴は，市場構造のありようを分析の中心としている点にある。ポーターはこうした業界の構造的要因を重要視する伝統的産業組織論の特徴を活かして5つの競争要因分析を提唱した（**図表2-1**）。

5つの競争要因とは，①新規参入の脅威（Threat of New Entrants），②代替製品・サービスの脅威（Threat of Substitute Products or Services），③買い手の交渉力（Bargaining Power of Buyers），④売り手の交渉力（Bargaining Power of Suppliers），⑤競争業者間の敵対関係（Rivalry Among Existing Firms）を指している。これら5つの競争要因のすべてが脅威なのであって，これらが一体となって業界の激しさと収益率を決定する。この分析枠組みを通じて，業界の構造的要因を体系的に把握するとともに，魅力的な業界を発見し，当該企業に有利となるようにそれらの競争要因に影響を与えることで，競争を回避し得るポジションの確保が可能になる。このように，5つの競争要因分析を通じて競争戦略が策定されることから，競争戦略は「業界内で防衛可能な地位をつくり，5つの競争要因にうまく対処し，企業の投資収益を大きくするための，攻撃的または防衛的アクションである」（Porter, 1980, p.34；邦訳55頁）と定義される。

ポーターが創始したポジショニング・アプローチは，従来の戦略論とは異

図表2-1　ポーターの5つの競争要因分析の図

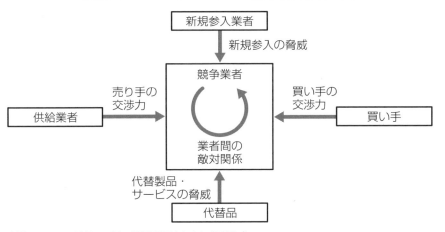

出所：Porter, 1980, p.34；邦訳55頁をもとに筆者作成。

なる見方を提供することで戦略論の発展に大きな貢献をした。たとえば，アンゾフ自身はどの製品-市場を選択すると，より高い利益率を得られるのかということについて，長年の実務的な経験を通じた知恵と優れた常識以上のフレームワークを提供していない。この空隙を，ポジショニング・アプローチは埋めることができたのである（沼上，2009，72頁）。また，BCGがマネジメントに対して市場成長率と相対的マーケット・シェアといった2つの次元をもとにしたマトリックス分析を提示したが，この分析ツールによるだけではマーケット・シェアをめぐってライバル企業との競争に集中するあまり，競争を狭義に捉えてしまう。この点，ポジショニング・アプローチによれば，己の敵が目の前のライバル企業に留まらないことがわかる。すなわち，ポジショニング・アプローチは，5つの競争要因分析によってライバル企業以外のその他の見失いがちな競争要因を明示することで競争を広義に捉えるのである。1960年，すでにレビット（Levitt,T.）が「マーケティング近視眼」（Marketing Myopia）で事業や競争問題を狭義に捉える危険性を指摘していたことを考慮すれば，この問題を真摯に扱ったポジショニング・アプローチの貢献はきわめて大きい。

だが，当時のポジショニング・アプローチは個々の企業間における収益性の差異を説明する能力が欠落していたことから，さまざまな批判に晒されることになる[3]。この急先鋒として台頭したのが資源ベース・アプローチである。

2. 資源ベース・アプローチ

競争優位の源泉を捉える際，ポジショニング・アプローチが業界内における自社にとって有利なポジショニングに注目するのに対して，1980年代半ばに台頭した資源ベース・アプローチ（Resource-based Approach）は企業内における経営資源に注目する。ポジショニング・アプローチがハーバード学派の伝統的産業組織論に影響を受けたのに対して，このアプローチはスティグラー（Stigler,G.J.）を中心に発展したシカゴ学派（新シカゴ学派）の産業組織論に影響を受けている。両学派はともに新古典派の価格理論を踏襲しながらも，ハーバード学派がその分析焦点を産業レベルにおくのに対し，シカゴ学派はその分析焦点を企業レベルにおいて企業間の費用効率格差に注目する[4]。こうしたシカゴ学派の発想は，「競争優位を獲得するためにはライバル企業よりも優れた価値を創出しなければならないが，優れた価値を生み出せるかどうかは企業が保有する経営資源に依存する」という資源ベース・アプローチの基本的な主張に活かされる。資源ベース・アプローチがこの主張を展開するにあたり，その企業観の基本的な着想を求めたのがペンローズ（Penrose,E.T.）の『会社成長の理論』（*The Theory of Growth of the Firm*）であった。ペンローズは企業成長の問題を捉えるにあたり，伝統的なミクロ経済学による価格と生産量の決定主体としての企業観の限界から，それとは異なる独自の企業観を確立し，企業を「管理組織体であるとともに生産資源の集合体」（Penrose, 1962, p.31；邦訳42頁）と捉えた。こうしたペンローズの企業観を源流とする資源ベース・アプローチの先駆的な研究として，ワーナーフェルト（Wernerfelt,B.）とバーニー（Barney,J.B.）による研究をあげることができる。

ワーナーフェルトは，企業にとって経営資源と製品はコインの裏表のようなものであると捉えた（Wernerfelt, 1984, p.171）。つまり，ほとんどの製品はさまざまな経営資源の用益を必要とする（これがコインの表の側面である）が，ほとんどの経営資源はさまざまな製品に活用され得る（これがコインの裏側である）。このうち，ワーナーフェルトはコインの裏側である経営資源に注目して経営資源と収益性との関係を捉えようとした。そこで，彼女は伝統的産業組織論における参入障壁の考え方を援用し，資源ポジション障壁（Resource Position Barriers）という概念を提示した（*Ibid.*, 1984, p.173）。資源ポジション障壁とは「ある者がある経営資源をすでに保有しているという事実が，その経営資源を後に保有した者のコストや収益に不利な影響を及ぼす状態」（*Ibid.*, 1984, p.173）を指す。このように，ワーナーフェルトは資源ポジション障壁の概念により，経営資源市場（生産要素市場）の不完全性の観点から企業間における収益性の差異を説明しようとしたのである。

　バーニーは「戦略実行に必要な経営資源を獲得するための市場」（Barney, 1986, p.1231）を戦略的要素市場（Strategic Factor Market）として捉え，戦略実行に必要な経営資源を獲得するコストに注目して企業間における収益性の差異を分析しようとした。ここで，もしも各企業間で経営資源の将来価値を等しく捉えた場合，戦略的要素市場は完全競争的となり，戦略の実行に必要な経営資源を獲得するためのコストは上昇する。この結果，企業は正常利潤しか獲得することができない。この逆に，もしも企業間で保有している情報が異なっていたり，幸運であったりする場合，各企業間で獲得しようとする経営資源の将来価値に対して異なる期待をもつ。このとき，戦略的要素市場が不完全な競争状態となり，より正確な期待をもつ企業は戦略実行に必要な経営資源を有利な価格で獲得できるため，超過利潤を獲得することができる。

　以上のワーナーフェルトやバーニーの研究以降，資源ベース・アプローチはさまざまな論者によって研究が進められてきた。たとえば，持続的競争優位の源泉となる経営資源の特性を明らかにした1991年のバーニー（Barney, J.

B.）の研究，競争優位の源泉としての経営資源についてその模倣可能性と蓄積プロセスとの関連に注目した1993年のディーリックス&クール（Dierickx,I. and Cool,K.）の研究，それまでの諸研究を基に資源ベース・アプローチの包括的なモデルを提示した1993年のペテラフ（Peteraf,M.A.）の研究などに引き継がれることになる。このうち，今日の戦略論に最も大きなインパクト与えたのがバーニーの研究であろう。

　バーニーは持続的競争優位の源泉としての経営資源の特性に注目した。彼によれば，持続的競争優位は「すべての現在ないしは潜在的競合企業によって同時には実行されない価値創造戦略を実行し，これらの競合企業がこの戦略によるベネフィットを複製することができないことによって生み出される」（Barney, 1991, p.102）。そこで，彼は持続的競争優位をもたらす経営資源の特性を明確にするために，①価値（Value），②希少性（Rareness），③不完全な模倣可能性（Imperfect Imitability），④代替可能性（Substitutability）といった4つの特性からなるフレームワークを提示した。このうち，持続的競争優位を捉えるうえで最も重要な特性は模倣可能性である。バーニーによれば，独自の歴史的条件（Unique Historical Conditions），因果曖昧性（Causally Ambiguity），社会的複雑性（Social Complex）といった3つの要因のうち，1つあるいはその組み合わせにより，経営資源は模倣困難になり得るのである（*Ibid.*, pp.107-111）。

　以上，資源ベース・アプローチの代表的な研究を概観してきた。当初，このアプローチは経営資源市場（生産要素市場）の不完全性の観点から競争優位の問題を説明しようとしたが，その後の研究では経営資源それ自体の模倣可能性へと発展させることで説明能力を高めてきた。だが，このアプローチは模倣困難な経営資源を企業が保有し，そのコントロールの下におくことから持続的競争優位が生じると考えており，ストックとしての資源を問題にしていることに注意しなければならない（十川，2002，32頁）。このため，このアプローチは蓄積された資源をいかに配置するかといった問題に主たる関心があり，経営資源の活用やその技術的改善を試みる組織プロセスの問題に対する説明能力を欠いている。こうした資源ベース・アプローチの弱点は，

能力ベース・アプローチにより補完されることになる。

3. 能力ベース・アプローチ

　1990年代初頭，資源ベース・アプローチの弱点を克服する新たなアプローチが台頭することになる。このアプローチの主要な問題関心が経営資源を効果的に活用しようとする組織能力にあることから，能力ベース・アプローチ（Competence-based Approach）といわれている。この代表的な研究に，プラハラッド＆ハメル（Prahalad,C.K.and G,Hamel）による研究を始め，グラント（Grant,R.M.），レオナルド・バートンら（Leonard-Barton, et al.）の研究がある。

　プラハラッドとハメルはコア・コンピタンス（Core Competence）という概念によって，1980年代に生じた日本企業と欧米企業との間の競争力の差を説明しようとした。彼らによれば，コア・コンピタンスとは「組織内における集団的学習であり，多様な製造技術をいかに調整し複数の技術の流れをいかに統合していくかを学ぶこと」であり，「組織の境界を超えて活動するためのコミュニケーション，参加，さらには深くかかわること」を意味する（Prahalad and Hamel, 1990, p.82；邦訳7頁）。つまり，コア・コンピタンスとは，組織内の異なる部門に点在するさまざまなスキル・ノウハウを調整・統合し得る組織能力であり，その基盤は機能横断的な経営資源の活用を実現し得る組織の学習能力にある。また，彼らによれば，競争優位の源泉は，予想もしない製品を創造し得るコア・コンピタンスをライバルよりも低コストかつ迅速に構築するところから生まれるが，その真の源泉はそれらを迅速に進める経営者の能力にあるとしている（*Ibid.*, p.81；邦訳6頁）。

　グラントは戦略策定と資源ベース理論を統合する実践的枠組みを提示した（Grant, 1991, pp.116-123）。彼はこの実践的枠組みにおいて，経営資源と能力を明確に区別する。まず経営資源とは能力の基盤となるものであり，具体的には効率的な工場や優れたプロセス技術，ブランドの評判，特許技術，サービス・ネットワークなどを指す。だが，こうした経営資源だけでは生産

能力をほとんど有することはない。生産的活動には一連の経営資源の協同と調整が必要になるからである。ここに経営資源と能力とのかかわりがでてくる。能力とは企業の競争優位の源泉になるものであり，いわば一連の経営資源を組み合わせて活用することを意味する。ただし，能力の創造は一連の経営資源を単に集合させることではない。というのも，能力は従業員間や従業員とその他の経営資源との複雑な調整パターンを含んでいるからである。そして，そのような調整を完全にするためには反復学習が必要になる。それゆえ，能力は一連の個人による調整行動からなる規則的かつ予測可能な組織ルーティーンとして理解できる。このように，実践的枠組みを提示したグラントの最も大きな貢献は，経営資源と能力を明確に区別しただけではなく，それらがともに密接な関係にあることを明らかにしたことにある。

　レオナルド・バートンらによれば，グローバル競争を勝ち抜くうえで重要なのは開発プロジェクトの創造的な活用であり，この際にカギとなるのがコア・ケイパビリティ（Core Capability）である。コア・ケイパビリティとは「単なる技術や従業員の技能だけを指すのではない。それは行動を起こすことのできる力量である。また，顧客に対して長期間にわたり価値を提供する能力の面で，その組織に他と比べて特色をもたせるようなすべてのもののエッセンス」（Leonard-Barton, et al. 1994, p.123）である。また，コア・ケイパビリティは，①知識と技能（技術的ノウハウ，外部とのつながりを含む人脈など），②経営システム（インセンティブ・システム，社内教育プログラムなど），③物理的システム（工場・設備，エンジニアリング作業システム），④価値（企業内で支配的となっている姿勢や行動，規範）といった4つの要素からなる。彼らによれば，組織がコア・ケイパビリティをどれだけ活用できるかはこれら4つの要素がどの程度相互作用するかによって決まるとしている。

　以上のように，能力ベース・アプローチは経営資源を活用する組織能力にフォーカスする。組織能力は一般的な経営資源とは異なり，多次元的であり，市場取引などを通じて企業間で取引したり，容易に模倣したりすることはできない。なぜなら組織能力はハードの要素だけでなく，企業文化や経営者の

資質，従業員のノウハウ，あるいは従業員間の相互作用や企業それ自体の歴史的経験といったソフトの要素と複雑に融合化・統合化したものだからである。また，能力ベース・アプローチは，それが明示的にせよ暗示的にせよ，組織学習という視点を導入することで組織プロセスの問題を扱っている。この点で能力ベース・アプローチは資源ベース・アプローチの弱点を補完することに成功している。だが，次節で検討するように，資源ベース・アプローチと同様に，能力ベース・アプローチにも決定的な弱点があったのである。

IV 戦略論のダイナミクスへの挑戦

　今日，戦略を策定し実行するにあたり，ダイナミックな戦略観をもつ必要性がますます高まってきている。むろん，現実世界がそうであるならば戦略論も同様にダイナミックな戦略観をもつことが求められよう。だが，これから検討するように，これまでに概観した戦略アプローチは必ずしもダイナミックな戦略観を有しているとはいえないのである。

1．ダイナミックな戦略観の重要性

　ポジショニング・アプローチを創始したポーターによれば，競争戦略は攻撃的要素と防衛的要素の2つに分けて捉えることができる（Porter, 1985, pp.513-536；邦訳577-637頁）。ただし，ポーターの競争戦略はその防衛的要素を重要視するあまり，新たなアクションによる攻撃的要素は影を潜めている。この点について，ペリー（Perry, L.T.）はポーターの競争戦略が依拠するミクロ経済学の前提をもとに次のように説明する（Perry, 1990, p.37；邦訳53頁）。

　　　伝統的競争戦略はミクロ経済学の理論に基づいている。この理論によれば，競争は企業の投資利益率を最低の利益率，すなわち「経済学者の

いう"完全競争"産業で得られる収益」に向かって継続的に低下させるので競争は回避すべきことになる。

したがって，企業は業界内に"競争を回避し得る防衛可能なポジション"を見つけ出し，そこに留まることができるように，さまざまな競争要因に働きかけなければならない。だからこそ，ポーターによる競争戦略の目標は業界の競争要因からうまく身を守り，自社に有利なようにその要因を動かせる位置を業界内に見つけることにある（Porter, 1980, p.4；邦訳18頁）。ところが，こうした競争戦略を継続し，優位なポジションをあまりにも長く支配していると，企業は防衛的姿勢を当然視してしまう。この結果，企業は競争優位を増進しようと攻撃的に出るよりも，すでに保持しているものの防衛を考えるようになる（Perry, 1990, p.37；邦訳53頁）。

このように，ポーターの競争戦略によれば，業界内における戦略ポジションを防衛し，既存の競争優位を持続させることこそが最も優先すべき戦略対応ということになる。もちろん，競争環境の変化がゆっくりと進行するならば，ポーター流の競争戦略に依拠することによっても競争優位は持続するかもしれない。だが，業界それ自体の明確な線引きが困難になったり，業界構造それ自体が大きく変容してしまったりするなど，競争環境がダイナミックに変化する場合はどうだろうか。企業はある一時点において競争優位を獲得できたとしても，競争環境の急速な変化によりその状況が一変することは想像に難くない。したがって，ダイナミックに変化する競争環境の下では，既存の競争優位を持続させようとするあまり，その源泉である戦略ポジションの防衛に集中する戦略対応は得策にはならないのである。

他方，資源ベース・アプローチや能力ベース・アプローチもダイナミックに変化する競争環境における問題は残されたままである。そもそも，この2つのアプローチが前提とするのはあくまでも安定した競争環境であり，不安定な競争環境に対しては脆弱な側面をあわせもつという指摘がある。たとえば，競争環境の急激な変化によって経営資源や組織能力による競争優位の持続性が喪失する場合や組織能力の逆機能現象としてのコア・リジディティ

(Core Rigidities) に発展する場合がある。レオナルド・バートンによれば、コア・リジディティとはコア・ケイパビリティと裏表の関係にあり、強みとしてのコア・ケイパビリティが弱みに変異したものである（Leonard, 1998, pp.30-56）。企業を取り巻く環境条件が一定であれば、コア・ケイパビリティを生み出す相互依存的システムによって優位性を維持することができるが、競争環境が急速に変化したり、システムが無意味なルーティン・ワーク化してしまったりすると、それは優位性を喪失して硬直化するという。

　以上の議論からも明らかなように、3つのアプローチはダイナミックに変化する競争環境における戦略対応の問題に対して十分な回答能力を有しているとは言い難い。そもそも、ダイナミックに変化する競争環境下では、それが業界内における優れたポジションであれ、優れた経営資源や組織能力であれ、決して既存の優位性の虜になってはならないはずである。3つのアプローチに共通する弱点は既存の優位性を過度に重要視するあまり、ダイナミックに変化する競争環境を前提とした議論が難しい点にある。こうした弱点はいずれのアプローチもスタティックな状況要因を前提に設計されていることに起因する。すなわち、ポジショニング・アプローチは既存の業界構造を前提に設計され、資源ベース・アプローチや能力ベース・アプローチは既存の経営資源と組織能力を前提に設計されており、そこにはダイナミックに変化するさまざまな要因に対する配慮が欠落しているのである。

　このように、1990年代初頭までに登場した3つのアプローチがダイナミックに変化する競争環境に対して有効な処方箋を示すことができないなかで、戦略論は新たなアプローチを求めていた。1990年代半ば以降、こうした戦略論の要請に応えるように台頭してきたのがゲーム・アプローチとダイナミック・ケイパビリティ・アプローチである。この2つのアプローチはダイナミックな戦略観のもとに設計され、既存のアプローチの弱点を乗り越えようとする。まさにここから本格的な戦略論のダイナミクスへの挑戦が始まったのである。

2．ゲーム・アプローチ

　戦略論のダイナミクスを考慮したアプローチの１つに，ゲーム・アプローチ（Game Approach）がある。ゲーム・アプローチは他のアプローチと同様に産業組織論の影響を受けて発展してきたが，このアプローチが依拠するのはハーバード学派でもなくシカゴ学派でもない，新しい産業組織論（New Industrial Organization）である。新しい産業組織論は企業間の戦略的行動や市場のダイナミズムに注目するが，これらの緻密な分析はゲーム理論の援用によって可能になった。

　マクミラン（McMillan,J.）によれば，「ゲーム理論とは相互依存性のある状況下での合理的な行動についての研究である」（McMillan, 1992, p.6；邦訳6頁）。ここで相互依存性とはゲームのいかなるプレイヤーも他のプレイヤーたちの行動から影響を受けるということであり，合理的な行動とはプレイヤーが自分自身の見地からみて最善を尽くそうと努力することを意味する。したがって，ゲーム理論は意思決定にあたり「自己」に焦点をおくだけではなく「他者」に焦点をおき，ゲームに参加する他のプレイヤーの意思決定を事前に読んで対処する重要性を強調する。さらに，ゲーム理論はゲームに参加するプレイヤーが常に競争的であるとは限らない点にも配慮する。つまり，プレイヤーたちの利害が一致し，互いに協調的な状況をも想定する。1990年代半ば以降，こうしたゲーム理論のエッセンスが戦略論に応用されてゲーム・アプローチが台頭した。ゲーム・アプローチの台頭を最も印象づけた代表的な研究に，ネイルバフ＆ブランデンバーガー（Nalebuff,B.J.and A.M. Brandenburger）による研究がある[5]。

　ネイルバフとブランデンバーガーはゲーム理論をもとにビジネスにおける競争と協調のための新たな枠組みを提供しようとした。彼らによれば，ビジネスは「パイ」を作り出すときには協力し，「パイ」を分けるときには競争するものであり，競争すると同時に協調しなければならない（Nalebuff and Brandenburger, 1996, p.4；邦訳10-11頁）。このように価値の創造と配分をめぐり，競争と協調が併存した状況をコーペティション（Co-opetition）と

いう。現実のビジネスでは「勝つか負けるかのゼロサム・ゲーム」だけではなく,「双方が勝つプラスサム・ゲーム」をも模索して両方の可能性をとどめておくことが肝要である。このためには自分たちがいかなるゲームに参加し,いかなるプレイヤーと相互依存関係にあるのかが明らかにされなければならない。このときに有用なのが価値相関図（Value Net）による分析である（**図表２-２**）。

　価値相関図を構成するのは①顧客,②供給者,③競争相手,④補完的生産者である。このうち,補完的生産者とは「自分以外のプレイヤーの製品を顧客が所有したときに,それを所有していないときよりも自分の製品の顧客にとっての価値が増加する場合のプレイヤー」であり,競争相手とは逆の役割を演じる存在である（*Ibid.*, 1996, p.16；邦訳29-30頁）。この補完的生産者は価値相関図においてきわめて重要な存在である。というのも,補完的生産者の存在を考慮することで競争だけではなく,協調の次元が生まれるからである。また,価値相関図によってゲームの状況を理解した後に行うべきは当該企業にとって有利な状況を作り出すためにパーツ（PARTS）に働きかけることである。パーツ（PARTS）とは,プレイヤー（Players）,付加価値（Added Values）,ルール（Rules）,戦術（Tactics）,範囲（Scope）のことであり,ゲームを構成する５つの基本的な要素のことである。あるプレイヤーにとって有利なゲームに転換するためには,この５つの要素のうち１つあるいはそれ以上のものを変えなければならないのである（*Ibid.*, 1996, p.9；邦訳19頁）。

　さて,ここまでの議論で明らかなように,ゲーム・アプローチはポジショニング・アプローチと同様に企業の外部要因に注目する。ポジショニング・アプローチが５つの競争要因分析によって業界の構造的要因に注目するのに対して,ゲーム・アプローチは価値相関図によってゲームに参加するプレイヤーとその相互依存関係に注目する。一見,価値相関図は５つの競争要因分析と類似した概念のようにみえるかもしれないが,この２つの概念には決定的な相違がある。

　既述のごとく５つの競争要因分析によれば,それが買い手であれ売り手で

図表2-2　価値相関図

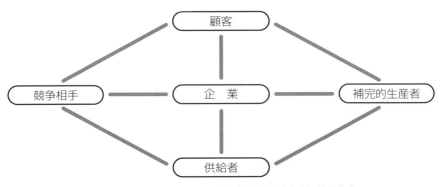

出所：Nalebuff and Brandenburger, 1996, p.16；邦訳29頁をもとに筆者作成。

あれ競争相手であれ，すべての要因は当該企業から利益を奪う要因として位置づけられ，固定された役割だけを演じるとみなされる。だが，現実のビジネスでは価値の創造と配分をめぐり，プレイヤーがさまざまな役割を演じることでゲームはより複雑になる。この際，価値相関図では競争相手だけではなく，補完的生産者の存在を認識することで複雑なゲームの状況をクリアに捉えることができる。つまり，補完的生産者の存在を認識することで競争に加えて協調の視点が生まれるとともに，状況によってダイナミックに変化するプレイヤーの役割変化を描き出すことができる。このようなことから，価値相関図は5つの競争要因分析に欠落していた相互依存関係と個々の要因の役割変化を捉えたダイナミックな分析を可能にするのである。

3. ダイナミック・ケイパビリティ・アプローチ

　戦略論のダイナミクスを考慮した2つ目のアプローチに，ダイナミック・ケイパビリティ・アプローチ（Dynamic Capability Approach：以下，DCアプローチ）がある。このアプローチは進化経済学に大きな影響を受けて発展してきたが，この進化経済学の一起点となったのがネルソン＆ウィンター（Nelson,R.R.and S.G.Winter）による著作『経済変動の進化理論』（*An*

Evolutionary Theory of Economic Change) である。とりわけ，DCアプローチはダイナミックな視点を導入するために同書の主要概念であるルーティーン (Routine) に注目する。ルーティーンとは「組織全体における反復的なパターンの活動や個人のスキル」(Nelson and Winter, 1982, p.97；邦訳121頁）である。この概念がDC研究の基盤を提供するが，初期DC研究の代表的な研究にティースら (Teece,D.,et al.)，アイゼンハート＆マーティン (Eisenhardt,K.M.and J.A.Martin) によるものがある。

ティースらによれば，DCとは「急速に変化する環境に対処するために，組織の内的・外的能力を統合し，構築し，再配備する企業の能力」(Teece, et al., 1997, p.516) を指す。DCは「プロセス」，「（資源）ポジション」，「パス」に決定づけられるが，とくにプロセスこそがDCの本質を捉えるうえで重要となる。プロセスは管理的・組織的プロセスを意味しており，「調整／統合（静態的概念）」，「学習（動態的概念）」，「再編成（変革的概念）」の3つの役割を有する（*Ibid.*, pp.518-520）。このうち本研究が能力ベース・アプローチとの差別化を図るうえで重要なのが変革概念としての「再編成」である。それは急速に変化する競争環境において企業の資産構造を再編成する必要性を感知し，企業内外の変革を達成する組織能力こそが最も重要であると理解されるからである。

アイゼンハートとマーティンによれば，DCとは「市場変化への適応やその創造を実現するために，（経営資源を）統合，再編成，獲得，解放するといった経営資源を活用する企業プロセス」(Eisenhardt and Martin, 2000, p.1107) を指している。言い換えるならば，DCとは市場のライフサイクルに応じて，新たな経営資源の編成を成し遂げる組織的・戦略的ルーティーンとして理解される。とりわけ，急速に変化する競争環境のもとで効果的なパターンは，その状況に特有な新たに創造された知識に依存する，シンプルかつ経験的ルーティーンである。このように，彼らは市場のダイナミズムを考慮し，競争環境の変化に対して柔軟に対応する組織能力の重要性を論じている。

上記の初期DC研究以降，DC研究は精緻化されるとともに拡張されてきた。

たとえば，DC研究の将来的な可能性を示した一冊に，ヘルファットら（Helfat,C.E., et al.）による『ダイナミック・ケイパビリティ-組織の戦略変化-』(*Dynamic Capabilities: Understanding Strategic Change in Organizations*) がある。同書によれば，DCは「組織が意図的に資源ベースを創造，拡大，修正する能力である」(Helfat, 2007, p.4；邦訳6頁) と定義される。そのうえで同書では，DCを測定するための概念的基準としての進化的適合度（Evolutionary Fitness）や専門的適合度（Technical Fitness）を提示してコア・リジディティの問題をクリアしようとするとともに，DC研究を提携や買収の問題にまで拡張して捉え，関係ケイパビリティ（Relational Capabilities）や買収のダイナミック・ケイパビリティ（Acquisition-based Dynamic Capabilities）といった新たな概念をも提示する。さらに，ダイナミックな経営者能力（Dynamic Managerial Capability）といった概念などによってDCにおける経営者の能力や役割の重要性を強調するが，こうした流れはその後のティースの研究にも受け継がれている（Teece, 2007；Teece, 2009）。

元来，DCという概念はきわめて広い概念である。イノベーション，アントレプレナーシップ，変化，進化，知識，学習，提携，買収，企業成長，企業境界，共進化，エコシステムなど，DC研究を語るうえで欠かせないキーワードは多岐にわたり，DC研究はかなり総合的な性格を有している。むろん，このことはDC研究が進化経済学に影響を受けていることと無関係ではない。進化経済学が経済的進化のメカニズムに関心を寄せるように，DC研究は企業進化にかかわるあらゆる問題に関心を寄せる。この点でDC研究はこれまでの戦略論の流れを継承しつつも，新たな発展可能性を秘めているといえよう。

V　むすび

これまでの議論から明らかなように，近年の戦略論はダイナミクスへの挑

戦に関心を寄せている。本章ではダイナミクスを考慮した代表的な戦略アプローチとしてゲーム・アプローチとダイナミック・ケイパビリティ・アプローチを取り上げたが，ここ最近の戦略論研究に目を転じれば，戦略形成プロセスにおける人々の実際的かつダイナミックな活動に注目しようとする実践としての戦略（Strategy as Practice：SAP）に関する研究も活発化している。もちろん，こうした研究への関心は，既存の戦略アプローチの多くが戦略の「何（what）」という問題に注目するコンテント研究にフォーカスしていることと無関係ではないだろう。そもそも，既存の戦略アプローチにコンテント研究が多いのは，その学問的基礎を経済学においているからである。たとえば，DCアプローチ等は進化経済学に学問的基礎をおき，その関心事が進化，ルーティーン，学習，変化等にあるため，戦略の「いかに（how）」という問題に注目するプロセス研究に属すると考えることもできる。だが，DC研究は組織のダイナミクスに焦点を当てているにもかかわらず，逆説的にプロセスの側面というよりもコンテントの側面の解明を志向してきたし（Peteraf, 2005, p.421），コンテントの視点を通じたプロセスの理解と，プロセス研究の伝統に根ざした厳密なプロセスの理解との間には歴然とした違いがある（Peteraf, 2007, p.38；邦訳，63頁）。

　こうした既存の戦略アプローチの多くがコンテント研究に偏りをみせることにより，現実の戦略形成プロセスにおける人々の実際的かつダイナミックな活動への理解が軽視されてしまう。このような反省のもと，近年ではミンツバーグ（Mintzberg,H.）やペティグルー（Pettigrew,A.），バーゲルマン（Burgelman,R.A.）等が進めた戦略プロセス研究に影響を受けたジョンソン（Johnson,G.）やウィッティントン（Whittington,R.）といった欧州の研究者を中心に，SAP研究が活発である。彼らによれば，ミンツバーグもバーゲルマンも戦略形成プロセスにおけるマクロ的状況の説明に終始するばかりでミクロ的状況を扱っているとはいえない。このミクロ的状況を扱うためには人々の実践に注目するとともに，人々の相互作用を通じて戦略が形成される戦略化（Strategizing）のプロセスに注目する必要がある。だからこそ，SAP研究では，戦略について多くの戦略論研究者が仮定するような組織が

もつもの（Something organizations have）とは捉えない。戦略とは人々が行うもの（Something that people do）であり，活動（Activity）である（Johnson,G. 2007, p.3）。このように戦略を捉えることにより，SAP研究は戦略化というダイナミックなプロセスを描きだそうとするのである。

このように，近年ではプロセス研究も従来以上に活発になされようとしているが，現在の戦略論研究においてSAP研究をはじめとした厳密なプロセス研究は未だ少数派であり，十分なインパクトをもち得ない。しかしながら，このような戦略論研究の潮流は将来的にコンテント研究とプロセス研究が統合に向かう1つの流れとして捉えるのが妥当であろう。今後の研究の発展が待たれるところである。

以上，本章では，およそ半世紀にわたる戦略論の進化の過程を駆け足で辿ってきた。戦略論が現代の日本企業に対して語ってきたことは何か。戦略論は「戦略の基本的視座を捉えなおす」ための材料を日本企業のマネジメントに対して提供できたであろうか。この問いに対する解答は個々のマネジメントによって異なることはいうまでもない。だが，これまでの議論を基にすれば，「ダイナミックに変化する競争環境を前提に，ライバル企業との違いを意識した新たな競争優位の源泉を絶え間なく創造しなければならない」という，きわめてシンプルな戦略論の基本的視座から，日本企業に課せられた問いに対するヒントが得られたのではないだろうか。あらゆる研究で示唆されるように，ポジションの問題であれ経営資源や組織能力の問題であれ，企業は常にライバル企業との違いを意識する必要がある。ライバル企業との違いを意識しないどころかライバル企業と同質的行動をとる「ミー・トゥ（me-too）」タイプの戦略行動は，企業体力を消耗するだけのゼロサム競争を企業に強いるだけである。この点で，ライバル企業との違いを意識した戦略の飽くなき探求こそが重要になる。

また，ライバル企業との違いは競争優位の源泉とのかかわりから捉える必要があるが，競争優位の源泉はそれが何であれ，ライバル企業の模倣行動や新たなイノベーションによって急速にその価値を失ってしまう。だからこそ，企業は新たな競争優位の源泉を絶え間なく創造しなければならない。とはい

え，これらのことはダイナミックな戦略観を有する賢明なマネジメントの存在があってこそ可能となる。賢明なマネジメントは，過去数十年にわたって拠り所としていた戦略の基本的視座をダイナミックな変化を前提に捉えなおす。さらに，その基本的視座のもとで現代を生き抜くための優れた戦略とは何かを問い続けることに余念がない。ダイナミックに変化する競争環境の下では優れた戦略の探求に終わりはないからである。

さて，日本企業のマネジメントはこうした戦略にかかわる本来の役割を果たしてきたであろうか。これらはマネジメントに求められる新たな役割ではなく，不変の役割である。優れた戦略の探究なしに企業を前進させることはできない。日本企業のマネジメントはこの点をしっかりと肝に銘じなければならない。まずは時代遅れとなった戦略の基本的視座を捉えなおす作業から始める必要があるだろう。

注

1) なお，アンドルーズの戦略概念はチャンドラー（「長期の基本目標を定めたうえで，その目標を実現するために行動を起こしたり，経営資源を配分したりすること」）とドラッカー（「われわれの事業は何か。何でなければならないか」）の戦略概念を統合したものである。
2) マトリックス分析の詳細や批判的検討についてはHedley（1977），Fleisher and Bensoussan（2002）およびPorter（1980）のAppendix Aを参照のこと。
3) Porter（1996）はPorter（1985）で論じられた競争優位と価値連鎖に関わるコンセプトをさらに発展させたものであるが，同時にこの論文は資源ベース・アプローチや能力ベース・アプローチからのポジショニング・アプローチ（主にポーターの全般的研究）に対するさまざまな批判をかわそうとするものでもある。
4) これらの議論は小西（2002）に詳しい。
5) そのほか，Ghemawat（1991）；Ghemawat（1997）；Shapiro（1989）などもある。

参照文献

Adner, R. and C. Helfat (2003) "Corporate Effects and Dynamic Managerial Capabilities", *Strategic Management Journal*, Vol.24.

Andrews, K.R. (1971) *The Concept of Corporate Strategy*, Dow Jones-Irwin.（山田一郎訳『経営戦略論』産業能率大学出版部，1976年）

Ansoff, H.I. (1957) "Strategies for Diversification", *Harvard Business Review*,

September-October.

Ansoff,H.I.（1965）*Corporate Strategy*, McGraw-Hill.（広田寿亮訳『企業戦略論』産業能率大学出版部，1969年）

Barney,J.B.（1986）"Strategic Factor Markets:Expectations,Luck,and Business Strategy,"*Management Science*, Vol.32.

Barney,J.B.（1991）"Firm Resources and Sustained Competitive Advantage", *Journal of Management*, Vol.7.

Chandler,A.D.,Jr.（1962）*Strategy and Structure: Chapters in the History of the Industrial Enterprise*, MIT Press.（有賀裕子訳『組織は戦略に従う』ダイヤモンド社，2004年）

Chandler,A.D.,Jr.（1977）*The Visible Hand : The Managerial Revolution in American Business*, Harvard University Press.（鳥羽欽一郎・小林袈裟治訳『経営者の時代―アメリカ産業における近代企業の成立―』東洋経済新報社，1995年）

Clausewitz,C.V.（1980）*Vom Kriege*, Dummlers Verlag.（清水多吉訳『戦争論（上）』中央公論新社，2001年）

Dierickx,I.and K.Cool（1989）"Asset Stock Accumulation and Sustainability of Competitive Advantage", *Management Science*, Vol.35, No.12.

Drucker,P.F.（1954）*The Practice of Management*, Harper & Row.（上田惇生訳『新訳 現代の経営』ダイヤモンド社，1996年）

Eisenhardt,K.M.and J.A.Martin（2000）"Dynamic Capabilities: What are They?", *Strategic Management Journal*, Vol.21.

Fleisher,C.S.and B.E.Bensoussan（2002）*Strategic and Competitive Analysis: Method and Techniques for Analyzing Business Competition*, Pearson Education.

Ghemawat,P.（1991）*Commitment: The Dynamics of Strategy*, The Free Press.

Ghemawat,P.（1997）*Game Businesses Play: Case and Models*, MIT Press.

Ghemawat,P.（2001）*Strategy and the Business Landscape*, Prentice Hall.（大柳正子訳『競争戦略論講義』東洋経済新報社，2002年）

Grant,R.M.（1991）"The Resource-Based Theory of Competitive Advantage", *California Management Review*, Spring.

Hedley,B.（1977）"Strategy and the Business Portfolio", *Long Range Planning*, Vol.10, No.1.

Helfat,C.E.（2007）Dynamic Capabilities: Foundations, in Helfat,C.E.et al., *Dynamic Capabilities: Understanding Strategic Change in Organizations*, Blackwell.（谷口和弘・蜂巣旭・川西章弘訳「ダイナミック・ケイパビリティの基礎」『ダイナミック・ケイパビリティ―組織の戦略変化―』勁草書房，2010年）

Jarzabkowski,P.（2005）*Strategy as Practice: An Activity-Based View*, Sage Publications.

Jarzabkowski,P.,Balogun,J.and D.Seidl（2007）"Strategizing: The Challenge of a

Practice Perspective", *Human Relations*, Vol.60, No.1.

Johnson,G.,Langly,A.,Melin,L.and R.Whittington（2007）*Strategy as Practice: Research Directions and Resources*, Cambridge University Press.

Learned,E.P.,Christensen,C.R.,Andrews,K.R.and W.D.Guth（1965）*Business Policy:Text and Cases*, Homewood.

Leonard-Barton,D.,Bowen,H.K.,Clark,K.B.,Holloway,C.A.and S.C.Wheelwright（1994）"How to Integrate Work and Deepen Expertise", *Harvard Business Review*, September-October.

Leonard-Barton,D.（1998）*Wellsprings of Knowledge*, Harvard Business School Press.（阿部孝太郎・田畑暁生訳『知識の源泉―イノベーションの構築と持続―』ダイヤモンド社，2001年）

Levitt,T.（1960）"Marketing Myopia", *Harvard Business Review*, March-April.（編集部訳「マーケティング近視眼」『ダイヤモンド・ハーバード・ビジネス』November，2001年）

McMillan,J.（1992）*Games, Strategies, and Managers*, Oxford University Press.（伊藤秀史・林田修訳『経営戦略のゲーム理論―交渉・契約・入札の戦略分析―』有斐閣，1995年）

Nalebuff, B.J.and A.M.Brandenburger（1996）*Co-opetition*, Profile Books.（島津祐一・東田啓作訳『コーペティション経営―ゲーム理論がビジネスを変える―』日本経済新聞社，1997年）

Nelson,R.R.and S.G.Winter（1982）*An Evolutionary Theory of Economic Change*, Harvard Business School Press.（後藤晃・角南篤・田中辰雄訳『経済変動の進化理論』慶應義塾大学出版会，2007年）

Penrose,E.T.（1959）*The Theory of the Growth of the Firm*, Basil Blackwell & Mott Ltd.（末松玄六監訳『会社成長の理論』ダイヤモンド社，1962年）

Perry,L.T.（1990）*Offensive Strategy*, Harper Collins.（恩蔵直人・石塚浩訳『攻撃戦略―競争の試練で企業力を鍛える経営―』ダイヤモンド社，1993年）

Peteraf,M.A.（1993）"The Cornerstones of Competitive Advantage: A Resource-Based View", *Strategic Management Journal*, Vol.14.

Peteraf,M.A.（2005）Research Complementarities: A Resource-Based View of the Resource Allocation Process Model（and Vice Versa）, in Bower,J.L.,Gilbert,C. G, *From Resource Allocation to Strategy*, Oxford University Press.

Peteraf,M.A.（2007）Dynamic Capabilities and Organizational Processes, in Helfat,C. E.et al., *Dynamic Capabilities: Understanding Strategic Change in Organizations*, Blackwell.（谷口和弘・蜂巣旭・川西章弘訳「ダイナミック・ケイパビリティと組織プロセス」『ダイナミック・ケイパビリティ―組織の戦略変化―』勁草書房，2010年）

Porter,M.E.（1980）*Competitive Strategy*, Free Press.（土岐坤・中辻萬治・小野寺武

夫訳『競争の戦略』ダイヤモンド社，1982年）
Porter,M.E.（1985）*Competitive Advantage-Creating and Sustaining Superior Performance*, Free Press.（土岐坤・中辻萬治・小野寺武夫訳『競争優位の戦略―いかに高業績を持続させるか―』ダイヤモンド社，1985年）
Porter,M.E.（1996）"What Is Strategy ?",*Harvard Business Review*, November-December.（中辻萬治訳「戦略の本質」『ダイヤモンド・ハーバード・ビジネス』Feb-Mar，1999年）
Porter,M.E.and H.Takeuchi（2000）*Can Japan Compete?*, Basic Books.
Prahalad,C.K.and G.Hamel（1990）"The Core Competence of the Corporation", *Harvard Business Review*, May-June.（坂本義実訳「コア競争力の発見と開発」『ダイヤモンド・ハーバード・ビジネス』Aug-Sep，1990年）
Shapiro,C.（1989）"The Theory of Business Strategy", *Rand Journal of Economics*, Vol.20，No.1.
Teece,D.J.（2007）"Explicating Dynamic Capabilities: The Nature and Microfoundations of (Sustainable) Enterprise Performance", *Strategic Management Journal*, Vol.28, No.13.
Teece,D.J.（2009）*Dynamic Capabilities and Strategic Management: Organizing for Innovation and Growth*, Oxford University Press.
Teece,D.J.,Pisano,G.and A.Shuen（1997）"Dynamic Capabilities and Strategic Management", *Strategic Management Journal*, Vol.18, No.7.
Wernerfelt,B.（1984）"A Resource-Based View of the Firm", *Strategic Management Journal*, Vol.5，No.2.
小西唯雄編（2002）『産業組織論と競争政策』晃洋書房。
十川廣國（2002）『新戦略経営・変わるミドルの役割』文眞堂。
野中郁次郎・戸部良一ほか（2005）『戦略の本質―戦史に学ぶ逆転のリーダーシップ―』日本経済新聞社。
沼上幹（2009）『経営戦略の思考法―時間作用・相互作用・ダイナミクス―』日本経済新聞社。
渡部直樹編著（2010）『ケイパビリティの組織論・戦略論』中央経済社。

第3章

人的資源管理の史的展開と基本的視座

I　問題の所在

　「企業はヒトなり」とは言い古された一文であるが，現代にも通用する的を射た表現のようにおもわれる。それは，組織における数ある経営資源のなかでもヒトがとくに重要であるからに他ならない。モノもカネも情報も，そして個々の企業が独自に保有する技術・知識，さらには企業文化も，生み出すのは他でもないヒトだからである。人的資源管理は，このような組織におけるヒトを管理の対象としている。その意味で，人的資源管理は従来までの人事管理の延長線上に位置づけることができる。

　近代的な人事管理が初めて生成し，その理論や実践的体系が整備されるようになったのはアメリカにおいてである。アメリカにおける人事管理の発展過程は先駆的で，しかもきわめて重要な類型を示しており，理論においても実践においても世界各国に大きな影響をあたえてきた。とりわけ，わが国の人事管理は，第2次大戦後多くの点でアメリカを拠り所として展開してきており，こうした傾向は，アメリカの人事管理が人的資源管理，戦略的人的資源管理へと進展している現在においても，経営のグローバル化やIT化など共通の背景によって，いっそう強まっているとみることができる。

　しかし，わが国では人事管理が人的資源管理という名称へと移行し，定着するにしたがって，従来までとは異なる新たな経営労働にまつわる問題が露呈し，深刻の度を増している。もちろん，経営労働のあり方が，企業を取り

巻く環境変化や技術革新によって少なからず変容していくのは当然のことであろう。しかしながら，現在わが国が抱える経営労働の問題の多くは，そうした諸要因の変化もさることながら，日本企業の人的資源管理に対する基本姿勢，根本的な理念や視座，すなわち「定点」そのものが揺らいでいることに起因しているようにおもわれる。こうした「定点」を軽視した諸制度が，実際の経営の場で実践・運用されるとするならば，さまざまな問題が誘引されることは必至だからである。

　本章では，このような問題意識に基づき，アメリカ人事管理論・人的資源管理論の史的展開過程を概観しながら，人的資源管理論および戦略的人的資源管理論のパラダイムや特徴を解明し，今後のわが国における人的資源管理の方向性を検討するうえで必要な基本的視座すなわち「定点」について考察していくことにする。

II　人事管理の理論的変遷

　人事管理のパラダイムないしフレームワークを形づくるものとして，人事管理の「管理理念」（management philosophy）がある。「管理理念」とは，主として人事管理の対象となる労働者をどのような存在と捉えるかといった労働者観を内容としており，その変化が人事管理発展の各段階を特徴づける根源的な要素となっている。また，人事管理は応用科学的性格をもつことから，さまざまな関連諸科学とのかかわりのなかで発展しており，そこには企業経営を取り巻く各時代の種々の環境要因が大きく作用している。こうしたなかでアメリカにおける人事管理の理論は，科学的管理法を端緒に初期人事管理論－伝統的人事管理論－人間関係論的人事管理論－行動科学的人事管理論といった段階的な過程を示しながら発展してきたと捉えられる。

　そこで本節ではまず，科学的管理法から出発して人事管理論の各段階を代表する主要理論を取り上げ，各理論の特徴を発展史的な視点から概観する。

1. 科学的管理法

　近代的労務管理は，独占体の形成と労働組合運動とを主要な2つの契機として，世界で最も早く，しかも典型的なプロセスで19世紀末から20世紀初頭のアメリカにおいて成立した。資本主義が独占段階に入り，企業が大規模化・複雑化したアメリカにおいて，企業経営はもはや従来どおりの場当たり的な勘と経験による成行管理（drifting management）では維持できなくなり，組織的・体系的・計画的な管理が不可欠になったからである。

　テイラー（Taylor,F.W.）の科学的管理法は，このような資本の要請に応えると同時に，当時企業が直面していた組織的怠業（systematic soldiering）を克服することを目的として登場した。それゆえ，テイラーの基本的問題意識は，一貫して組織的怠業にみられるような険悪な労使関係をいかにして協調的な方向へ変革していくかという点におかれている。

　また，テイラーは，課業決定の科学性・客観性と高賃金・低労務費（high wages and low cost）とによって組織的怠業を克服し，「精神革命」（mental revolution）による労使協調を唱えている。課業決定の科学性・客観性とは，人間労働を工学的な視点から捉え，動作・時間研究（motion and time study）に基づいて課業設定（task-setting）することを意味しており，これを当時の労働者観であった「経済人モデル」に立脚して差率的出来高給制度（the differential rate system of piece-work）を適用するというものであった。これによって個々の労働者の作業能率を増大させ，労働者にとっての高賃金と経営者にとっての低労務費を同時に達成し，組織的怠業を克服しようとしたのである。それゆえ，科学的管理法は，課業管理（task management）を中心とした「労働管理」と捉えることができ，人事管理が生成する前段階的な役割を果たしている[1]。

2. 初期人事管理論

　人事管理の成立には，労働組合による科学的管理法への強い批判と抵抗が大きく影響している。それは，第1次大戦後の労働組合の飛躍的な発展を背

景に，産業界が労働組合からの非難を無視できなくなり，科学的管理法そのものに対する見直しを迫られたことによる。また，産業心理学の発達も科学的管理法における「科学」の不十分さや労働者の人間的側面への配慮の欠如を露呈させ，これによって新たに労働者の人間的取り扱いを基本理念とした人事管理が科学的管理法の新展開として成立していくことになる。

一方，当時の巨大化した企業組織における大量生産方式の現場は，大量の半熟練・不熟練労働者によって支えられていたが，彼らの劣悪な労働環境と雇用環境への不満は労働組合運動となって現れ，さらに福祉運動と結びついて企業内に福祉係が設置されるようになった。この福祉係は，その後福利厚生部門となり，当時の産業民主主義の普及を背景として，労働者を「人間的存在」と捉える新たな労働者観と，この労働者観を裏打ちする産業心理学の理論的成果によって，全人的な意味を包摂するパーソネル（personnel）という新たな概念のもとにすべての人事労務諸施策が統合されていくようになる。そのため，福利厚生部門は雇用部門に統合され，ここに初めて労働者の保有する労働力の管理を主要職能とした人事部門が，生産・販売などと並ぶ重要な職能と認識され，独立した一部門として組織化されていった。

こうしたなかで，最初の体系的・包括的な人事管理論とされるティード＆メトカーフ（Tead,O.and H.C.Metcalf）の著書『人事管理』（*Personnel Administration : its principles and practice*）が著されたのである。

ティード＆メトカーフは，人事管理の目的とは終局的に最大限の生産確保，すなわち労働力の効率的活用にあるが，その目的達成のアプローチとして労働者を心理的存在と理解し人間労働への心理学的接近を試みている。その際，パーソナリティ（personality）概念を提起し，労働者個々が包摂する基本的欲求の分析に注目することによって，勤労意欲の喚起や労使対立の緩和を目指している。そのため，「人事管理とは，最小限の努力・対立（a minimum effort and friction）と労働者の真の福祉（the genuine well-being of the workers）への適切な考慮によって，必要最大限の生産を確保するために，その組織の人間的諸関係を指揮・調整することである。」（Tead and Metcalf, 1920, p.2）と定義している。

また，産業心理学の諸成果を適用して，採用，配置転換，昇進，管理者訓練および従業員訓練，安全衛生，またその基礎となる職務分析などの「労働力管理」を中心に労働者との「個人的アプローチ」を基調とした労務管理制度を重視しながら，苦情処理や工場委員会・従業員団体・団体交渉などの「集団的関係」手法を補完的に取り入れることを提示している。つまり，労働力の最高能率的利用を達成するとともに，それを労使協調や協働関係の構築によって実現しようとしたのである。

3. 伝統的人事管理論

　1930年代後半から大量生産体制の進展とそれにともなう経営規模の拡大や労働市場の構造変化，および労働組合組織の発展などを背景に，人事管理研究は労働経済学・心理学・労使関係研究などを取り入れながら，より体系的なものへと進化していった。その代表的文献が，ヨーダー（Yoder,D.）の著書『人事管理と労使関係』(*Personnel Management and Industrial Relations*)[2]であり，伝統的人事管理論の特徴を継承した1つの完成された形，またその発展的集大成として位置づけられている。

　ヨーダー理論の特徴は，人事管理の中心課題を「労働力管理」(manpower management)におきながらも，人事管理の対象となる労働者を物的視することなく，その人間的要素を重視し，さらに労働者を生きた存在＝人間的存在として把握している点に見いだすことができる。しかしそこでは，あくまでも労働力の最高能率的利用（the most efficient utilization）を志向する「労働力有効利用説」[3]の立場が明確に打ち出されており，労働力管理の対象となる労働者を特殊な「生産要素」と捉え，その心理学的・生理学的な職務遂行能力の個人差に着目している。つまり，ヨーダーは労働者の保有する労働力の側面を重視し，職務と人間との適合を通じて労働力を最大限発揮させるという能率的見地に一貫して立脚しているのである。また，そのためにも従来までの労働組合否定論が非現実的であるとして，労働組合の存在を積極的に認め，労働組合との関係を担う労働関係管理を人事部門の主要職能と位置

づけている。

4．人間関係論的人事管理論

　1940年代から1950年代にかけて，アメリカの人事管理論はその内容から伝統的人事管理論と人間関係論的人事管理論との２つの系統に分化していく。とりわけ人間関係論的人事管理論は，メイヨー（Mayo,G.E.）やレスリスバーガー（Roethlisberger,F.J.）を端緒とした人間関係論（Human Relations）の理論的枠組みを継承するとともに，人間関係研究の成果を応用した新たな人事管理論として体系化されている。その代表的な文献が，ピゴーズ＆マイヤーズ（Pigors,P.and C.A.Myers）の著書『人事管理』（*Personnel Administration : a point of view and a method* ）[4]である。

　ピゴーズ＆マイヤーズの人事管理論は，「最良の経営とは，つねに多くの人びとの協働を確保していくこと」（Pigors and Myers, 1956, p.5；邦訳18頁）とする彼らの認識を前提に理論展開されている。企業組織の経営目的達成に向けて従業員の保有する能力を最大限発揮させるという観点から，従業員のチームワークや協力関係の形成・維持を何よりも重視しているからである。それゆえ，ピゴーズ＆マイヤーズ理論では，従業員は集団への帰属や所属集団からの承認・評価を望む「社会的存在」（social being）として把握されており，従業員の社会的欲求を充足することによって，従業員の協働を確保するための人間関係管理手法が積極的に取り入れられている。

　また，従業員の人間的欲求の発露という観点からも，労働組合の存在を肯定しており，協調的労使関係とチームワークの醸成のために，提案制度・労使共同委員会制度・労使協力制度・団体交渉・苦情処理などが有効な施策として提唱されている。

　こうしたことからピゴーズ＆マイヤーズは，「人事管理とは，従業員がその労働から最大の満足を得ると同時に，企業に対して最大の貢献をなし得るように彼らの潜在能力（potentialities）を育成・発展させる方法（method）である。」（*Ibid.*, p.12；邦訳23頁）と定義しており，伝統的人事管理論が「労

働力有効利用説」に立脚していたのに対して，従業員の労働意思への対応を重視した協力関係形成を手段目的として労働力の能率的利用という終局目的の実現を図ろうとする「協力関係形成説」[5)]の立場を打ち出しているところに，その特徴を見いだすことができる。また，人間関係論的人事管理論は「社会人モデル」に依拠し，管理主体も「労働者管理」へと移行している。

5．行動科学的人事管理論

　行動科学（Behavioral Science）については，その定義に関する定説はないが（菊野，1974，231頁），社会学・心理学・文化人類学などの関連科学総合的な方法をとるところに特色がある（森川，1997，154-155頁）。とくに，経営学の分野で行動科学という場合には，組織における人間行動の研究を共通の関心対象にしながら，人間関係論が非公式組織（informal organization）を研究の中心にしたのに対して，行動科学は公式組織（formal organization）を研究対象として人間行動のシステムを解明しようとしたところに大きな違いが見いだせる（森川，1997，154-155頁）。また，1950年代以降から発展した行動科学研究は，「自己実現人モデル」に立脚し，人間的諸欲求・動機づけ分析や組織分析による「労働者管理」や「小集団管理」を提起している点が特徴的である。

　こうしたなかで著されたのが，メギンソン（Megginson,L.C.）の著書『人事労務』（*Personnel : a behavioral approach to administration*）である。メギンソンは，行動科学の諸成果による高度な専門知識や技能を人事管理に応用・導入する必要性を高唱し，実際にマズロー（Maslow,A.H.）の「欲求理論」，マグレガー（McGregor,D.）の「Y理論」，ハーズバーグ（Herzberg,F.）の「動機づけ−衛生理論」，マクレランド（McClelland,D.）の「達成動機理論」などに拠りながら（Megginson，1967，pp.545-547），従業員をさまざまな個人的欲求を有する「多面的人間」（the whole man）と認識し，従来までの生産要素的理解や人間関係的理解とは異なる新たな「人的資源理念」（the human resources philosophy）を提示している。また，彼の理論には，従来

までの採用,教育訓練,能力開発,賃金管理などに加えて,公式組織としての組織行動,組織行動と管理者の役割,参加的リーダーシップ,従業員コミュニケーション,動機づけ,従業員カウンセリングなどの具体的・実践的手法が体系化されている。

このようにメギンソンは,行動科学研究による組織における人間行動の知識に即して,従業員の個人的な価値観や生活信条に沿った対応を目指すとともに,動機づけの側面から「人間的尊厳（the human dignity）の重視」を指導理念とする人事管理の理論的枠組みを示している。

III 人的資源管理の理論的枠組み

今日,人的資源管理という用語が人事管理に代わって一般的に使用されるようになっている。人的資源（human resource）という用語自体は,1950年代にすでに現れ,一部の研究者によって使用されていたが[6],人的資源管理という用語が普及し始めるのは1970年代に入ってからである[7]。実際,1970年代以降アメリカにおける包括的な人事管理テキストのなかに"Human Resource Management：HRM"というタイトルを掲げる文献が数多く見受けられるようになる。その後1980年代に入ると,人的資源管理がそれまでの"Personnel Management：PM"に代わって人事労務管理研究領域で一般的に使用される用語となり,1980年代半ばから近年になるにしたがって,戦略的人的資源管理（Strategic Human Resource Management：SHRM）へと用語が移行している。

こうしたなかで,ハーバード・グループが提示したHRMモデルは人的資源管理理論が定着するうえで重要な役割を果たし,ミシガン・グループのSHRMモデルは人的資源管理理論が戦略的人的資源管理論へと進展するうえで先駆的・嚆矢的な役割を果たしたということができよう。そこで,以下では,ハーバード・グループの人的資源管理理論とミシガン・グループの戦略的人的資源管理理論について考察していく。

1．ハーバード・グループの人的資源管理論

　1981年,「人的資源管理」が，ハーバード・ビジネス・スクール（Harvard Business School）のMBA課程に新たな必修科目として開設された。これをうけて，同校のビアー（Beer, M.）やスペクター（Spector, B.）らが中心となってテキスト・ブック『人的資源管理』（*Managing Human Assets : The Groundbreaking Harvard Business School Program*）をまとめ，ここにハーバード・グループによる人的資源管理論が展開されることになる。彼らの著書は，**図表3-1**のような章構成になっている。

　彼らの理論は，次のような現状認識と問題意識から出発している。

　第1に，「景気後退・規制緩和・国際的な企業間競争の激化といった経営環境の急激な変化のなかで，アメリカ企業の経営幹部たちは生産性と品質を向上させる方法を模索し始めている。しかし，すでに財務的資源やその他の資源のマネジメントについてはかなり複雑な方法や戦略が採用されていることを考えると，今後さらに競争力を高めていくためには，人的資源管理の向上を図っていくことにこそ，大きな可能性が秘められている。」（Beer, et al., 1984, pp.vii-viii ; 邦訳 i - iii 頁）といった現状認識である。

　第2に，「世の中では組織行動や組織開発，さらに労務管理，労使関係の分野で新しい進展がみられる。これらの分野は組織に属する従業員のマネジメントの基礎となる理論を扱っており，一般的に大企業の人事部門や人材開発部門に属している。これらの各分野は歴史的に専門職の実践分野としてそ

図表3-1　ハーバード・グループ：『人的資源管理』の章構成

```
Ch. 1. 序文
    2. 人的資源管理の概念的枠組み
    3. 従業員からの影響
    4. ヒューマン・リソース・フロー・マネジング
    5. 報酬システム
    6. 職務システム
    7. 人的資源管理諸制度領域の統合
```

出所：Beer, et al., 1984, p.v.; 邦訳 xvi-xxii 頁，参照。

れぞれ独立的に運用されてきたが，いまやこうした分野を人的資源戦略（human resource strategy）に統合していく必要性が現れつつある。」(*Ibid.*, p.ix；邦訳iv頁）という問題意識である。

このような認識から，彼らは日本企業の成長を成功モデルとして捉え，「日本的経営」とりわけ協調的労使関係に基づいた日本企業の高い生産性と優れた品質の達成に注目している。

ハーバード・グループは，まず人的資源管理を「企業と従業員，すなわち組織の人的資源との関係のあり方に影響をあたえる経営の意思決定や行動のすべてを統轄する」(*Ibid.*, p.1, 邦訳2頁）ものと定義し，人的資源管理システムが「従業員からの影響」(Employee Influence)，「ヒューマン・リソース・フロー」(Human Resource Flow)，「報酬システム」(Reward Systems)，「職務システム」(Work Systems) の4つの主要領域 (Four Major HRM Policy Areas) から構成されると提示している（図表3-2参照）。

そのなかでも「ヒューマン・リソース・フロー」は，最も重要な領域と位置づけられている。「ヒューマン・リソース・フロー」とは，従業員が企業に入社し，退職するまでを扱う領域であり，具体的には募集・選考・採用・配置転換・昇進昇格・キャリア開発・雇用保障などが含まれるが (*Ibid.*, p.9, 邦訳15頁），環境がダイナミックに変化し，市場 (market) や技術 (technology) が急激に変化していけばいくほど，従業員の数を増やすだけでなく，多才な能力を備え，環境からのさまざまな要求に適切に対応していける人材が必要となるからである (*Ibid.*, p.66；邦訳111頁）。

そのため，ハーバード・グループは，従業員を「社会的財産」(social capital) と認識する立場を明確に打ち出している。人的資源としての従業員を先取り的投資 (front-end investments) として採用し，その後も利益の流れを生みだしてくれる財と捉えているのである (*Ibid.*, p.12；邦訳22頁）。こうした労働者観は，従業員を企業が成長しているときに採用し，縮小しているときにレイオフするといった変動費やコストとして把握する考え方とはまったく異なっている (*Ibid.*, pp.66-67；邦訳112頁）。また，それゆえにこの制度領域の意思決定には，環境変化に対応できるような戦略的思考と戦略

図表3-2 人的資源管理システムの概念図

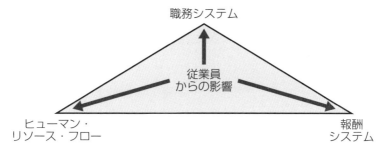

出所:Beer, et al.,1984, p.12；邦訳21頁,参照。

的発想,すなわち企業経営における長期的な戦略的視点が重要であると高唱しているのである(*Ibid.*, p.66；邦訳111頁)。

そのうえで,ハーバード・グループは,このフローのすすめ方について日本の大企業で運用されている「終身雇用システム」(Lifelong employment system)に注目し,従業員の貢献意欲(employee commitment),従業員の能力(employee competence),組織変革能力(organizational adaptation),企業文化(culture),相互支援態勢の形成(interdependence),企業の社会的役割(corporation in society)といった6つの側面から検証しながら,その優位性を説明している(*Ibid.*, pp.100-105；邦訳173-183頁)。

このような「ヒューマン・リソース・フロー」を踏まえたうえで,「職務システム」について,①マグレガーの「Y理論」に依拠し,日本企業に広く適用された「QCサークル」(quality circles)にみられる参加型スタイル(Participative Style),②ハーズバーグの唱える「衛生要因」と「動機づけ要因」を応用した職務充実(Job Enrichment),③高度情報技術を応用したシステムの再設計としてのテクノロジー制度(Technology Policy)などの例を理論的・事象的な裏づけとして取り上げ,「高コミットメント職務システム」(High-Commitment Work System)を提示し,その有効性を唱えている(*Ibid.*, pp.157-167；邦訳265-281頁)。それは,「高コミットメント職務システム」が,①人間は勤勉に働き,高い業績をあげ,新しい技能を学び,

自分の職務に影響をあたえる意思決定に関する「意欲」(want) をもっている，②創造的才能 (creative talents) は労働組織のすべての階級に広く分布する，③参加は質の高い意思決定とコミットメントを導く，という3つの基本仮説すべてを反映していると捉えていること，また個人のニーズと組織のニーズの統合に直接目を向けることによって，高いヒューマン・コミットメントさらには労使間の信頼関係が構築され，生産上の柔軟性 (the flexibility in production)，ひいては生産性の優位性につながると解していることに拠る (*Ibid.*, pp.168-171；邦訳283-288頁)。

そして，この「ヒューマン・リソース・フロー」と「職務システム」の2つの領域を補完・補強するという観点から，「従業員からの影響」領域を人的資源管理システムのなかに位置づけている。従業員からの発言や関心を人的資源管理システムに取り入れ，活かしていく仕組みや方針を意識的に作っていくという意味で，「従業員からの影響」の重要性を把握しているからである (*Ibid.*, p.41；邦訳72-73頁)。

さらに，「報酬システム」についても，人的資源管理システムのなかで主導的な領域としてではなく，むしろ他の3領域の行動様式・態度と矛盾せず，それらを強化し支える制度として設計・運用しなければならないと主張する (*Ibid.*, p.147；邦訳250頁)。「報酬システム」には，外的報酬 (extrinsic rewards) と内的報酬 (intrinsic rewards) が含まれる。外的報酬とは昇進，給与，厚生制度，特別手当，ボーナス，株式取得権などであり，内的報酬は能力，達成，責任，重要性，影響力，個人的成長，貢献などをさす。このうち，労使双方の関心はとかく外的報酬に向く傾向にあるが (*Ibid.*, pp.113-114；邦訳196-197頁)，従業員の人間的諸欲求を充足させ (to satisfy)，動機づけを高める (to motive) ためには，内的報酬をより重視すべきだと高唱している (*Ibid.*, pp.147-148；邦訳250-251頁)。その際，精巧な外的報酬，とりわけ成果に基づく業績給 (pay-for-performance systems) にあまり依拠すべきではないとする指摘は (*Ibid.*, pp.147-148；邦訳250-251頁)，注目すべき点であろう。

以上のように，ハーバード・グループは，日本とアメリカの企業経営にお

ける人事労務管理の比較・検証をとおして，新たな理論を展開している。そこでは，従業員＝人的資源を「社会的財産」とみる労働者観を基盤として，企業経営における長期的な戦略的視点を重視し，人的資源管理システムを構成する各領域の間に一貫性または調和が保たれる必要があると主張されている。

2．ミシガン・グループの戦略的人的資源管理論

　ミシガン・グループとは，ミシガン大学（The University of Michigan）のティッキー（Tichy,N.M.），コロンビア大学（Columbia University）のフォムブラン（Fombrun,C.J.），ペンシルヴァニア大学（University of Pennsylvania）のデバナ（Devanna,M.A.）などから構成される研究グループである。彼らは，人的資源管理という用語が一般化した1980年代初頭にあって，すでに『戦略的人的資源管理』（Strategic Human Resource Management）というタイトルで著書を発表している。彼らの著書の章構成は**図表 3-3**のようになっている。

　ミシガン・グループは，アメリカにおける労働者の生産性低下と技術革新進度の鈍化を克服すべき深刻な問題と捉え，「人的資源に関する効率的なシステムの構築こそが，企業組織の効率性を増大させるという信念」のもと，理論を展開している。その際，とくに企業戦略の実行と企業目的達成という観点を重視し，それを人的資源管理と連動させた枠組みとして提示している（Fombrun, et al., 1984, pp.33-34）。

　そのため，彼らはまず戦略的経営（Strategic Management）について，①使命と戦略（mission and strategy），②組織構造（organization structure），③人的資源管理（human resource management）の3つの基本要素（the basic elements）から構成されると論究している（*Ibid.*, p.34）。この3要素は，企業が使命や目的を達成するために，どのような組織構造が最適であるかを決定し，ひとたび組織構造が決定されると企業目的達成のためにどのような戦略を採るのが効果的であるか，またそれを実行する場合，

どれくらいの人員を保持する必要があるか,といった意味で相互依存的な関係にあると捉えている (Ibid., p.35)。

そのうえで,人的資源管理は選考 (selection),評価 (appraisal),報酬 (rewards),能力開発 (development) の4つの機能 (functions) からなる循環的なシステムであり (**図表3-4**参照),この4機能が個人レベルと組織レベルの双方の業績 (performance) に重要な影響を及ぼしていると指摘する (Ibid., p.41)。規定された職務を遂行できる最適な人材を選び,報酬を公正かつ最適に配分するため従業員の業績を適切に評価し,さらに報酬を業績と連結させることによって従業員を動機づけ,現時点での従業員の業績を向上させるためだけではなく,彼らが将来就く職位においても高い業績を達成できるよう従業員の能力開発を行う,というふうに業績と4機能との相関を説明するのである (Ibid., p.41)。

また,ミシガン・グループは,この4機能をそれぞれ戦略レベル (strategic

図表3-3　ミシガン・グループ:『戦略的人的資源管理』の章構成

第1部　環境,戦略,組織 　1.　人的資源管理の外的要因 　2.　戦略的人的資源管理の組織的要因 　3.　戦略的人的資源管理の枠組み 第2部　人的資源管理システムの戦略的役割 　4.　戦略的人員配置 　5.　戦略的人員配置:チェースマンハッタン銀行の事例 　6.　戦略的管理としての評価システム 　7.　執行評価 　8.　フォーチュン1,300社の業績評価事例 　9.　報酬システムの戦略的設計 　10.　報酬システム　実施上の配慮点:GM社の事例 　11.　人的資源開発と組織効率 　12.　戦略的評価と戦略的開発:GE社の事例 　13.　企業文化と競争戦略 　14.　企業文化の形成:ヒューレット・パッカード社の事例	15.　人的資源管理監査 　16.　戦略的人的資源管理:ハネウェル社の事例 第3部　人的資源管理の戦略的課題 　17.　人的資源の戦略計画:制度設計の考察 　18.　低迷期の人的資源管理 　19.　組織変革のための人的資源施策 　20.　労使関係における戦略的課題 　21.　QWLプログラムにおける生産性管理 　22.　生産性と品質改善:ウエスティングハウス社の事例 　23.　国際的人的資源管理 第4部　人的資源:CEOの視点 　24.　インタビュー:レジナルド・ジョーンズ&フランク・ドイル 　25.　インタビュー:エドソン・スペンサー&フォスター・ボイル

出所:Fombrun, et al., 1984, pp.xiii-xv.

level），管理レベル（managerial level），業務レベル（operational level）という3つの観点から把握している。なかでも戦略レベルから，「戦略的選考」（strategic selection），「戦略的評価」（strategic appraisal），「戦略的報酬」（strategic rewards），「戦略的開発」（strategic development）を提示し，分析している点は特徴的である。

　「戦略的選考」は，組織内の職務に最適な人的資源を選考・配置することが目的であり，組織戦略（organization's strategy）をサポートするための選考システムの設計や事業戦略（business strategies）と一貫性のある従業員配置を推し進めることが指摘されている（*Ibid.*, pp.43-46）。「戦略的評価」については，既存の従業員の潜在能力を客観的に評価することによって人的資源予測（human resource projections）を行い，それを戦略的な観点から人的資源計画（human resource planning）に活かしていくことが重要である（*Ibid.*, pp.46-48）。これは「戦略的開発」とも関連しており，企業が将来必要とする従業員の能力を戦略的な観点から教育訓練ないしキャリア形成していくことと密接に結びついている（*Ibid.*, pp.49-50）。また，「戦略的報酬」については，長期的な戦略目標を達成できるように内的報酬と外的報酬のシステムを構築することが主張されている（*Ibid.*, pp.48-49）。

　このようにミシガン・グループは，人的資源管理システムに包摂される4機能の重要性を戦略的視点から説明したうえで，企業組織における人的資源

図表3-4　人的資源サイクル

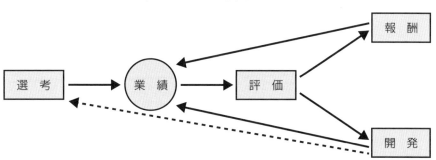

出所：Fombrun, et al., 1984, p.41.

管理の役割について，次のように要約している（*Ibid.*, p.51）。
① 人的資源活動は，従業員個々の業績と生産性に多大な影響を及ぼしており，企業組織全体の業績・生産性にも重要な役割を担っている。
② 変革のための組織能力は，変革を支援する組織を創造することに依存している。このシステムは，変革的な人的資源管理が遂行できるような企業組織を基礎としている。
③ 戦略的決定の質は，意思決定プロセスに供給される人的資源データの質とかかわっている。
④ 戦略目的遂行の成功は，企業組織においてどのように人的資源サイクルや人員の選考が行われているか，特定の行動が測定されているか，戦略目的の達成度に対する報酬がなされているか，また戦略を確実に達成するために必要とされる技能がいかに開発されているか，ということに大きく依存している。

以上のように，ミシガン・グループは，戦略的経営と人的資源管理との統合を重視し，4つの機能から構成される人的資源管理を1つの循環的なシステムとして構築・展開することを強調しており，人的資源管理の新たな方向性を打ち出している。そして，アメリカにおける人的資源管理研究は，これを端緒として次第に戦略的人的資源管理論へと進展していくことになる。

Ⅳ 人的資源管理のパラダイム

前節まで，人事管理論・人的資源管理論の主要理論を発展段階的に概観してきた。それでは，人事管理論から人的資源管理論への移行・進展には，どのようなパラダイムの転換や労働者観の変化，理論的な特徴や意義を見いだせるのであろうか。以下では，こうした事項を発展史的な観点から考察していく。

1. メギンソン理論の意義と特徴

　メギンソン理論は，先述したとおりその特徴から行動科学的人事管理論に位置づけられる。しかし，彼の理論には，行動科学的人事管理論という枠を超えて，その後生成・発展することになる人的資源管理研究の方向性や課題などについても重要な示唆がなされている。

　第1に，メギンソンは，人的資源管理という用語が普及する以前の1960年代に「人的資源理念」を提示し，この理念が彼の理論全体に貫かれている点である。「人的資源理念」とは，従業員の生産能力を一国あるいは企業の経済的資源であるとみなし，「人間的尊厳」重視の観点から従業員自身を組織における他の構成員との関係のなかで捉えようとする理念である（Megginson, 1967, pp.85-87）。

　ここには，マクロ的視点から一国の経済発展における人的資源の経済的意義を把握する論理にしたがって，ミクロ的視点から企業成長にとっての「人的資源の経済的重要性」を強調する一方，他方で「人的資源の理念的重要性」への認識が，従来までの「生産要素理念」や「人間関係理念」にみられる従業員理解とは異なり，労働者に対する「人間的尊厳」の重視および「多面的人間」と捉える労働者観となって現れている。

　このようにメギンソンは，人的資源という用語が安易かつ頻繁に使われる傾向の強かった1960年代にあって，人的資本理論（Human Capital Theory）に基づく人的資源の把握と行動科学による包括的な人間理解に立脚した新たな「人的資源理念」を提示し，従来までの人事管理研究が人的資源管理へと移行・発展していく理論的・理念的背景について論究している[8]。

　第2に，1960年代のアメリカにおいて顕在化しつつある労働組合の組織率の低下と労働組合運動の低迷，すなわち労働組合の衰退といった現実に対して，伝統的な労働組合主義（unionism）の重要性が相対的に低下していると解し，その要因を考究しながら，このことが人事労務管理分野に及ぼす影響について注目している点である（*Ibid.*, pp.50-73）。

　実際，従来までの人事管理が人的資源管理へ，さらに戦略的人的資源管理

へと進展していくにしたがって，企業側の労働組合軽視の傾向はよりいっそう強まっており，そのことが人的資源管理および戦略的人的資源管理の根幹的問題として顕在化しつつある（岡田，2000，208-212頁）。それゆえ，人的資源管理という用語が普及し一般化する前の段階で，メギンソンは労働組合衰退傾向を問題視し，それが人事労務管理に及ぼす影響について言及しているところに重要な意義を見いだすことができる。

　第3に，戦略的視点を人事管理研究にいち早く取り入れ，人的資源である従業員を「競争優位」の源泉と把握し，その有効活用を強調している点である。それは，「競争優位（competitive advantage）を確保するうえで，最も効力を発するのは人的資源を最大限創造的活用（the creative use）することである。」（Megginson，1967，p.73）という彼の主張からも明らかである。

　「競争優位」確保の視点の重要性が広く認識されるようになるのは，ポーター（Porter,M.E.）に代表される競争戦略論（Competitive Strategy Theory）やバーニー（Barney,J.B.）らによる資源ベース理論（Resource Based View：RBV）が登場する1980年代からであり，これによって企業の「競争優位」確保のための方法・手段や「競争優位」の源泉の究明に焦点が当てられるようになる。

　それゆえ，メギンソンは，競争戦略論や資源ベース理論が登場する以前に，すでに「競争優位」確保という視点を打ち出し，その実現に向けて人的資源を最大限有効活用する重要性を指摘しているという点で，斬新さと先見性を認めることができる。

　このようにメギンソンの理論は，行動科学的人事管理論の特徴を有するというだけではなく，その後展開することになる人的資源管理や戦略的人的資源管理の方向性やそれが包摂する問題点を予見し示唆しているという意味においても，人的資源管理研究に先駆的役割を果たしているということができよう。

2. ハーバード・グループ理論の意義と特徴

　ハーバード・グループの理論は，人的資源管理の代表的所説と位置づけることができるが，そこには従来までの人事管理論が人的資源管理論へと移行していくうえで，次のような意義や特徴を見いだすことができる。

　第1に，1981年にハーバード・ビジネス・スクールで，「人的資源管理」という科目がMBA課程の新たな必修科目として開設されたという事実である。このことが，世界各国にあたえたインパクトは少なくないであろう。実際，1980年代以降，人的資源管理が従来までの人事管理に代わる用語として徐々に定着し，また同校の教授陣，すなわちハーバード・グループによって著されたテキスト・ブックはいまなお世界各国に影響をあたえているからである。

　第2に，従業員を「社会的財産」と把握し，人的資源としての従業員を企業にとって利益を生みだしてくれる財と捉えている点である。こうした姿勢は，彼らの原著に冠された"Human Assets"というタイトルにも明確に表されているといえよう。

　第3に，企業戦略と人的資源管理との一貫性を重視した人的資源管理システムの構築を高唱している点である。人的資源管理論では，従来までの人事管理論に加え戦略的な視点が取り入れられており，ここに特徴を見いだすことができる。

　第4に，ハーバード・グループは，日本企業の成長を成功モデルと捉え，「日本的経営」とりわけ終身雇用システムや協調的労使関係，QCサークルなどに基づいた日本企業の高い生産性と優れた品質の達成に注目して，理論を展開している点である。また，従業員の動機づけの観点から，外的報酬よりも内的報酬を重視すべきであり，外的報酬とりわけ成果に基づく業績給に依拠すべきではないと指摘している。これは，企業戦略と人的資源管理との一貫性を強調する一方で，企業戦略と連動した成果主義の導入には警鐘を鳴らしていたという点で，注視すべき指摘だとおもわれるからである。

3. ミシガン・グループ理論の意義と特徴

一方，ミシガン・グループの戦略的人的資源管理論には，次のような意義と特徴を指摘することができる。

第1に，彼らは，人的資源管理という用語が一般化し始めた1980年代初頭にあって，すでに『戦略的人的資源管理』というタイトルで著書を発表しているという点である。つまり，彼らの理論は，人的資源管理が戦略的人的資源管理へと進展していくうえで，先駆的や役割を果たしていると捉えることができる。

第2に，戦略的経営と人的資源管理との統合を重視し，人的資源管理を1つのシステムとして展開すること，さらに人的資源管理に内包される機能を戦略的に整合させて，人的資源管理を循環的なシステムとして運用することの必要性を主張している点である。人的資源管理論も従来の人事管理論に加え，新たに戦略性を把握してきたが，戦略的人的資源管理論ではより戦略性重視の色彩が強くなっている。

その後，競争戦略論や資源ベース理論の登場によって「競争優位」確保の視点がよりいっそう強まり，企業戦略と人的資源管理とを一体的・相即的に捉える戦略的人的資源管理論が展開されている。

近年における戦略的人的資源管理論の特徴としては，次の3点をあげることができる（蔡，1998，84-85頁）。①人的資源や人的資源管理システムが，企業の「持続的な競争優位」（sustained competitive advantage）をも左右する重要な意味をもつようになった点である。②人的資源管理と企業戦略とのかかわりがより深くより鮮明になることによって，人的資源管理および人的資源管理システムには企業が追求する競争戦略との一貫性，すなわち外的整合性（external fit）あるいは垂直整合性（vertical fit）が求められるようになった点である。③戦略的人的資源管理ではシステム志向の色彩が強くなり，人的資源管理システムには，それを構成する企業内のさまざまな制度・施策との内的整合性（internal fit）あるいは水平整合性（horizontal fit）が強調されるようになった点である。

こうした特徴は，人的資源が競合企業に非常に模倣されにくい「無形の資産」という性格を有しており，直接的・間接的に企業の「持続的な競争優位」確保に貢献しているとする認識に基づいている。

人的資源管理の基本的視座

ここまで，アメリカ人事管理・人的資源管理の各発展段階を代表する理論を概観しながら，人事管理論から人的資源管理論，戦略的人的資源管理論へのパラダイムの転換やその特徴を中心に考察してきた。こうした発展史的考察をとおして，今後のわが国における人的資源管理の方向性を検討する手がかりや示唆は多岐にわたって得ることができるが，以下ではそのなかでもとくに重要だとおもわれる人的資源管理の基本的視座について所見を述べることにする。

1．労働者観とその実践的応用

まず第1に，従業員をどのような存在と捉えるかといった労働者観と，それを理論のみならず実際の企業経営の場でいかに実践していくかといった視点の重要性である。

人事管理論が人的資源管理論，戦略的人的資源管理論へと進展していく過程のなかで，従業員は「社会的財産」と把握され，さらに「無形の資産」，企業の「持続的な競争優位」の源泉とする新たな認識に基づいて理論展開されている。これは，経営戦略論研究の進展によって戦略の実行という問題が浮上してくるのにともない，経営資源のなかでも人的資源の重要性が次第に認識されていったためである。

しかし，このような労働者観は，あくまでも企業の競争力向上や競争優位性確保にとって中核となる人的資源に対しての認識であって，それ以外の従業員はコスト戦略の観点から外部化および雇用複合化の指向が内包されてい

る。実際，従業員を「社会的財産」と把握するハーバード・グループ理論のなかでも，企業戦略重視のなかで人的資源である従業員を戦略の一環として他の物的資源と同列に扱い，手段化する傾向が見受けられる（岡田，2000；岡田，2008）。

　また，現実の企業経営の場においても，企業環境が激変し続けている情勢のなか，雇用調整の効率化・円滑化を図るため多様な雇用形態が適用されており，人的資源を物的視する傾向は顕著に現れている（岡田，2006，108-115頁）。近年のわが国では，高コスト体質と企業収益を改善させる最も即効性のある手段を総人件費の節減に求め，正規従業員の雇用を削減する一方，パート・派遣・契約などの非正規従業員の採用増でそれに対応する動きが拡がっている（岩出，2002，190頁）。さらに，人件費の抑制・削減を海外に見いだすグローバル化も急速に進行しており，より安価な人件費を求めて海外現地事業の進出・展開，そして移転が繰り返されている。

　しかし，このような企業戦略に応じて柔軟的かつ機動的に人的資源を調達・調整するという考え方には，人的資源の価値もまた企業戦略によって変化するという発想が底流している。戦略が変われば重視される人的資源も変化する一方，重視されなくなった人的資源は雇用調整や解雇の対象になるということを意味しているからである（岩出，2002，192頁）。

　こうした指向を発展史的観点からみると，人事管理本来の基本理念と大きく乖離しているのは明らかである。アメリカで1920年代に成立した人事管理は当初，「最小限の努力・対立と労働者の真の福祉への適切な考慮によって，必要最大限の生産を確保するために，その組織の人間的諸関係を指揮・調整する」（Tead and Metcalf, 1920, p.2）諸活動であると定義され，この「労働者の真の福祉」を適切に考慮するところに他のあらゆる管理職能と区別する特徴があるとした。しかし，企業戦略とのかかわりのなかで，人事管理が人的資源管理，そして戦略的人的資源管理へと展開するのにともない，人事管理成立当初の「労働者の真の福祉への適切な考慮」という基本理念は少なからず脱落する傾向がみられるからである。

2．集団的労使関係管理の意義

　第2に，協調的な労使関係の構築に際して，労働組合の存在を人的資源管理とのかかわりのなかで，どのように捉えるかという視点である。

　人事管理の最も基本的かつ重要な課題は，購入した労働力をその労働力の保有者である労働者の意思を通じて活用する以外に方法がないという現実に対して，労働者からいかにして自発的な協力を確保し，その労働力を能率的に利用するかという点にある（岩出，1989，285頁）[9]。そのため，企業側が提示する人事管理諸施策は，労働者の理解や納得，承認あるいは合意を引き出すことに重点がおかれ，それは労働組合との交渉をとおして行われてきた。つまり，人事管理は労働組合の発展と労働組合運動，それにともなう集団的労使関係管理と深くかかわりあって発展してきたということができる。

　しかしながら，人的資源管理論・戦略的人的資源管理論では，敵対的な労使関係の克服と協調的労使関係の確立が主張されてはいるが，その延長線上には従業員に労働組合組織化の必要性を感じなくさせるいわゆる発展解消論として「無組合状態の労使関係」を指向する傾向が少なからずみられる（岩出，2002，13頁）。これは，経営実践の場において労働組合抑圧や労働組合回避として利用される性格を包摂しているといえよう。実際，労働組合の組織率はアメリカにおいても日本においても確実に低下しており，人的資源管理論・戦略的人的資源管理論には，労働組合や労使関係にまつわる事項が軽視・捨象される兆候も見受けられる（岡田，2000；岩出，2002；浪江，2005；岡田，2008）。

　また，戦略的人的資源管理論研究へと進展するにつれて，従来までの集団的労使関係としての労働組合関係から，個別的労使関係としての従業員関係に管理の重点が移される動きも現れている（岩出，2002，11頁）。しかし，これは従業員にとって最も重要な労働条件決定，とりわけ報酬・賃金の決定についても労働組合による規制力が弱まり，労使交渉が経営主導で進められることを意味している（青山，2001，195-196，212-214頁）。すなわち，ここでもまた労働組合関係を看過し，経営側の裁量権を拡大しようとする方向性，

そして生活者としての労働者の視点が軽視される傾向を指摘することができる。

3．人的資源開発と人的資源計画

　第3に，人的資源開発，つまり教育訓練・能力開発を労使双方にとってどのような意味合いをもった制度・施策と捉えるかといった視点である。

　これは，労働者観や雇用管理とも密接に関係する領域であるが，従業員を「無形の資産」，「持続的な競争優位」の源泉と捉える認識，さらに暗黙知の習得・継承といった観点もあわせると，長期雇用を前提とした個別企業独自の教育訓練・能力開発の充実とそれにともなう教育投資・人的資源投資，また従業員採用も含めた長期的な人的資源計画が不可欠である[10]。こうした人的資源開発に対する姿勢や取り組みは，企業の競争力向上や競争優位性確保にとって重要なのはもちろんのこと，従業員の人間的諸欲求とりわけ成長・承認・自己実現に対する欲求や職務満足，さらにワーク・モチベーションや従業員モラル，組織コミットメントの側面にも大きく作用するからである。

　一方，わが国では1990年代以降，雇用全体に占める非正規従業員の割合が急増しており，正規従業員と非正規従業員との間にみられる「キャリア形成の二極化」が深刻な問題として現れている（櫻井，2009）。非正規従業員のキャリア形成については，政府や地方自治体，公共機関などとの連携が欠かせないのはいうまでもないが，彼らに対して勤務企業が主導的な役割を担い，教育訓練の機会をできるだけ増やすなどの施策が求められている。また，現場労働に従事することの多い非正規従業員に対する教育訓練・能力開発は，労働の場におけるQCサークルやTQCの効果を維持・向上させるためにも，欠かすことはできない。さらに，個別企業内で増加する非正規従業員と彼らに対する企業の対応・施策が，非正規従業員だけでなく正規従業員の心理的側面，モラルや組織コミットメントにどのような影響を及ぼすのかについても検証してみることが必要であろう。

4．報酬・賃金制度の基本原理

　第4に，報酬・賃金制度の基本原理，すなわち報酬・賃金がもつ本来の目的と意義についての根本的かつ本質的な理念や視点である。

　報酬や賃金については，近年においても数多くの議論がなされている。しかし，その大半が賃金の支払形態に関するものや，賃金支払いの基盤となる人事考課制度，また人事考課における客観的評価の精度をいかにあげるか，あるいは公平性をいかに担保するかといった議論である。もちろん，こうした議論は非常に重要であり，報酬・賃金管理や人事考課制度を検討・分析するうえで必要不可欠な方法論的考察である。

　しかしながら，ここで敢えて強調したいのは，報酬や賃金が，そもそも誰のために，何の目的のために支払われるものなのか，といったきわめて基本的かつ根源的な視点の必要性である。報酬・賃金は，いうまでもなく労働者の働きに対して支払われる労働の対価である。また，支払われた報酬・賃金は，従業員の生活を支える糧であり，従業員の生活保障という意味合いや目的が多分に含まれている。一方，経営側にとって賃金は，従業員のモラールやモチベーション，定着性を維持・向上させるうえで重要な役割を担っていることも明らかである。

　ところが，近年の日本企業における報酬・賃金管理は，企業戦略やコスト戦略が重視されるあまり，労働の場における人間性と生活者としての労働者の視点が根底から脱落しつつある（岡田，2008，287頁）。また，こうした視点から，たとえば1990年代以降日本企業に導入・拡大されてきた成果主義人事・賃金を考察すると，成果主義が多くの問題を露呈し批判されているのは，ある意味当然の帰結であるともいえよう[11]。報酬・賃金制度は，雇用管理とのかかわりのなかで検討されなければならないが，その際，報酬・賃金がもつ本来の意味と目的を踏まえた基本的かつ根源的な視点に立ち戻った議論が必要であるとおもわれる。

VI むすび

　本章では，アメリカ人事管理論・人的資源管理論の発展史的考察をとおして，人的資源管理の基本的視座について所見を述べてきた。もちろん，上述した4つの基本的視座は，人的資源管理のさまざまな制度領域と重層的かつ複合的にかかわり合っているため，総合的・一体的な観点から検討されなければならないが，その際，次の点に留意することが必要である。

　近年，企業を取り巻く環境が急激に変化するのに応じて，企業戦略がますます重視・注目されているが，企業戦略の重要性が強調されればされるほど，かえって企業戦略を第一義的に取り扱い，人的資源や人的資源管理システムはそれを補完・補強するものとして軽視される傾向が懸念される点である。また，それによって従来まで日本企業の人事労務管理に底流していた基本理念は少なからず変容しており，日本的経営という用語自体もいまや死語になりつつある。しかし，1980年代から日本的経営，とりわけ日本企業における人事労務管理諸制度・施策は欧米の研究者達から注目され，欧米で展開される理論と実践の両面に多大な影響をあたえているのもまた事実である。ハーバード・グループが提示する人的資源管理論も，その典型的な例の1つであるといえよう。

　株主の利益を重視した企業経営が高唱される現在にあって，株主重視の経営が果たして企業の競争力を高め，競争優位性を確保し，株主利益につながったのかどうか，また従業員重視の経営が終局的に株主に利益をもたらさないものなのかどうか，さら日本的経営の何を残して何をどのように変革していくべきなのか，改めて検証してみる時期にさしかかっているようにおもわれる[12]。

注

1）この点について，森川（2010）は，「課業の設定と実現のための計画部制度，職能職長制度，指導票制度，差率出来高給制度などの機構とともに，労働者の採用・

教育訓練，職務分析などの労働力管理だけでなく，円滑に課業管理を導入するための意識改革への配慮，『精神革命』による労使協調，福利厚生などの労働者管理も取り上げられている。しかし，労働力管理も労働者管理も課業管理を円滑に実施するという目的に対して二次的な存在としての位置にあり，結局科学的管理法は課業ないし作業の管理を中核とするものであって，動作時間研究をもとにした労働管理をその本質としているといえよう。」（森川，2010，309頁）と指摘している。詳しくは，森川（2002），森川（2010）を参照されたい。

2）ヨーダーの著書『人事管理と労使関係』は，第3版（1948年版）と第4版（1956年版）が邦訳本として出版されている。ヨーダーの所説は，アメリカ人事管理論の発展過程を考察する際，伝統的人事管理論の主要理論として位置づけられており，わが国でもヨーダー理論に焦点を当てた研究論文が数多く著されている。

3）森（1976）は，「労働力有効利用説」について，「これらは，大なり小なり，労働者を『特殊な生産因子』として捉えている。そして労働力と職務との適合，作業条件の適正化や疲労研究による労働力の保全，各種の方法による作業意欲へのインセンティヴなどが，その中心におかれており，アメリカでは人間工学的方法によって，ドイツでは労働生理学，労働心理学，精神技術学などの方法によって，労働者を，主として，個別の労働力としての側面から取り扱っている。とはいっても，『経営への関心』とか，『モラール』『工場精神』などを，まったく問題にしていないわけではない。しかしそれは，いまだ部分的であって，全体の基調は個別労働力としての側面の有効利用におかれている。」（森，1976，68-69頁）と述べ，アメリカでは，ティード＆メトカーフ，ヨーダーの所説がこれに相当すると指摘している。

4）ピゴーズ＆マイヤーズの著書『人事管理』は，第3版（1956年版）と第8版（1977年版）が邦訳本として出版されており，人間関係論的人事管理論の代表的理論として，わが国でもその先行研究は多数発表されている。

5）森（1976）は，「協力関係形成説」について，「労働者を労働力としてではなくて，労働者人格として，しかも経営社会集団を形成している社会的人格の側面から捉えている。そして，その方法科学も，アメリカでは社会心理学，人間関係研究が多くとり入れられている。」（森，1976，69頁）と述べ，その代表的なものとして，アメリカではピゴーズ＆マイヤーズの理論がこれに相当すると指摘している。

6）たとえば1950年代，Druker（1954）やYoder（1956），Bakke（1958）などの著書のなかでも，すでに"human resource"という用語は使われている。しかし，その概念や定義，理念はさまざまであり，こうした傾向は"human resource"という用語が頻繁に使われるようになる1960年代も続いている（岡田，2008，135-140頁）。

7）それゆえ，アメリカにおける人事管理・人的資源管理の発展を考察する場合，1920年代と1970年代が二大画期になっていると捉えることができる（岡田，2008，5頁）。

8）メギンソン理論については，笛木（1969），岩出（1989），岡田（2008）を参照されたい。

9）この点について，古林（1984）は，次のように述べている。

「われわれの課題とする労務管理の研究において，既述のように労働の管理も労働力の管理も，労働者を通さなければなしえないというその特殊性によって，経営学における他の領域にくらべ，総合的な研究の必要性がより高いのではなかろうかと考えられる。それだけに労務管理の経営学的研究は，経営学の他の領域における研究より学問的研究の筋を通すこと，研究内容の統一性を守ることにおいて，より一層の困難さがともなうのである。」（古林，1984，24頁）

10）こうした視点は，企業経営のコア・コンピタンスを担う研究開発部門とりわけ基礎研究分野ではとくに重要である。基礎研究は，短期的になかなか成果に結びつかない特性をもつ分野であるため，基礎研究に携わる研究員は長期雇用が保障されなければ安心して研究に集中し，研究を継続できないからである。また，基礎研究によって得られた知識・情報・データなどを個別企業内で蓄積・継承し，企業独自の研究をさらに進展させることが企業戦略の観点からも不可欠だからである。詳しくは，岡田（1997），岡田（2001）などを参照されたい。

11）1990年代のバブル経済崩壊以降，日本の数多くの企業で次々に成果主義に基づく人事制度や賃金管理制度が導入されていった。しかし，21世紀に入ると成果主義の誘引する問題が露呈されるのに応じて，成果主義見直しに関する議論が多く展開されるようになっている。たとえば，高橋（2004），城（2004），守屋（2005）などを参照されたい。

12）岩出（2002）は，高業績を維持している優良企業としてスターバックスやキャノンの事例を紹介したうえで，次のように指摘している。

「株主利益重視のアメリカ企業と一線を画すスターバックスの従業員重視の経営理念や従業員との長期的な関係の意義を強調するキャノンにおける組織コミットメント重視の経営理念は，グローバル化という流れのなかに多くの日本企業が切り捨てようとしているものである。しかしそれらは，同時に最新のアメリカ経営学が提案するもう１つの知見でもあるのである。そうした意味でSHRM論議では，戦略適合のSHRM論にのみ目を奪われることなく，組織コミットメント重視の視点から『日本的経営で何を残すべきか』を改めて問い直す必要もあるだろう。」（岩出，2002，194頁）

参照文献

Bakke,E.W.（1958）*The Human Resources Function*, New Haven, Conn:Yale Labor-Management Center.

Barney,J.B.（2002）*Gaining And Sustaining Competitive Advantage*, 2nd ed., Prentice-Hall.（岡田正大訳『企業戦略論―競争優位の構築と持続―』（上）ダイヤモンド社，2003年）

Beer,M., Spector, B., Lawrence, P.R., Mills, D.Q. and R.E.Walton（1984）*Managing*

Human Assets:The Groundbreaking Harvard Business School Program, NY:The Free Press.（梅津祐良・水谷榮二訳『ハーバードで教える人材戦略』生産性出版，1990年）

Druker, P.F.（1954）*The Practice of Management*, Harper & Row, Publishers.（上田惇生訳『[新訳] 現代の経営』（上）（下）ダイヤモンド社，1996年）

Fombrun, C.J., Tichy, N.M. and M.A.Devanna（1984）*Strategic Human Resource Management*, John Wiley & Sons.

Megginson,L.C.（1967）*Personnel:a behavioral approach to administration*, Richard D.Irwin, Inc.

Pigors, P. and C.A.Myers（1956）*Personnel Administration: a point of view and a method*, 3rd ed., McGraw-Hill.（武沢信一訳編『人事管理』日本生産性本部，1960年）

Pigors, P. and C.A.Myers（1977）*Personnel Administration : a point of view and a method*, 8th ed., McGraw-Hill.（武沢信一・横山哲夫監訳『人事労務』マグロウヒル好学社，1980年）

Porter, M.E.（1980）*Competitive Strategy*, New York : Free Press（土岐坤・中辻萬治・服部照夫共訳『新訂　競争の戦略』ダイヤモンド社，1995年）

Tead, O. and H.C.Metcalf（1920）*Personnel Administration : its principles and practices*, McGraw-Hill.

Yoder, D.（1948）*Personnel Management and Industrial Relations*, 3rd ed., Prentice-Hall.（本田元吉・遠藤正介共訳『事業経営と人事管理』石崎書店，1952年）

Yoder, D.（1956）*Personnel Management and Industrial Relations*, 4th ed., Prentice-Hall.（森五郎監修，岡本英昭・細谷康雄訳『労務管理』（Ⅰ）（Ⅱ）日本生産性本部，1967年）

青山秀雄（2001）「第7章　労働組合と労使関係管理」黒田兼一・関口定一・青山秀雄・堀龍二『現代の人事労務管理』八千代出版。

岩出博（1989）『アメリカ労務管理論史』三嶺書房。

岩出博（2002）『戦略的人的資源管理論の実相―アメリカSHRM論研究ノート―』泉文堂。

岡田寛史（2000）「第7章　経営戦略の展開と人的資源管理」島弘編『人的資源管理論』ミネルヴァ書房。

岡田行正（1997）「日本企業にみる研究開発部門の変遷と人事管理の基本問題点―包括的一元管理を中心として―」『経済論集』（北海学園大学経済学会）第45巻第2号。

岡田行正（2001）「日本企業における研究開発技術職人事の問題点とその要因」『経営学の新世紀：経営学100年の回顧と展望〔経営学論集71〕』（日本経営学会）千倉書房。

岡田行正（2006）「第5章　わが国における戦略的人的資源管理の新たな局面」大平義隆編『変革期の組織マネジメント―理論と実践―』同文舘出版。

岡田行正（2008）『アメリカ人事管理・人的資源管理史　新版』同文舘出版。
菊野一雄（1974）「第10章　人事管理論史」長谷川　廣編『人事管理論』日本評論社。
古林喜楽（1984）『労務論論稿』（古林喜楽著作集第７巻）千倉書房。
櫻井純理（2009）「第７章　キャリア形成と職業能力開発」黒田兼一・守屋貴司・今村寛治編『人間らしい「働き方」・「働かせ方」—人事労務管理の今とこれから—』ミネルヴァ書房。
城繁幸（2004）『内側から見た富士通—「成果主義」の崩壊—』光文社。
高橋伸夫（2004）『虚妄の成果主義—日本型年功制復活のススメ—』日経BP社。
蔡芒錫（1998）「人的資源管理論のフロンティア—戦略的人的資源管理（SHRM）—」『組織科学』第31巻第４号。
浪江巌（2005）「人的資源管理と労使関係—『合意形成』活動の展開—」『立命館国際研究』（立命館大学国際関係学会）第18巻第１号。
笛木正治（1969）『労務管理発展史論』同文舘出版。
森五郎（1976）『新訂　労務管理概論』泉文堂。
森川譯雄（1997）「第８章　工業経営研究と労務管理」鈴木幸毅編『工業経営研究の方法と課題』（工業経営研究学会創立10周年記念出版）税務経理協会。
森川譯雄（2002）『労使関係の経営経済学—アメリカ労使関係研究の方法と対象』同文舘出版。
森川譯雄（2010）「人事労務管理論の史的展開と人的資源管理論」『修道商学（森川譯雄教授退職記念号)』（広島修道大学学術交流センター）第50巻第２号。
守屋貴司（2005）『日本企業への成果主義導入—企業内「共同体」の変容—』森山書店。

第4章

経営財務の基本的視座と株主価値創造経営

I 問題の所在

　1990年を境に，日本企業を取り巻く環境は大きく変化する。右肩上がりの成長は終わりをつげ，企業業績は悪化，「Japan as No.1」を自認した時代は過去のものとなっていった。1989年末に38,957.44円を付けた日経平均株価も，これ以降，下落の一途をたどることとなる。後に，この時代を指して，「失われた10年」と呼ばれることとなる。

　他方，日本企業の後塵を拝していた米国企業は90年代に躍進を果たす。80年代の業績悪化，株価の低迷のなかで，敵対的な乗っ取りの脅威と機関投資家からの圧力に晒された米国企業の経営者は，株価に目を向けざるを得なくなっていた。また，この時期に株主と経営者の利害を一致させるために導入されたストック・オプション制度が経営者の株価重視の姿勢をより鮮明なものとする。その結果，80年代半ばより，「企業価値の創造」，「株主価値の創造」が志向されるようになり，米国企業はダウンサイジング，アウトソーシング，リストラクチャリングを図り，株価の向上に励むこととなる。

　そして，90年代半ばには，インターネットに集約されるニューエコノミーの勃興があり，米国経済を勢いづけた。株主価値重視の思想が色濃い時代に生み出されたこれら企業の創業者もまた，株主価値重視を標榜する(Kennedy, 2000)。株主価値重視の姿勢は，2001年のエンロン事件，ITバブルの崩壊によって幾分水を差されるものの，長らく続く好景気と株価上昇

に支えられ，大きく揺らぐことはなかった。

　苦境に喘ぐ日本，躍進する米国という時代背景の下，日本企業のなかにも米国に倣い，株主価値重視の経営を標榜する企業が現れるようになる。また，グローバリゼーションが進展し，外国人投資家の持ち株比率が年々増加していくなかで，日本企業でも，望む，望まざるにかかわらず，米国発の株主価値重視の経営が求められるようになっていった。こうしたなか，日本でも，株主の立場から企業の資本調達や投資行動，配当政策を考える学問領域である経営財務（コーポレート・ファイナンス）に対する関心が高まっていった。

　しかし，2008年，リーマン・ショックを契機とする金融危機，その後に続く世界同時株安，景気後退のなかで，状況は一変する。市場原理主義，株主価値重視の経営といった，これまで信奉されてきたパラダイムに対する不信と批判が高まり，株主価値重視の姿勢を理論的な面で支えてきた経営財務に対しても懐疑的な目が向けられるようになっている。

　本章では，こうした時代背景を念頭におきながら，経営財務の考察対象や企業観を概観し，同理論を援用した形で展開された株主価値重視の経営，株主価値創造経営について再考することとする。

II　経営財務の理論展開

1. 経営財務における議論の対象

　企業は存続と発展のために，激しく変化する環境のなかでさまざまな意思決定をしなければならない。そのなかでも，広くお金の出入りにかかわる財務的意思決定を議論の対象とするのが経営財務である[1]。

　企業が事業を行い，成長していくためには，工場や設備などの有形資産への投資や，ソフトウェア，研究開発などの無形資産への投資が必要となる。そして，これらの投資によって，企業の事業内容が決まり，将来の利益構造が決まる。そのため，投資決定が第一義的に重要な財務的意思決定となる。経営

財務では，投資プロジェクトの評価方法が議論され，正味現在価値（net present value：NPV）法が推奨されている[2]。また，近年では，投資プロジェクトの柔軟性を考慮に入れて評価すべく，金融オプションの評価モデルを援用したリアル・オプション評価法（real option）が展開されている。

次に，企業が考える投資プロジェクトを実行していくためには，資金が必要となる。株式を発行して株主から資本を調達するのか，それとも銀行借入や社債発行による他人資本を調達するのか，さらには株主資本（自己資本）と他人資本をどのように組み合わせて調達していくのかなど，長期の資本調達決定が企業にとっての重要な意思決定となる。このような問題意識のなかで，経営財務では，モジリアーニ＆ミラー（Modigliani, F. and M.H.Miller）が提示する資本構成命題（Modigliani and Miller, 1958, 1963）を軸に，最適資本構成にかかわる議論が展開される。加えて，企業の存続のためには，従業員や原材料納入業者，金融機関などの利害関係者に，約束した給料や代金を期日までに滞りなく支払うための短期の資本調達（いわゆる資金繰り）も重要な財務上の意思決定となる。この短期と長期の資本調達決定が，企業にとって，投資決定に次ぐ重要な財務的意思決定となる。

そして，種々の利害関係者への支払いを終えた後に，株主に残される純利益のうち，いくらを株主への配当金として支払うのか，またいくらを再投資のために企業内に留保するのかという配当政策もまた重要な財務的意思決定となる。また，近年では，配当に準じた株主への利益還元策として，自社株買いの効果についても議論されるようになっている。

以上のように，経営財務の基本的なテーマは，大きく投資決定と資本調達，配当政策に分けることができる。そして，これらに付随するサブテーマが，適宜，取り扱われることになる。

2．議論の前提条件

(1) 企業価値

経営財務においては，広くお金の出入りにかかわる財務的意思決定を議論

の対象とする。意思決定を議論の対象とするということは，種々の意思決定の是非を問うことに他ならないため，これらの判断を行うための基準，是非を決めるための基準が必要となる。

「企業における財務的意思決定は何を基準にしてなされるべきか」，「何を目的とし，財務的意思決定を行うべきか」は，企業目的とも密接にかかわる問題となる。経営財務では，意思決定のよりどころとなる企業目的を，企業価値の最大化と考え，議論を展開している。

経営財務の文脈でいう企業価値とは，(1)式のように，企業が諸活動を通じて，将来的に資本提供者（株主，債権者）にもたらすキャッシュ・フローを，資本提供者の要求利益率である加重平均資本コスト（Weighted Average Cost of Capital：WACC）で割り引いて合算することで与えられる[3]。

$$企業価値 = \sum_{t=1}^{\infty} \frac{CF_t}{(1+WACC)^t} \tag{1}$$

ただし，

CF_t = t 期のキャッシュ・フロー

ここで，(1)式のWACCは，目標とする負債比率（時価ベース）をw_D，自己資本比率をw_E，負債コストをk_D，自己資本コストをk_E，税率をτとすると，(2)式で与えられる。

$$WACC = w_D \times k_D(1-\tau) + w_E \times k_E \tag{2}$$

(2) 企業価値の最大化＝株主価値の最大化

企業が t 期に生み出すCF_tは，その帰属先（株主，債権者）によって，(3)式のように分解できる。

$$CF_t = CF_t^{Debt} + CF_t^{Equity} \tag{3}$$

ただし，

CF_t^{Debt} ＝債権者に帰属するキャッシュ・フロー

CF_t^{Equity} ＝株主に帰属するキャッシュ・フロー

よって、(1) 式の企業価値は、以下のように書き換えることができる。

$$\text{企業価値} = \sum_{t=1}^{n} \frac{CF_t^{Debt} + CF_t^{Equity}}{(1+WACC)^t} \tag{4}$$

$$= \sum_{t=1}^{n} \frac{CF_t^{Debt}}{(1+k_D)^t} + \sum_{t=1}^{\infty} \frac{CF_t^{Equity}}{(1+k_E)^t} \tag{5}$$

(5) 式右辺1項目は、債権者に帰属するお金の割引現在価値であり、負債価値と呼ばれる。そして、右辺2項目は株主に帰属するお金の割引現在価値であり、株主価値と呼ばれる。結果、企業価値は、以下のようにも表現できる。

$$\text{企業価値} = \text{負債価値} + \text{株主価値} \tag{6}$$

(6) 式に示すように、企業価値は、負債価値と株主価値の総和として表現できる。そのため、企業価値の最大化といった場合、それは負債価値ならびに株主価値を最大限に高めることに他ならず、事業を通じて資本提供者に提供できるキャッシュ・フローの大きさと質を改善することを意味する。

このうち、負債については、あらかじめ契約により、分配されるキャッシュ・フローの大きさが、利息および元本償還という形で決まっている。そのため、負債価値はほとんど変動しない。これに対し、株主に帰属するキャッシュ・フローの大きさは、事業成果に依存する。したがって、負債価値がほとんど変わらないとするならば、企業価値の最大化は、結局のところ、株主価値の最大化を意味することになる。

3．株主価値の最大化＝株価の最大化

(1) 株主価値と株価の関係

株主価値を発行済株式数で割ると、1株当たりの株主価値が得られる。また、1株当たりの株主価値は、1株を保有する株主が受け取るキャッシュ・フローの割引現在価値で表現でき、これが株式の理論上の価格（株価）ということになる。ここに、「企業価値の最大化＝株主価値の最大化＝株価の最

大化」という関係が成立することになる。

　ファイナンス理論を基礎とする経営財務では，株式市場を始めとする資本市場を，完全市場と考え，論を展開する[4]。完全市場が想定される場合，市場で観察される株価は，理論上の株価と一致する。それゆえ，企業価値は，以下の（7）式でも表現できることになる。

　　　企業価値＝負債の時価総額＋株式の時価総額　　　　　　　　　　　(7)
　　　　株式の時価総額＝株価×発行済株式数
　　　　　株価＝1株当たりの株主価値

　ここに，株価が株主価値，企業価値の代理変数として捉えられることになり，企業価値の最大化を目指すとき，株価の最大化が企業の第一目的として主張されることになる。

(2) なぜ，企業価値の最大化なのか

　なぜ，経営財務では，企業価値，株主価値の最大化を企業目的とし，株主の立場に立った意思決定を論じるのであろうか。

　その1つの理由は，資本主義経済下での株式会社の究極的な支配権がその所有者にあり，所有者たる株主が取締役を選出できるからである。取締役で構成される取締役会は企業経営の意思決定機関であり，取締役会において代表取締役社長や最高経営責任者（CEO）が任命される。株主は自分たちの利害を損なう人を取締役として選出することはなく，株主の視点に立った経営を行うことを，取締役やCEOに期待する。ここに，株主の立場に立って経営を論じる1つの理由づけがなされる。

　もう1つの理由が，株主が残余請求権者であり，残余リスク負担者である点におかれる。従業員や供給業者，債権者といった利害関係者の貢献に対して支払われる対価は，契約により事前的に固定請求権（fixed claim）として確定している。よって，これらの支払いは企業の業績のいかんにかかわらず支払われなければならない。これに対して，株主への配当は残余利益であり，これら固定請求権者への支払いがすべて行われた後に，余りがあれば分配される。この残余利益が多い企業は資源をそれだけ効率的に利用している企業

といえる。残余利益が存在するということは,株主以外の利害関係者に対する固定的な支払は完了しており,そのうえで株主をも満足させる残余利益を生み出せる企業は,株主を含めたすべての利害関係者の欲求を満たしているということになる。それゆえ,数ある利害関係者のなかでも,とくに残余請求権者である株主の視点に立った意思決定を論じようとするのである[5]。

また,企業が倒産した場合には,まず固定請求権者への支払いが優先的になされ,株主は最劣後の請求権者としての地位が与えられているにすぎない。株主は残余請求権者としての側面だけでなく,残余リスク負担者の側面もあわせもつ。そのため,株主を企業経営の最大のリスク負担者と考え,株主総会における議決権を通じて,企業経営への重要な監視権を与えるのである。

III 経営財務の人間観および企業観の展開

経営財務では,「企業価値の最大化」を企業目的とおき,同目的を達成するような財務的意思決定を問題とする。ここでは,経営財務の議論の深化に影響を及ぼしている2つの学派,すなわち新古典派経済学と新制度派経済学(なかでもエージェンシー理論)の企業観をみていくことにする。

1. 新古典派経済学の人間観および企業観

(1) 新古典派経済学における人間観

ファイナンス,そしてその脈絡のなかで論じられる経営財務は,新古典派経済学から派生した領域であり,その特徴を色濃く残しながら展開されてきた。新古典派経済学では,さまざまな仮定をおいて,市場の役割やメカニズムについての理論展開がなされる。なかでも,人間の行動特性に関する仮定として,効用最大化仮説と完全合理性の仮定が重要な役割を果たす。

前者の効用最大化仮説とは,すべての人間は自身の効用(満足)を最大化するように行動するというものである。後者の完全合理性とは,すべての人

間は完全な情報収集，情報処理，情報伝達の能力をもち，その能力を用いて完全に合理的に行動するというものである。これら2つの仮定により，「完全に情報を収集でき，収集した情報を完全に処理し，その結果を伝達できる完全合理的な人間が，自身の効用を最大化するために行動する」という人間観が形成されることになる。そして，完全合理性の仮定が成立する世界においては，人間は他人をだまして自己利益を追求することはできなくなる。なぜなら，すべての人間は，相手の行動を完全に知ることができるためである。

(2) 新古典派経済学における企業観

上記の仮定に従う人間により，企業が構成されるとしよう。このとき，各構成員はそれぞれ固有の目的をもっていたとしても，企業内でそれを追求できず，追求すれば解雇されることになる。なぜなら，完全合理性の仮定のもと，株主（経営者）は，すべての構成員の行動を完全に監視できるからである。

ここに，企業の行動と株主の行動は同じものとなり，企業の行動や意思決定を考える場合に，その構成員の欲求や利害を考える必要はなくなる。そして，企業は，「完全合理的」に，「利潤最大化」する経済人として擬人化され，単純化されることになる。

この流れを汲み，1960年代半ばまでの経営財務では，企業の所有者たる株主にとって最適な意思決定モデルが議論され，展開されることになる。投資決定においては，NPV法に代表される株主価値の創造目的に合致するような投資決定手法の精緻化が試みられた。なぜなら，完全合理性の下，正しい意思決定モデルさえ提示できれば，正しい意思決定がなされると考えられたからである。また，資本調達決定や配当政策においては，完全合理性を前提とした完全資本市場を想定した議論が展開された。そして，その仮定を緩めた議論を行う場合にも，税金の存在や取引手数料の存在を加味するものであり，人間観や企業観そのものについての仮定が緩められることはなかった。

2. 経済人モデルへの批判

(1) 合理性に対する批判

　経済人モデルに対しては，経営学の領域より批判が投げかけられる。たとえば，サイモン（Simon, H.A.）は，「人間は完全合理的な経済人ではなく，人間の情報収集，情報処理，情報伝達能力は限定的であり，人間は限定された情報のなかでしか合理的に行動できない」（Simon, 1961）と指摘し，限定合理性（bounded rationality）に従って行動するとした。また，サイアート＆マーチ（Cyert R.H. and J.G. March）は，企業は，株主や従業員，債権者や顧客，供給業者といったさまざまな利害を有する参加者の集合体であり，組織内ではさまざまなコンフリクトが発生し，それをいかにして解決するかが重要な問題であるとした（Cyert and March, 1963）。

(2) 所有と経営の分離：経営者支配の問題

　バーリ＆ミーンズ（Berle, A.A. and G.C. Means）は，巨大企業においては，所有と経営の分離（separation of ownership from management）が起こっており，新古典派経済学が考えるように，利潤最大化行動がとられていないとした（Berle and Means, 1932）。

　彼らによると，小規模企業では，企業を所有し，利益を得る権利，企業を経営する権利は，出資者（株主）に集中する。しかし，企業が大きくなると企業経営は複雑となり，すべての機能を専門化することが効率的となる。このような状態では，単に出資者であるだけでは企業を効率的に経営できなくなり，ここに専門経営者が登場することになる。とはいえ，出資者数が限定されたこの段階では，出資者が人事権をもっており，経営者は出資者の忠実な代理人に留まっている。しかし，企業がさらに巨大化すると，株式は広く多くの株主に分散し，いかなる単一の株主も企業を支配するだけの株式を十分に所有していない状態となる。この段階に至り，会社を実質的に支配しているのは株主ではなく，株式をもたない専門経営者となる。そして，所有者である株主と支配者である経営者との利害は互いに異なるために，経営者は

単なる株主の代理人ではなくなるとバーリらは指摘した。

彼らのいうように，米国企業では，株式の高度分散化とともに，所有と経営の分離が起こり，経営者支配の現象が観察されるようになった。たとえば，ボーモル（Baumol, W.J.）は，経営者の報酬や名声が売上高に関係していることに着目し，売上高最大化仮説を展開する（Baumol, 1959）。マリス（Marris, R.）は，経営者が，物的，人的，知的資源の蓄積に関心をもち，成長率の最大化を試みるとする企業成長率最大化仮説を展開した（Marris, 1963）。これらの研究に代表されるように，経営者はもはや株主の単なる代理人ではなく，株主とは異なる目的，利害をもった主体であることが証明されることになる。

3．エージェンシー理論

(1) エージェンシー理論の枠組み

以上の時代背景から，完全合理性の仮定を緩めた理論枠組みが展開されることになる。その1つが，エージェンシー理論と呼ばれるものである。エージェンシー理論では，人間行動について，①すべての人間は効用最大化行動をとるが，その利害は必ずしも同じではない（利害の不一致），②すべての人間は情報収集，情報処理，情報伝達能力に限界があり（限定合理性），③相互に同じ情報をもつとは限らない（情報の非対称性），という仮定が導入される。

そして，同理論では，利害の異なる関係者間の関係を捉えるために，プリンシパル（principal：依頼人）とエージェント（agent：代理人）からなるエージェンシー関係という概念を導入する。ジェンセン＆メックリング（Jensen, M.C. and W.H. Meckling）は，エージェンシー関係を，プリンシパルがエージェントをして，彼らプリンシパルのために何らかのサービスを遂行させる契約と定義し，それはエージェントに対する意思決定権限の移譲をともなうものであるとした（Jensen and Meckling, 1976, p.308）。

(2) エージェンシー理論における企業観

　エージェンシー理論の枠組みの下で，企業は，契約の束（nexus of contract）として捉えられる。この契約の束という概念は，組織を各種の取り決めおよび個々の組織成員相互の間の合意の集合，すなわち1つの法的擬制と捉える考え方である（Milgrom and Roberts, 1992；邦訳21頁，367頁）。より具体的にいえば，企業を，経営者を中心とする個人間の契約関係の集合の連鎖として機能する法律上の擬制として捉えるものであり（Jensen and Meckling, 1976, p.310），経営者と部品供給業者，従業員，株主，債権者，顧客と双務契約を交わす法的擬制として捉える企業観である[6]。この概念の下，株主は経営者に企業の経営権を移譲し，経営者が株主の忠実な代理人として企業経営を行い，また経営者の忠実な代理人として，部門管理者や従業員が種々の業務を行うことになる。

　新古典派経済学のように完全合理性の仮定を前提とする場合，企業は契約に基づき，株主の利害に即して動くことになる。なぜなら，完全合理性の下では，株主は経営者の行動を完全に監視することができ，経営者はすべての構成員の行動を完全に監視することができるからである。よって，プリンシパルとエージェント間の利害が一致しなくとも，企業では契約に即して「株主価値の最大化」目的に合致した意思決定が行われることになり，株主以外の利害関係者の利害を考える必要はなくなる。

　しかし，完全合理性の仮定を緩めると，プリンシパルたる株主の利害を理解するだけでは十分ではなくなる。なぜなら，プリンシパルとエージェントの利害は一致せず，両者の間に情報の非対称性が存在する場合，契約は存在するものの，エージェントがプリンシパルの不備に付け込んで，悪徳的に自己利益を追求する機会主義的な行動をとる可能性があるからである。この種の行動がもたらす非効率な資源配分現象としては，逆選択（adverse selection）やモラル・ハザード（moral hazard）が知られ，総じてエージェンシー問題と呼ばれる。ここに，企業経営において，どのようなエージェンシー問題が存在するのか，またこの新しい企業観に立った場合に，従来までの議論がどのように修正，展開されていくのかが新たな問題として提起されることとなった。

Ⅳ エージェンシー理論に基づいた議論の深化

1. 企業におけるエージェンシー問題：利害関係者間の対立

(1) 所有と経営の分離…株主と経営者の利害対立

　企業内のエージェンシー関係のなかで，最も着目されるのが株主と経営者の関係である。経営者のエージェンシー問題は，経営者と株主の間に利害の不一致，情報の非対称性が存在するために生じる問題であり，所有と経営の分離が進展するなかで，より顕著なものとなっている。先にみた売上高最大化仮説，企業成長率最大化仮説以外にも，以下のような問題が指摘される。

　1つは，経営者自体が利益を生み出すような企業ではなく，より大きな企業を経営したいという帝国建設の選好をもっており，この選好により過大投資が助長されるというものである（Williamson, 1964；Donaldson, 1984；Jensen, 1986, 1993）。また，帝国建設の選好は，経営者が自身の帝国が立ち行かなくなるリスクを低減するための，不必要な多角化などの形でも現われる（Amihud and Lev, 1981）。

　2つめは，交差助成（cross-subsidization）問題である（Scharfstein and Stein, 2000）。交差助成問題とは，好業績を上げている部門が，撤退すべき不採算部門に補助金を与える非効率な資本配分問題をいう。経営者が株主に忠実なエージェントである場合，効率性の観点から資本配分を行うので，この種の非効率な資本配分問題は生じない。しかし，経営者が株主の忠実なエージェントではなく，不採算部門への資本配分に個人的なコストを感じない場合，不採算部門が補助金を受け，保持されることになる。

　3つめは，コミットメントの段階的拡大（escalation of commitment）である。全社レベルでの資本配分に責任をもつ経営者には，業績や将来の見通しが悪い事業部門にも投資を行い続けるインセンティブが存在する。なぜなら，経営者の評判や地位は，彼らが承認し決定する各事業部門への投資の成否にかかっているからである。そのため，経営者は，「不採算部門でもいつ

かは業績が回復して，自分の当初の意思決定が正しかったことが証明されるであろう」との希望的観測に基づき，業績の悪い事業部門への投資を継続してしまうことが多い。

(2) 負債の導入…株主と債権者の利害対立

株主と経営者の関係に次いで取り上げられる機会が多いのが，債権者と経営者のエージェンシー関係である。債権者と経営者の間に生じるエージェンシー問題を理解するために，両者の利害の相違点を確認しておこう。

債権者は企業資産に対して株主よりも上位の請求権を有するが，将来，請求できる金額は，あらかじめ契約で定められた利息と元本に限定されている。そのため，企業が高利益を生み出したとしても，受け取ることができる金額は変わらない。よって，債権者は自身の提供する負債資本をハイリスク・ハイリターンのプロジェクトに投資されることを嫌う。

一方，株主は負債に対して自身の出資額を限度とする有限責任を負うが，債務弁済後に残る資産に対しては無制限の請求権を有する。このため，株主は，負債資本をハイリスク・ハイリターンのプロジェクトに投資することを好む。なぜなら，プロジェクトが失敗し，企業が倒産しても，株主は有限責任であり出資額にのみ責任を負うだけであるのに対し，ハイリスク・ハイリターンの投資が成功すれば，より多くの利益を得ることができるからである。

そして，企業経営において，企業に関する情報をより多くもち，実質的な意思決定を行うのは，経営者である。経営者が株主の忠実な代理人と想定し，株主と経営者の利害が一致すると考えると，負債が導入された場合，経営者が実施プロジェクトを相対的にリスクの高いものに変更する，資産代替（asset substitution）問題が提起されることになる（Galai and Masulis, 1976)。

負債の導入により，資産代替問題が提起される一方で，NPVがプラスのプロジェクトが不採用となるという，過少投資（underinvestment）問題も提起される（Myers, 1997)。この問題は，負債が存在する場合，新たな投資機会への投資意欲が減退される可能性があるために生じる。

負債が存在しない場合，新たに自己資本を調達し，NPVがプラスのプロジェ

クトへの投資によって，企業価値は増大する（条件により，企業価値＝株主価値）。他方，すでに企業内に負債が存在する状況の下で，当該投資に必要な資金をすべて自己資本によって賄う場合でも，この投資の実行により，負債がないときと同じだけ企業価値は増大する（条件により，企業価値＝負債価値＋株主価値）。通常，企業価値が増大すれば，倒産の可能性が減少するから，負債価値は上昇する。すると，プロジェクトへの投資が企業価値の増大をもたらしても，負債価値の増大をもたらすのみで株主価値の増大をもたらないようなケースも考えられる。そのような場合には，当該投資が実行されず，負債が存在しなければ行われたであろう有利な投資が採用されないことも起こりえる。これがここでいう過少投資問題である。

2．エージェンシー問題の抑制

　経営財務の領域では，エージェンシー・コストの存在を念頭におきながらエージェンシー問題の緩和を図る方法について論じることになる。

(1) エージェンシー・コスト

　エージェンシー問題の発生によって生じるコストは，エージェンシー・コスト（agency cost）と呼ばれ，[7] 大きく3つに分けられる（Jensen and Meckling, 1976, pp.308-310)[8]。

　1つめは，プリンシパルによる監視費用（monitoring cost）である。これは，エージェントの行動を観察し，コントロールするためにプリンシパルによって支払われる費用であり，より具体的にいえば，モニタリング制度，インセンティブ制度の導入にかかわる諸費用が該当する。

　2つめは，エージェントによる保証費用（bonding cost）である。これは，エージェントがプリンシパルに損害を与える行動をとらないことを自らが保証するために支払う費用である。監査や特定の外部報告手続きを経た財務諸表の公開や，銀行からの役員の受け入れなどがこれに該当する。

　3つめの残余損失（residual loss）は，プリンシパルがエージェントと同

じ情報と能力をもっていたら行っていたであろう意思決定と異なる決定を，自己利益を追求するエージェントが行うことによって，プリンシパルが被る価値の損失をいう。

(2) 株主と経営者のエージェンシー問題の緩和

株主と経営者の間に利害の不一致があり，情報の非対称性が存在することを前提にすれば，経営者の非効率な行動を事前に抑制し，効率的な経営を行わせるためには，何らかの仕組みが必要になる。そのために，どのような仕組みや制度が有効かを考察することが，近年のコーポレート・ガバナンスの重要なテーマでもあった。

株主と経営者の情報の非対称性を緩和し，両者の利害を一致させるためにとりうる方法は，以下の2つに大別される[9]。1つは，経営者を監視し，けん制することで，経営者をコントロールする方法であり，敵対的買収と株主行動主義（shareholder activism）を通じた株主による直接的な規律づけや取締役会を通じた規律づけが含まれる。もう1つは，株主と経営者の利害を一致させるために，経営者にインセンティブを付与し，自己コントロールさせる方法である。ストック・オプションに代表される株価連動型の報酬システムや，自社株の保有などがこれに該当する。

(3) 株主と債権者のエージェンシー問題の緩和

先述したように，株主（経営者）と債権者の利害は，原理的には一致しないし，債権者と経営者との間には情報の非対称性も存在する。そのため，債権者が自身の提供する資金を効率的に利用させるためには，両者の情報の非対称性を緩和し，両者の利害を一致させる必要がある。そのための仕組みとして，以下のような制度の存在が，理論的に支持されることになる。

1つは，特定の債権者（銀行：メインバンク）による大量の資金の供給である。経営者が債権者を刺激し，債権者がモニタリングの度合いを強めると，その費用は高い資本コストになって返ってくる。少量の資金提供ならば影響も少ないが，多量の資金提供を受けている場合にはそうはいかない。そのた

め，経営者は，資本コストを節約するための保証行動を採ることになる。たとえば，経営者が積極的に財務諸表を公開したり，自発的に銀行から役員を受け入れたり，取引口座を集中したりするといった行動がこれにあたる。

もう1つは，債権者が同時に株主となる方法である。これにより，債権者であると同時に株主でもある存在により，経営者は株主と債権者の調整された利害に従うことになる。たとえば，株式や社債を購入できる機関投資家や，株式を扱うと同時に融資もできるドイツのユニバーサルバンクのような制度がこれにあたる[10]。また，株式への転換権を付与した転換社債の発行も，債権者と株主の利害対立から生じるエージェンシー問題を緩和する1つの方法とされる。

3．エージェンシー・コストの存在を考慮に入れた財務的意思決定

さらには，エージェンシー問題，エージェンシー・コストの存在が財務的意思決定に与える影響についても論じられる。

(1) 資本構成問題：トレード・オフ仮説

「資本コストを最小にするような，最適な資本調達の組み合わせはあるのか」という企業の資本構成問題に対して，モジリアーニ＆ミラーは，①完全市場では，資本構成は企業価値に何ら影響を与えず，最適資本構成は存在しないということ，そして②税金が存在する世界では，負債比率を高めるほど，企業は負債の節税効果を享受できるので，企業の総資本コストは低くなり，その分だけ企業価値が高まるという理論的帰結を導いた（Modigliani and Miller, 1958, 1963）。

これに対し，ジェンセン＆メックリングは，エージェンシー理論を援用し，最適資本構成にかかわる議論を展開する。先にみたように，負債利用にともない，債権者と株主との間の利害対立は深刻なものとなる。そのため，債権者は，負債比率の上昇とともに，債券の価値を低く評価し，エージェンシー・コストを負債コストに転嫁するようになる（Jensen and Meckling, 1976, pp.334-337）。結果，負債利用にともない，ある水準までは負債の節税効果

が働いて企業の総資本コストが減少するものの，一定の水準を超えて負債利用を進めると，負債の節税効果以上にエージェンシー・コストの上昇度合いが大きくなり，負債コストが上昇，企業の総資本コストも上昇する。このように負債利用には，節税効果というプラスの面だけではなく，エージェンシー・コストの発生というマイナスの面があり，両者はトレード・オフの関係になることが示される。これを，トレード・オフ仮説という[11]。

このように，エージェンシー問題を考慮に入れると，最適な負債利用のあり方，企業の総資本コストを最小にする最適資本構成の存在が示唆されることになり，多くの企業が自己資本と負債の利用度合いのバランスに目を向けながら資本調達を行っている現実を理論的に裏づけるものとなる。

(2) 配当政策：フリー・キャッシュ・フロー仮説

エージェンシー理論を援用したものに，配当支払いが支持されるというフリー・キャッシュ・フロー仮説と呼ばれるものがある。たとえば，ジェンセンは，経営者が裁量権を有するフリー・キャッシュ・フローを多く有する企業ほど，配当政策をめぐって経営者と株主の利害対立が深まる傾向にあることを指摘する（Jensen, 1986）。なぜなら，経営者は，株主への配当支払いを減らし，使用に当たって特別の拘束を受けない内部留保を増やし，それを種々の投資に振り向けようとする動機づけをもつ。それは，場合によっては，不採算投資につながる可能性も有する。そのため，株主の側に立てば，配当と内部留保による効果に違いがなくとも，また税務上のマイナス効果を考えると配当は好ましくはなくとも，エージェンシー・コストを減じるため，配当を求めることになる。

また，類似の考え方に，負債の規律づけ効果と呼ばれるものがある。つまり，負債の発行により，利息支払いが求められるので，その分だけフリー・キャッシュ・フローを減らし，経営者による機会主義的な行動を制限する効果が見込めるとする。

V 株主価値創造経営

　所有と経営の分離，それに続く経営者支配の下，1970年代から80年代にかけて，経営財務の領域ではエージェンシー理論の枠組みに基づいた議論が展開された。同時期，現実世界では，米国企業の株価が低迷し，敵対的な乗っ取りや株主行動主義と呼ばれる現象が起こった。こうしたなかで，企業活動の新たな推進目的として，企業が相次いで「株主価値」を採用するようになった（Kennedy, 2000, 邦訳p.6）。いわゆる，株主価値創造経営の始まりである。

1．株主価値創造経営の嚆矢

　株主価値創造経営の嚆矢は，ラパポート（Rappaport, A.）にある。彼は，1970年代に事業戦略や企業の評価尺度として支持されていた1株当たり利益（EPS）や総資本利益率（ROA），自己資本利益率（ROE）に代表される会計上の利益にもとづく評価尺度が，株主価値の最大化目的に合致せず，株価低迷の一因であると指摘する（Rappaport, 1986, p.19）。なぜなら，会計上の利益は，①会計処理方法により利益額が変わるために真の意味での業績を反映しておらず，また②自己資本の利用対価として株主が要求する自己資本コストを考慮していないという問題を有しているからである。そのため，会計上の利益を意思決定の基準とした場合，利益額は増えているものの，株主価値が破壊され，株価が低迷するという事態が起こりえるとした。

　こうした問題意識の下，ラパポートは会計利益を用いた従来の評価尺度に代わるものとして株主価値アプローチを提唱した。彼のいう株主価値アプローチとは，各戦略計画を，それが将来にわたって生み出すキャッシュ・フローを資本コストで割り引くことで求まる価値創造額にもとづいて評価するもので，割引キャッシュ・フロー（discounted cash-flow：DCF）法を戦略計画の事前評価および業績評価に援用したものである。

$$\text{戦略計画の価値} = \sum_{t=1}^{n} \frac{CF_t}{(1+k)^t} \tag{8}$$

CF_t = 戦略計画から生み出される t 期のキャッシュ・フロー
n = 戦略計画の実施期間　k = 資本コスト

そして,彼は戦略計画の実行が,販売価格や売上原価や資本コストなどの財務変数を通じて,価値創造額にどのような影響を与えるのかを簡潔な数的モデルで表現した。

これにより,ラパポートは,これまで設備投資などの個別の投資プロジェクトにのみ適用されていたDCF法を事業戦略の評価・選択に適用できるモデルを提示した。自己資本コストという会計上認識されることがなく,それがゆえに無視されがちなコストを企業経営者に認識させ,自己資本コスト以上の利益率をあげて初めて株主に対して新たな価値が創造されることを明示したのである。こうしたラパポートの問題意識は,その後,EVA® (economic value added) や経済的利益 (economic profit) といった業績指標に関する議論,あるいは事業評価,企業評価に関する議論に引き継がれていく(たとえば,Stewart, 1991；Copeland et al., 1994)。

2．株主価値創造経営の展開

ラパポートに代表される経営指標に関する議論は,意思決定基準や評価尺度に焦点を当てたものであり,暗黙的に株主を重視する経営者を前提とし[12],彼らがどのような指標を用いれば株主に報いることができるのかを考察する。つまり,株価の低迷の原因を,経営者が戦略の評価,意思決定に用いる指標が誤っていることにおき,用いる指標を正せば,株価は向上するとしたのである。

しかし,こうした議論は,価値創造を企業内部の組織成員の行動の帰結として捉える視点を欠いたものであった。エージェンシー理論も,経営者支配の下,経営者と株主の利害が必ずしも一致せず,コンフリクトが生じる可能性があることを示唆している。そのため,株価の低迷が単に意思決定基準や

業績評価の指標上の問題にあるのではなく，組織成員が価値創造の観点に立って行動しておらず，そのような行動を規定する管理プロセスの欠如にあるという問題意識に立った議論が展開されるようになった。これが，いわゆる株主価値創造経営と呼ばれるものである。

3. 株主価値創造経営の枠組み

　一口に，株主価値創造経営といっても，それを論じる論者によってさまざまな意味内容，方法論が示されているが，概ね以下のような3つの特徴を見いだすことができる。ここでは，**図表4-1**に示すマックタガートら（McTaggart, J.M., et al.）の株主価値創造経営の枠組みに即して，この3つの特徴をみておこう（McTaggart, et al., 1994）。

　1つめの特徴は，株主価値の創造という目的の下に，企業自らの内部評価による価値の創造額の最大化を志向することである。かかる目的は，経営財務において設定されてきた企業目的である。そのため，株主価値創造経営では，経営財務において蓄積されてきた意思決定の議論を援用し，企業を「株主価値を生み出すためのシステム」として捉える企業観をもつことになる。

　さらに，マックタガートらによれば，多くの大企業では管理者に財務的な目標から戦略的な目標，顧客満足度までの多岐にわたる目標を課しており，複数の目標間のコンフリクトやトレード・オフが増加し，事業単位レベルでの意思決定基準が明確ではなくなっているという（*Ibid.*, pp.18-21）。それゆえ，株主価値の最大化目的を唯一最善の目的とすることで，大企業の管理者が抱える意思決定上のトレード・オフ問題の解決を図ることができるとも指摘する（*Ibid.*, pp.9-10）。

　2つめの特徴は，価値創造が単なる個別の意思決定の問題としてではなく，戦略を策定し，それを実施に移して最終的に財務的な成果となって表れるまでの一連のプロセスとして理解されている点にある。そのため，株主価値創造経営の枠組みでは，戦略変数および組織変数の変化が，売上高や費用といった財務変数に与える影響，さらには株主価値に与える影響を表わすモデルが

図表4-1　企業価値創造経営の枠組み

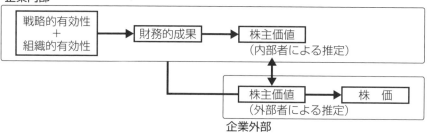

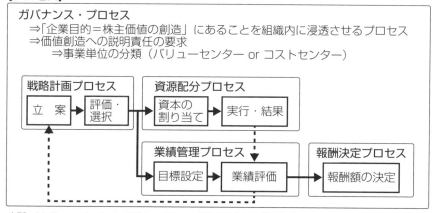

出所：McTaggart, et al., 1994, p.49, pp.201-297 より, 著者作成。

描かれることになる。

　3つめの特徴は, 以上の一連のプロセスのなかに, 価値に基づく業績尺度を組み込み, それによって種々の意思決定の一貫性を保ち, 価値重視の考え方を全社に徹底させていることを重視している点である。また, 株主重視の

企業文化を醸成することの重要性も説いている。つまり，価値創造は，企業内部のすべての組織成員の行動の帰結であるから，価値を創造するように組織内のあらゆる人を巻き込み，動機づけ，報酬を与えるもの（Slater and Olson, 1996, p.48）でなければ，真の株主価値の創造は期待できないとする。
図表4-1に示すように，マックタガートらの枠組みでは，ガバナンス，戦略計画，資源配分，業績管理，報酬決定の5つのサブ・プロセスからなるマネジメント・プロセスが明示されている。

VI 株主価値創造経営の再考

　米国企業では，1980年代半ばから2008年のリーマン・ショックとそれに続く金融危機まで，株主を重視する姿勢がみられた（Drucker, 1991；Thurow, 1992；Yoshimori, 1995）。その一方で，株主を最重要視することへの批判も，数多く存在する。ここでは，株主重視の経営に対するこれらの批判を整理しておく[13]。

1．所有権の変質からの批判

　バーリ＆ミーンズは，所有と経営の分離により，近代企業の株主は自ら企業の経営に従事せず，投資利益の単なる受取人と化しており，所有にともなう支配と責任を放棄した結果，株主は自らの利益のためにのみ企業を経営する権利をも放棄したと指摘する。そして，このような株主は，企業の運命とも一体化していないため，中心的利害関係者としての正当性を欠いているとする。
　この指摘に従うと，中心的利害関係者としての株主の正当性は，近年になって，著しく減退していることになる。経営財務の議論で想定される株主は，企業経営に従事しないものの，自らの投下した資金が企業活動を通じて中長期的に運用され，リターンを生むことを願う株主である。しかし，現実の株式市場の主たる参加者である米国機関投資家の株式保有期間は短く，1年足

らずであり（Rappaport, 2006, p.68），ファンド・マネジャーの多くが資産増加をベースとした短期的なインセンティブという形で報酬を与えられている。市場には，自ら企業の経営に従事するような株主はおらず，そればかりか経営財務で想定されるような中長期的な視点をもった株主すら存在せず，短期的な利益を志向する株主が多くを占めるようになっている。バーリ＆ミーンズの時代以上に，所有の質は変わってきており，中心的利害関係者としての正当性はますます失われているといえよう。

事実，こうした状況のなかで，株主を最上位においたガバナンスの構築は，経営者の利己的行動を抑制するものの，経営者を近視眼的な経営に誘うことになり，中長期的な価値創造にとっては悪影響を及ぼすという指摘もある（吉村，2007）。たとえば，短期的な利益を重視するあまり，資本コストを下回る投資を行ったり，企業価値創造の機会があるにもかかわらず投資を控えたりする事態が生じている（Rappaport, 2006, pp.68-69）。

2．公平性からの批判

株主を最重要視する1つの論拠は，株主が残余請求権者であり，企業経営のリスクを最も負担しているというものである。しかし，こうした論理に対しては，株主以外の利害関係者も企業経営にかかわるリスクを負担しており，場合によっては株主以上に企業経営に関するリスクを負担していることから，株主を最重要視することは公平性を欠いているという批判がなされる。

株主のリスクについては，①株主の責任が有限責任であり，企業が倒産してもその損失は株式の取得価額を超えることはない，②株主の投資リスクの回避は，株式の売却や他の株式との分散投資によって容易に図ることができるといった理由により，限定的であると考えられる。

これに対して，経営者や従業員は，失業というリスクを負う。そして，経営者や従業員は，失業により，企業に長年務めることによって投資した自分自身の時間と労力，それによって培われた技術や知識，経験という人的資本（human capital）を失うことになる（Law, 1986）。とくに近年では，資本

や有形資産の相対的重要性は低下し，代わりに特許や商標，サービス，技術革新能力，新製品開発能力といった無形資産の重要性が高まっている。また，顧客の要求が厳しくなり，グローバル化した競争のなかで，従業員の専門的能力や技術がより重要な要素となっている（Prahalad, 1993）。このような時代背景により，従業員には，企業に固有の技術の修得，向上のための投資を行い，自身の人的資本を形成することが求められるようになっている。そのため，その企業では価値があるが他企業ではその価値が大きく減少する企業特殊的な技術や能力に投資をする従業員は，株主と同様に，また株主以上にリスクを負うことになる（Blair, 1995；伊丹, 2000）。

　供給業者も，多くのリスクを負担する。供給業者のなかには，特定企業への部品供給に特化した設備の導入といった企業特殊的な投資を行っていることがある。こうした企業特殊的投資は，部品供給企業が特定企業との取引関係を維持し，競争優位を確立していくうえで不可欠なものであるが，その優位性の発揮には，部品供給先企業との長期的な関係とともに，供給先企業の存続・発展が前提となっている。そのため，供給業者もまた，供給先企業の経営に対してリスクを負うといえる。

3．効率性からの批判

　さらに，株主重視の姿勢，株主価値，企業価値の最大化を企業が追求すべき単一の目的とする考え方には，効率性の観点から批判がなされる。

　1つは，株主重視の姿勢が，企業を短期的志向にしてしまうことである。株主価値および株価それ自体は，理論的にみれば企業が将来的に生み出すキャッシュ・フローの割引現在価値合計であり，価値創造を重視することが短期的な志向を意味するわけではない。しかし，現実の株価には短期的な変動性があり，企業の生み出す短期的な利益によって株価が左右されてしまうことは否めない。そのため，株主が株価の短期的な値上がりに関心をもつような環境の下で，株主価値の創造を考え，とりわけ価値創造の代替変数として，株価に焦点を当てた経営を行うと，中長期的な企業の存続・発展が歪め

られる可能性が生じる。株主価値重視の姿勢が株価重視の姿勢となり，将来の利益よりも現在の利益だけを考えるようになるのである。短期的な利益を過度に重視するようになると，その効果が正確に，かつすぐに表れるコスト削減に向かう。そして，短期的な利益の達成，高株価の達成のために，人員削減や研究開発，教育研修，組織開発にかかわる投資の削減，取引先の安易な変更を行うことになる。こうした株主重視の姿勢による株主以外の主要な利害関係者との関係の崩壊と，それにともなう競争優位の低下は，多くの論者に指摘されるところである（たとえば，Ellsworth, 1985；Drucker, 1991；Porter, 1992；Christensen, 2008；Minzberg, 2008）。

　もう1つは，株主価値創造目的が，組織成員に企業経営の指針を与えないことである。株主価値創造という経済的な目的に対して，ビジョン（vision）というものを，企業が果たすべき目的とする企業が存在する。ビジョンとは，企業が将来社会でどのような存在意義を見いだすかについての理想像を簡潔な言葉で示したものであり，企業は，ビジョンを通じて，組織成員に仕事の社会的意義を教え，進むべき道を示す。ビジョンの明示により，組織成員はその行動に正当性を与えられることになり，動機づけられることになる。そして，ビジョンが組織内に浸透し，文化として根付いているならば，ビジョンに従った戦略はそうでないものよりも成功する可能性が高くなるとされる（たとえば，Collins and Porras, 1994）。むろん，企業価値創造，株主価値の創造という目的によっても，組織成員に対する正当性の付与，動機づけが可能であるが，株主という所有者に対する忠誠や経済的な報酬だけではその効果は限定的なものとなろう。また，株主価値創造目的は，立案された戦略計画を取捨選択するため基準とはなりえるが，ビジョンのような「何を行うべきか，どの方向へ進むべきか」といった戦略立案に対して指針を組織成員に示すものではなく，戦略代替案を新たに生み出すものではない（Slater and Olson, 1996, p.52）という問題も有する。コリンズ＆ポラス（Collins, J.C., and J.I. Porras）のいう「経営者のアイデアに社員を巻き込むうえで効果的である」目標には，ほど遠いのである。

Ⅶ　むすび

1．理論の定点，現実世界の揺らぎ

　本章では，経営財務における議論の前提条件たる企業観，人間観を中心にみることにより，その基本的視座を捉えてきた。その基本的な特徴は，企業が果たすべき目的として，株主価値，企業価値の最大化をおいた議論を行うことであり，さらに1960-70年代の経営者支配を受けて，株主と経営者の利害対立が企業の財務的意思決定にどのような影響を及ぼしているのか，さらにその利害対立をいかに緩和するかが主たる論点となっている。研究者が論文執筆に際して数的モデルを構築する際に，企業（経営者）が最適化すべき"関数"として株主価値を選んできたという側面がある[14]にせよ，経営財務の理論体系において，主たる資本の提供者たる株主を中心におく姿勢に何ら揺らぎはない。このように，基本的にある特定の利害関係者の観点に立って論を展開するのは，何も経営財務に限ったものではない。経営財務では，資本を中心に扱うために株主や債権者の視点に立って論を展開することになるが，人的資源管理であれば従業員の視点に立って，マーケティングであれば顧客の視点に立って論を展開することになる。

　一方，現実世界に目を向けると，米国企業においては，経営者支配から株主重視の姿勢への回帰がみられた。また，従業員重視といわれる日本企業においても，株主重視の姿勢がみられるようになってきた。そして，金融危機以降，株主以外の利害関係者の重要性に，これまで以上に目を向けるようになっている。企業の社会的責任（Corporate Social Responsibility：CSR）などもこの流れのなかで注目されている考え方である。このようにみてみると，企業を取り巻く環境によって，重要視されるものが変わり，企業に対する見方や経営スタイルにも，流行り廃りが出てくるようである。そして，どの利害関係者が重視されるようになるかは，そのときどきの各利害関係者の重要性に規定される交渉力の大きさにも影響される。

2．理論の実践に際して

　理論的にみた場合には何ら誤ったものではなくとも，理論を実践に適用していく場合には，現実世界における複雑さがさまざまな歪みを生じせしめる。とくに，それぞれの領域での理論構築にあたっては，それぞれの視座に基づき，特定の利害関係者の立場を中心に論を展開しているので，特定の分野の価値観，パラダイムに立った議論のみを是として，それを安直に企業経営に取り入れることは，企業を誤ったところに導く可能性が高い。

　たとえば，株主価値創造経営を考えると，株主価値を生み出しているという事実は，すべての利害関係者の利害を満たしていることと同義であるので，考え方としては間違ってはいないが，企業を危険な罠に導いてしまった（Kennedy, 2000；邦訳289頁）。アメリカ企業を中心に，株主重視の名の下に，短期業績を重視した近視眼的な経営がなされたことは，すでにみたように，多くの論者が指摘することである。

　むろん，同様の歪みは，顧客のみを重視した場合や，従業員のみを重視した場合にも生じるであろう。顧客重視の名の下に採算度外視のサービスが提供されるような場合や従業員重視の名の下に余剰人員を抱え続けるような場合には，利益が圧迫され，株主の利益が損なわれることになるであろう。経営者支配の下，あるいは日本企業においては従業員重視の名の下に，株主が軽視されてきたこともまた事実である[15)]。

　では，どのように企業経営を考えていけばいいのか。少なくとも特定の利害関係者を重視する，とりわけ株主を重視するという訳ではなさそうである。たとえば，ドラッカー（2006, pp.151-152）は，経営者が最優先すべき判断基準は「事業にとって有益か否か」であり，経営者が自身や株主の利益を考え始めたら事業がうまくいくことなどありえず，株主価値の最大化を至上命題とする株主資本主義という考え方は，事業における優先順位に混乱を生じさせると指摘する。そして，とかく人気を博している株主資本主義であるが，有能な経営者の多くが非常に近視眼的な考え方であることに気付いており，彼らは「事業にとって有益か否か」を考え抜く習慣を貫く姿勢こそ，長期的

にみれば株主にとって最も大きな利益につながることを熟知しているという。また，ポーター（Porter）も，事業や戦略策定の目標は高い資本利益率の達成にあるとしながらも，株主にとっての利益（株価）を重視することは誤りであり，高株価は優れた業績の結果に過ぎないと指摘する[16]。

　事業にとって何が有益か。それは，企業を取り巻く利害関係者と良好な関係を築くことである。そのためには，それぞれの利害関係者の利害について考える，それぞれの研究領域の議論の成果を，バランス良く収斂させていく必要があろう。ただ，株主の利益とはあらゆる関係者を尊重するという経営の一成果にすぎないのである（Pfeffer, 2009；邦訳134頁）。

注

1) 経営財務の基本的文献として，Ross, Westerfield and Jaffe（2005）やBrealey, Myers and Allen（2006）などがある。
2) NPV法とは，投資プロジェクトの採用によって新たにもたらされるキャッシュ・フローを，資本コストで割り引いて求めたNPVに基づき，投資プロジェクトの採否を決定する方法であり，NPVは以下の式で求められる。

$$NPV = \sum_{t=1}^{n} \frac{CF_t}{(1+k)^t} - Io$$

CF_t＝投資プロジェクトから生み出されるt期のキャッシュ・フロー
Io＝初期投資額　n＝投資プロジェクトの命数　k＝資本コスト

　上式で算定されたNPVは，投資プロジェクトの採用によってもたらされる株主価値の増分を意味する。それゆえ，投資プロジェクトの評価においてはNPVがプラスとなる案件を採用し，マイナスとなる案件を不採用とすることとなる。
3) なお，企業の価値といった場合には，経営財務でいう文中（1）式の形ではなく，さまざまなニュアンスが含まれることがある。たとえば，企業で働く組織成員によって生み出された価値や社会全体からみた場合の公器的側面からみた価値といったようにである。そのため，企業価値といった場合には，どのような文脈の下で使われているかに留意する必要がある。もちろん，本章では（1）式をもって企業価値とする。
4) たとえば，完全な資本市場は，以下の5つの仮定によって定義される（Ogden, 2003；邦訳42-43頁）。
　①非摩擦的な市場
　②すべての市場参加者の期待は同質的である
　③すべての市場参加者は孤立的である
　④企業の投資計画は固定的であり，かつ既知である

⑤企業の資本調達は固定的である
5）アルチャン＆デムゼッツ（Alchian, A. and H. Demsetz）は，残余利益を受け取る人物により多くの決定権を与えることにより，複数の組織成員による協働において生じる怠慢というインセンティブ問題の解決策となることを指摘する（Alchian and Demsetz, 1972）。
6）企業を契約の束とみなす企業観については，Fama and Jensen（1983a, 1983b）にも詳しい。
7）エージェンシー問題は，企業が株主の最善の利益となるように行動しないであろうことを意味するのではなく，そのように行動せしめるにはコストがかかることを意味しているという指摘もある（Ross and Westerfield, 1988, p.14）。
8）Jensen（2000）では，これら3つのコストに加えて，プリンシパルとエージェントの契約コストが指摘されている。
9）株主と経営者の利害を一致させるための種々の方法については，鳥邊・川上・赤石（2008），21-29頁を参照されたい。
10）日本では銀行が保有できる株式は全株式の5％以内に制限されている。
11）負債利用のマイナス面としては，エージェンシー・コストに加え，倒産コストも存在する。
12）ラパポート自身，米国において企業は株主利益のために存在するという基本原則が広く認められており，いかにその目的を達成するかに関して異論があるだけだとし，企業の唯一の責任は株主利益を合法的に創出することとしている（Rappaport, 1986, p.1）。
13）株主重視の姿勢に対する批判の整理は，吉森（1998）を参考にしている。
14）日経ビジネス2005年11月28日号「賢人座談会－株主は革新の親にあらず長期思考で常識破れ」におけるC. Christensenの発言より。
15）こうした認識の下で，2014年に経済産業省より，いわゆる伊藤レポート「持続的成長への競争力とインセンティブ」が公表された。
16）Diamondハーバード・ビジネス・レビュー，第33巻第2号，3頁「株主志向のリスク」より。

参照文献

Alchian, A. and H.Demsetz（1972）"Production, Information Cost, and Economic Organization,"*American Economic Review*, Vol.62, pp.777-795.
Amihud, Y. and B. Lev（1981）"Risk Reduction as a Managerial Motive for Conglomerate Mergers", *Bell Journal of Economics*, Vol.84, No.2, pp.605-617.
Baumol, W.J.（1959）Business Behavior, *Value and Growth*, Macmillan.（伊達邦春・小野俊夫訳『企業行動と経済成長』ダイヤモンド社，1962年）
Berle, A.A. and G.C.Means（1932）*The Modern Corporation and Private Property*, Commerce Clearing House.（北島忠男訳『近代株式会社と私有財産』文雅堂書店，

1985年)

Blair, M.M. (1995) *Ownership and Control:Rethinking Corporate Governance for the Twenty-First Century*, Brookings Inst Pr.

Brealey, R.A., Myers,S.C.and F.Allen (2006) *Principles of Corporate Finance* 8th ed, McGraw-Hill Companies, Inc. (藤井眞理子・国枝繁樹監訳『コーポレートファイナンス第8版』日経BP社, 2007年)

Collins, J.C. and J.I.Porras (1994) *Built To Last*, Harper Business (山岡洋一訳『ビジョナリー・カンパニー』日経BP出版センター, 1995年)

Copeland, T., Koller, T. and J.Murrin (1994) *Valuation 2th*, John Wiley & Sons. (伊藤邦雄訳『企業評価と戦略経営』日本経済新聞社, 1999年)

Christensen, C.M., S.P.Kaufman and W.C. Shih (2008) "Innovation Killers, How Financial Tools Destroy Your Capacity to Do New Things", Harvard Business Review Vol.87, No.1, pp.98-105. (曽根原美保訳「財務分析がイノベーションを殺す」『DIAMONDハーバードビジネスレビュー』, 第33巻11月号, 14-25頁, 2008年)

Cyert, R.H. and J.G.March (1963) *A Behavioral Theory of the Firm*, Prentice Hall. (松田武彦監訳・井上恒夫訳『企業の行動理論』ダイヤモンド社, 1967年)

Donaldson, G. (1984) *Managing Corporate* Wealth, Praeger.

Ellsworth, R.R. (1985) "Capital Markets and Competitive Decline", *Harvard Business Review*, Vol.63, No.5, pp.171-183.

Fama, E.F.and M.C.Jensen (1983a) "Separation of Ownership and Contorol", *Journal of Law and Economics*, Vol.26, No.2, pp.301-326.

Fama, E.F.and M.C.Jensen (1983b) "Agency Problems and Residual Claims", *Journal of Law and Economics*, Vol.26, No.2, pp.327-350.

Galai, D.and R.W.Masulis (1976) "The Option Pricing Model and the Risk Factor of Stock", *Journal of Financial Economics*, Vol.3, No.1-2, pp.53-81.

Gertner, R.H., Scharfstein,D.S.and J.C.Stein (1994) "Internal Versus External Capital Markets", *Quarterly Journal of Economics*, Vol.109, No.4, pp.1211-1230.

Jensen, M.C. (1986) "Agency Costs of Free Cash Flow, Corporate Finance, and Takeovers", *American Economic Review*, Vol.76, No.2, pp.323-329.

Jensen, M.C. (1993) "The Modern Industrial Revolution, Exit, and the Failure of Internal Control systems", *Journal of Finance*, Vol.48, No.3, pp.831-880.

Jensen, M.C. (2001) "Value Maximization, Stakeholder Theory, and the Corporate Objective Function," *Journal of Applied Corporate Finance*, Vol.14, No3, pp.8-21.

Jensen, M.C. and W.H.Meckling (1976) "Theory of the Firm: Managerial Behavior, Agency Costs and Ownership Structure", *Journal of Financial Economics*, Vol.3, No.4, pp.305-360.

Kennedy, A.A. (2000) *The End of Shareholder Value*, Perseus Publishing. (奥村宏

監訳・酒井泰介訳『株主資本主義の誤算』ダイヤモンド社，2002年）

Law, W.A.（1986）"A Corporation is More Than Its Stock", *Harvard Business Review*, Vol.64, No.3, pp.80-83.

Marris, R.（1963）"A Model of the 'Managerial' Enterprise", *Quarterly Journal of Economics*, Vol.77, No.2, pp.185-209.

McTaggart, J.M., Kontes, P.W. and M.C.Mankins（1994）*Value Imperative*, Free Press.

Milgrom, P. and J.Roberts（1992）*Economic, Organization & Management*, Prentice-Hall.（奥野正寛・伊藤秀史・今井晴雄・西村理・八木甫訳『組織の経済学』NTT出版，1997年）

Mintzberg, H.（2008）Rebuilding, Companies as Communities, *Harvard Business Review*, Vol.87, No.7-8, pp.140-143.（有賀裕子訳「コミュニティシップ経営論」『DIAMONDハーバード・ビジネス・レビュー』第34巻第11号，58-70頁，2009年）

Modigliani, F. and M.H.Miller（1958）"The Cost of Capital, Corporation Finance and the Theory of Investment", *American Economic Review*, Vol.48, No.3, pp.261-297.

Modigliani, F. and M.H.Miller（1963）"Corporate Income Taxes and the Cost of Capital: A Correction", *American Economic Review*, Vol.53, No.3, pp.433-443.

Myers, S.C.（1997）"The Determinants of Corporate Borrowing", *Journal of Financial Economics*, Vol.5, No.2, pp.145-175.

Ogden, J.P., Jen, F.C. and P.F.O'connor（2003）*Advanced Corporate Finance*, Prentice-Hall.（徳崎進訳『アドバンストコーポレートファイナンス：政策と戦略 上・下』ピアソン・エデュケーション，2004年）

Ross, S.A.and R.W.Westerfied（1988）*Corporate Finance*, Times Mirror/Mosby College Publishing.

Ross, S.A., Westerfied,R.W.and J.F.Jaffe（2005）*Corporate Finance* 7th ed, McGraw-Hill Companies, Inc.（大野薫訳『コーポレートファイナンスの原理 第7版』きんざい，2007年）

Pfeffer, J.（2009）"Shareholders First?", *Harvard Business Review*, Vol.87, No.7-8, pp.90-91.（二見聰子訳「ステークホルダー資本主義の再来」『DIAMONDハーバード・ビジネス・レビュー』，第34巻第11号，132-135頁，2009年）

Porter, M.（1992）"Capital Disadvantage:America's Failing Capital Investment System", *Harvard Business Review*, Vol.70, No.5, pp.65-82.（マイケル・E・ポーター「アメリカ経済再生の処方箋　投資システム変革への提言」『DIAMONDハーバード・ビジネス・レビュー』1993年）

Prahalad, C.K.（1993）"Corporate Governance or Corporate Value Added: Rethinking the Primacy of Shareholder Value", *Journal of Applied Corporate Finance*, Vol.6, No.4, pp.40-50.

Rappaport, A（1986）*Creating Shareholder Value*, Free Press.（岡野光喜監訳『株

式公開と経営戦略』東洋経済新報社，1989年）
Rappaport, A.（2006）"Ten Ways to Create Shareholder Value", *Harvard Business Review*, Vol.84, No.9, pp.66-77.（山本冬彦訳「長期的な価値創造への10原則 悪しき株主価値経営からの脱却」『DIAMONDハーバード・ビジネス・レビュー』第32巻第2号，24-37頁，2007年）
Scharfstein, D.S.and J.C.Stein（2000）"The Dark Side of Internal Capital Markets: Divisional Rent-Seeking and Inefficient Investment", *Journal of Finance*, Vol.55, No.6, pp.2537-2564.
Simon, H.A.（1961）*Administrative Behavior: A Study of Decision-making Processes in Administrative Organization*, 2th ed., Macmillan.（松田武彦・高柳暁・二村敏子訳『経営行動』ダイヤモンド社，1965年）
Slater, S.F. and E.M.Olson（1996）"A Value-Based Management System", *Business Horizon*, Vol.39, No.5, pp.48-52.
Stewart, G.B.Ⅲ（1991）*The Quest for Value : The EVA Management Guide*, Harper Business.（川田剛・長掛良介・須藤亜里訳『EVA創造の経営』東洋経済新報社，1998年）
Thurow, L.C.（1992）"Who Owns the Twenty-first Century?", *Sloan Management Review*, Vol.33, No.3, pp.5-17.
Williamson, O.E.（1964）*The Economics of Discretionary Behavior: Managerial Objectives in Theory of the Firm*, Prentice Hall.
Yoshimori, M.（1995）"Whose Company Is It？ The Concept of the Corporation in Japan and West", *Long Range Planning*, Vol.28, No.4, pp.33-44.
伊丹敬之（2000）『日本型コーポレートガバナンス』日本経済新聞社。
鳥邊晋司・川上昌直・赤石篤紀（2008）『戦略財務マネジメント』中央経済社。
ピーター・ドラッカー（2006），窪田恭子訳『ドラッカーの遺言』講談社。
吉村典久（2007）『日本の企業統治　神話と実態』NTT出版。
吉森賢（1998）「企業は誰のものか—企業概念の日米欧比較　（1）アメリカ，イギリス」『横浜経営研究』第19巻第1号，42-54頁。

第5章

MOT教育の広がりと，理論に対する変わらぬ誤解

I 問題の所在

　近年，MOTという言葉を耳にする機会が多くなっている。MOTとは，Management of Technologyの略称であり，日本では「技術経営」と訳されることが多い。MOTは，経営学のなかでも，とくに製造業の経営に焦点を当てた研究・教育分野のことであり，それは，1980年代の米国で始まった[1]。当時の米国では，日本の製造企業による猛烈な攻勢にさらされており，その打開策を見いだすために，日本の製造企業の成長要因を分析するとともに，その分析成果を理解し，実践することができる人材を育成しようとした。これがMOTの本格的な始まりである。

　そして，その後も，MOTは米国において発展を続けてきたが，2000年代に入ると，今度は日本においても，MOTに対する関心が高まるようになってきた。とくに教育分野においては，近年，多くの大学院でMOTコースが開設されるようになっている[2]。このような日本国内でのMOTに対する関心の高まりの背景には，大きく次の2つの要因があると考えられている（延岡，2006）。1つは，多くの日本企業では，モノづくりをうまくマネジメントできる人材はいても，それを企業経営に結びつけることができる人材が不足していること。そして，もう1つは，製造業が国際競争力の牽引役になっている日本では，必ずしも製造業の経営を重視していないMBA教育よりも，むしろ製造業に特化したMOT教育こそが重要であるという意識の高まりで

ある。

　そして，そのようなMOTに対する関心の高まりとともに，日本においても実務世界と学問世界の距離が近くなり，経営理論が実務家にとっても身近な存在になりつつあるが，その一方で，経営理論が誤った形で使用され，弊害が発生するケースも依然少なくない。そして，その結果として，「○○理論は役に立たない」とか，「○○理論は時代遅れ」などと（的外れな）批判がなされることも多い。このような誤解は，どうして生じるのであろうか。経営理論の理解の仕方や，その取り扱い方について，実務家と経営学者との間に大きなギャップが存在しているのではないだろうか。すなわち，実務家との間で経営理論を正しく理解するための「定点」が共有されていない可能性がある。

　そこで，本章では，まず，そのような誤使用の典型的なパターンを3つ取り上げ，次いで，それらの誤使用が生じる根本的な原因について考えてみたい。そして，最後に，そのような原因を解決するための方策を提案する。

II　経営理論の誤った使用例

　本節では，前述したように，経営理論が誤って使用される代表的な3つのパターンを記述していく。具体的には，「トレンド・フォロアー（流行追随）型の誤使用」，「木を見て森を見ず型の誤使用」，「イメージ先行型の誤使用」の3つである。もちろん，実際には，ここで取り上げる3つのパターン以外にも，さまざまな誤使用のパターンが存在していると考えられるが，紙面の都合上，ここでは，とくに頻繁に見受けられるものだけを提示することにした。以下では，「トレンド・フォロアー型の誤使用」，「木を見て森を見ず型の誤使用」，「イメージ先行型の誤使用」の順に，それぞれの中身をみていきたい。

1. トレンド・フォロアー型の誤使用

1つ目のパターンは,「トレンド・フォロアー型の誤使用」である。これは,自社のおかれた経営環境を顧みずに,流行りの経営理論を導入してしまうといった誤使用のパターンである。

たとえば,2000年代前半に起こった「トヨタに学べ」ブームが,その典型例である。2004年3月期の決算で,トヨタは日本で初めて1兆円を超える純利益を稼ぎ出し,羨望のまなざしを浴びた。そして,その結果,競争力の低下や業績の悪化に苦しむ日本企業の間では,「トヨタに学べ」という動きが加速するようになった[3]。トヨタの経営手法に関する記事や番組が数多く制作され,書店のビジネス書棚には,ライカー(Liker, J.)や,モーガン&ライカー(Morgan, J. and J. Liker)などのトヨタの経営を理論化した研究書が溢れかえった(Liker, 2003 ; Morgan and Liker, 2006)。

なかでも,「トヨタ生産方式」に対する礼賛は特別で,この生産方式の模倣を試みた企業は無数に存在する(当時,民営化したばかりの郵便局もこの方式を導入しようとしたほどだった)。ところが,その導入に成功し,実際に業績を回復させた企業は稀にしか存在しない[4]。それどころか,トヨタ生産方式へのこだわりが,予期せぬ弊害を招いたケースさえ存在する。その理由は,トヨタ生産方式が,すべての産業において最適な生産方式ではないからである。かなり古い事例にはなるが,ここでは,農機メーカーのヤンマーの失敗事例をみてみたい[5]。

ヤンマーは今から30年も前に,他の日本企業に先駆けてトヨタ生産方式を取り入れた。しかし,生産性や収益向上の効果はなかなか上がらず,いつのまにか改善活動も廃れていった。その理由は,自動車生産の効率化を目的に生まれたトヨタの手法をそのまま真似た点にある。

確かに,ヤンマーが手掛けるトラクターのような農機と,トヨタが手掛ける自動車は,似通った製品の外観を有している。「ボディの四隅に車輪が付き,そのうえに人間が乗って操作する移動のための手段」という意味では,生産物に共通点は多そうである。しかし,ヤンマーの手掛ける農機は季節によっ

て出荷量が大きく変動する特性をもっている。そのため,需要期には在庫に余裕をもたないと販売機会を逃がしてしまう。この部分が自動車の販売環境とは,決定的に異なっている。トヨタ生産方式の真骨頂は,必要な部品を必要なとき,必要なだけ調達する「ジャスト・イン・タイム（JIT）」の思想にあるが,そのような思想は,繁忙期のムラが少ない製品の販売特性を前提にしたものである。そのため,繁忙期のムラが大きい農機において,トヨタ生産方式を忠実に実行しようとすればするほど,事業効率が低下することになる。

トヨタが日本を代表する優良企業であることは間違いない。しかし,「彼らに学べばきっと彼らのようになれる」という考えは間違いである。経営理論は万能ではなく,それには通常,それがうまく機能するための前提条件が付けられている（たとえば,トヨタ生産方式の場合は,生産する製品が繁忙期のムラが少ないことが前提となっている）。したがって,流行りの経営理論を取り入れる前に,「その理論が効果を発揮する経営環境とはどのようなものなのか」や,「自社のおかれている経営環境の特徴は何か」を自問する必要がある。優れた企業の取り組みや,その企業の研究から導き出された経営理論をみると,ついマネしたくなるのが人情ではあるが,いったん立ち止まって,冷静に考えてみることが必要なのである。

また,経営理論にはブームがあることも認識しておく必要がある（**図表5-1**参照）。経営理論は,それぞれの時代において,業績が好調な企業の経営をモデルにして生み出される場合が多いからである。具体的には,90年代の前半には,業績が好調な日本企業をモデルにした「リ・エンジニアリング」や「コア・コンピタンス経営」が,90年代後半も,日本企業をモデルにした「ナレッジ・マネジメント」が,そして,2000年代前半には,業績が好調な欧米企業をモデルにした「製品アーキテクチャ論」や「オープン・イノベーション」,「ブルーオーシャン戦略」などがブームになった。もちろん,経営理論には一定の普遍性があるため,時間の経過によってその有効性が損なわれることはないが,有効性の発揮できる条件を見極める必要がある。流行りの経営理論への盲目的な追随はきわめて危険である。

図表5-1　各時代にブームとなった経営理論とその提唱者（その一例）

年　　代	ブームとなった経営理論とその提唱者
1990年代前半	・「リ・エンジニアリング」byハマー＆チャンピー 　（Hammer and Champy, 1993） ・「コア・コンピタンス経営」 　byハメル＆プラハラード（Hamel and Prahalad, 1994）
1990年代後半	・「ナレッジ・マネジメント」（野中・竹内,1996）
2000年代前半	・「製品アーキテクチャ論」byウルリッヒ（Ulrich, 1995）， 　ボールドウィン＆クラーク（Baldwin and Clark, 2000）， 　藤本（2004） ・「オープン・イノベーション」byチェスブロー 　（Chesbrough, 2003） ・「ブルーオーシャン戦略」byキム＆モボルニュ 　（Kim and Mauborgne, 2005）

出所：筆者作成。

2．木を見て森を見ず型の誤使用

　2つ目のパターンは、「木を見て森を見ず型の誤使用」である。これは、既存の他の仕組みとの相性や企業全体のバランスを考えずに、経営理論を導入してしまうといった誤使用のパターンである。個別には優れた経営理論であっても、他の仕組みとの相性が悪ければ、その効果を発揮することはできない（むしろ、逆効果になる場合さえある）。この種の誤使用は、企業全体を1つのシステムとしてではなく、部分集合的に捉えていることが原因で起こる場合が多く、その意味では、「大局観の欠如による誤使用」と言い換えることもできるかもしれない。

　たとえば、日本的経営の3種の神器として、取り上げられることの多い「年功序列」や「終身雇用」、「企業別労働組合」はそれぞれがバラバラに機能しているわけではなく、一体となって機能している。そのため、他の2つを維持したまま、1つだけを無秩序に変えようとすると、システム全体のバランスが崩れ、弊害が発生する場合がある。1990年代、多くの日本企業が、それまで採用してきた年功序列型の賃金制度に代えて、新たに成果主義型の賃金制度を導入したものの、結局はうまくいかず、近年相次いで見直しを余儀な

くされているのは，その典型である。

　もちろん，そのような成果主義導入の背景には，当時の日本企業を取り巻く厳しい経営環境があり，拙速な行動をとったとしても致し方ない面はある。当時は，バブル崩壊後の長引く景気低迷により，それまでのような企業業績の拡大が見込めなくなっており，勤務年数とともに昇給する年功型賃金が企業経営を圧迫し始めていた。しかし，そうかといって，定期昇給額を圧縮すれば，社員のモチベーションの低下や有能な人材の社外流出を招いてしまう。そこで，多くの企業では，定期昇給額を圧縮する一方，成果主義を導入することで職務給を高め，総額人件費を抑制しつつ，個人のモチベーションを維持しようと考えてきた。しかし，そのような制度変更は結局，うまくいかなかった。その理由は，日本企業がこれまで拠り所としてきた組織の編成原理と，新たに導入された成果主義が拠り所とする組織の編成原理がまったく異なるものだったからである。ここでは，他社に先駆けて成果主義を導入し，失敗に終わった富士通の事例をみてみたい。

　富士通では，1993年に成果主義を導入したものの，2001年には，その見直しに着手している[6]。富士通が当初導入した成果主義は，多くの米国企業でも採用されているようなオーソドックスなもので，個人が立てた目標の達成度を基準に評価を行い，それを賃金に反映させるというものであった。富士通では，仕事の成果と賃金を連動させることで，個人のモチベーションアップを図り，ひいては，全体の利益を向上させようと考えていた。しかし，そのような思惑は，大きく外れることとなる。さまざまなところで弊害が発生してきたためである。より具体的には，各自の目標達成が優先され，同僚が困っていても助けない，過度なライバル意識や嫉妬による足の引っ張り合い，自分本位な行動をとる社員の増加などの弊害である。その結果，チームワークを軽視する雰囲気が職場に蔓延し，社員のモチベーションも低下してしまっていた。そこで，富士通では2001年より，評価の主な対象を，それまでの個人から組織やチームに変えるなど，従来の日本企業の特徴であるチームワークを重視する方向に修正を加えている。

　そもそも，日本企業は長い間，人を最も希少な資源と考え，その人と人と

のつながりを安定的に築いていくことを組織の編成原理としてきた（伊丹，1987）。つまり，組織間や組織メンバーの間で協調を生み出すことを組織の編成原理としてきたのである。そして，その原理を具現化したものが，年功序列や終身雇用，企業別労働組合などの諸制度である。それに対して，富士通が導入した成果主義は，人よりもむしろ，カネを中心に据えようとする組織の編成原理に基づく人事評価制度である。その制度の骨子は，賃金（カネ）をうまく活用することで，個人のモチベーションを向上させ，ひいては全体の利益を向上させるところにある。つまり，その根底には，カネを最も希少な資源と考え，それを中心に組織を編成しようとする原理が働いているのである。

　このように，富士通を始めとする日本企業がこれまで拠り所としてきた組織の編成原理と，新たに導入された成果主義が拠り所とする組織の編成原理は，その性格が大きく異なっていたため，移植に際し，拒絶反応が起こるのを避けることは難しかった。その意味で，失敗の原因は，個別の仕組みにあったわけではなく，それらを組み合わせた際の相性の悪さにあったのである。したがって，富士通の失敗は，成果主義が制度として劣っていることを意味するものではない。その証拠として，成果主義は，カネを組織の編成原理の中心に据える米国ではうまく機能している。なぜなら，そこでは，そのような人事評価制度だけでなく，企業統治を始めとする他の諸制度も，当該原理に基づいて設計・運営されており，整合性が保たれているからである。

　もちろん，上記の例とは反対に，欧米の企業が，日本企業の仕組みを部分的に移植しようとして失敗した例も数多い。たとえば，1980年代，日本の自動車メーカーの圧倒的な競争力に直面した欧米の自動車メーカーは，日本の自動車メーカーの仕組みを一生懸命学びとろうとしたものの，なかなか思うような成果をあげることができなかった。その理由について，藤本（2004, 46-47頁）は，次のように述べている。

　　「欧米自動車メーカーは，日本の自動車メーカーのやり方を一生懸命学びとろうと努力しましたが，最初は一個一個の仕組み（ルーチン）を

バラバラに試しただけだったので，なかなか思うような成果があげられませんでした。たとえば，『日本の強さの秘密はロボットらしい』とか，『いや，そうじゃない。QCサークルらしい』とか，『いや，カンバン方式だ』といった具合に，『これこそ本命だ』と考えては1つ1つの仕組みをマネしようとしてきたのです。ところが，どれをとってきても，一個一個バラバラに取り入れているうちは全然きかない。『あれじゃない，これでもない，いったいどれなんだ』とさんざん探し回った挙句，（中略）ようやく『全体のシステムが強さの源泉らしい』という結論に落ち着いたのです。」

このように，企業は1つのシステムとして機能しているため，その一部分だけをほかに取り替えても効果が得られない場合も多い（あるいは，時としてマイナスの効果をもたらすことさえある）。ロバーツ（Roberts, J.）も述べているように，企業のパフォーマンスは，システム全体の整合性によって支えられており，一部の変更や局所的な頑張りだけでは，向上させることが困難なのである（Roberts, 2004）。これは，4番バッターばかりを揃えた野球チームや，優秀なプレーヤーばかりを集めたバスケットボールチーム（ドリームチーム）が試合に勝てないのと理屈が似ている。確かに，巷に溢れる企業調査には，特定の仕組みにより業績が向上したと主張するものも多い。しかし，現実はそれほど単純ではない。ローゼンツワイグ（Rosenzweig, P.）もいうように，仕組みの多くは通常，他の仕組みと相互に強く関係しており，個々の影響はそれほど強くないことを認識しておく必要があるのである（Rosenzweig, 2007）。

3．イメージ先行型の誤使用

3つ目のパターンは，「イメージ先行型の誤使用」である。これは，経営理論の名称から勝手にその内容をイメージし，誤解したまま，それを活用してしまうといった誤使用のパターンである。

たとえば，2000年代前半の日本では，製品アーキテクチャ論がブームになったが，このブームは同時にさまざまな誤解も生んだ。なお，ここでいう製品アーキテクチャ論とは，「製品が持つ設計思想（アーキテクチャ）の違いに応じて，有効な組織能力はそれぞれ異なる」という仮説に基づく議論である（藤本，2004）。有形，無形を問わず，人工物である製品には，必ず設計者の意図が込められている。設計者は，顧客を満足させるには，どのように製品の機能と構造，あるいは工程を結びつければよいのかを考え，その思想を製品に反映させようとするからである。そして，そのような設計思想のことを，そこではアーキテクチャと呼んでいる。さらに，そのアーキテクチャには大きく，玩具のブロックのように，既存のパーツを寄せ集めても機能を果たす「モジュール型（寄せ集め型）」と，開発から生産までのスタッフが顔を揃えて1つ1つのパーツを最適設計しながら仕事を進める「インテグラル型（擦り合わせ型）」の2つがある。

本来，製品アーキテクチャ論の主張は，前述したように「製品がもつアーキテクチャの性格に応じた組織能力を構築すべし（あるいは反対に，自身がもつ組織能力と相性の良いアーキテクチャをもつ製品に，経営資源を集中すべし）」というものである。そして，そのような観点に立って行われた一連の研究からは，日本企業の多くは，制約条件の多い複雑な共同作業を得意としており，そのような組織能力は，擦り合わせ型のアーキテクチャと相性が良いという結論が導き出されてきた。しかし，巷では，その内容が端折られ，たとえば，「日本は擦り合わせに強い」などの言葉だけが独り歩きすることも多かった。そして，その結果，「日本人には擦り合わせのDNAがあるから，擦り合わせていれば勝てる」などの誤解が生まれるようになった[7]。

確かに，日本人はチームプレイを得意とし，日本企業もそのような組織能力の構築に秀でている。しかし，いくら日本企業がそのような能力に秀でていても，それをあまり必要としないモジュラー型のアーキテクチャをもつ製品では，その強みを発揮することはできない（むしろ反対に，その能力がデメリットになることさえある）。たとえば，日本のパソコンメーカーの業績が総じて振るわないのは，パソコンが典型的なモジュラー型のアーキテクチャ

をもつ製品だからである。

　また，製品アーキテクチャ論の観点に立った場合，日本企業は，「ハイテクか，ローテクか」という基準でなく，「設計的に複雑か，シンプルか」という基準で，投資対象を選別しなければならない。なぜなら，ハイテク製品が必ずしも，複雑な設計を要するとは限らないからである。しかし，このような主張は，「日本は技術立国であり，先端技術の開発を目指せ」という大衆受けするスローガンの前では，かすんでしまうことも多い。多くの人びとが，「先端技術の開発こそ，日本が生き残る唯一の道」という固定観念を捨て去ることができないからである。

　また，上記以外の事例としては，「人本主義企業」に対する（的外れの）批判がある。ただし，この事例は正確にいうと，誤解によって実害が生じたというわけではなく，誤解により，考え方そのものが受け入れられなかった事例である（その意味では，機会損失の事例といえるかもしれない）。ここでいう人本主義とは，日本企業が長年にわたって無意識のうちに依拠してきた組織の編成原理（人のネットワークを安定的に作り，機能させることに重きをおいた組織の編成原理）を抽象化したものである（伊丹，1987）。しかし，人本主義という言葉は,その言葉がもつ響き故に，単に「人を大切にする暖かい経営」と誤解されることも多かった[8]。もちろん，この考え方は，「博愛」や「やさしさ」などのキレイごとを述べたものではない。さらに，彼が訴えたかったのは，組織の編成原理を知ることの重要性である。経営の具体的な制度は時代によって変えていく必要があるが，組織の編成原理と大きく乖離した制度では，組織がうまく回らなくなると考えるからである。しかし，前述したような誤ったイメージが先行してしまったため，真意があまり伝わらず，批判にさらされることも少なくなかった。

　このように，イメージが先行し過ぎたことで，経営理論の正確な内容が伝わらず，誤解したまま，それを活用してしまう（あるいは，それゆえに活用されない）例は数多い。一般に，「名は体を表す」というが，経営理論に関しては，必ずしも「名は体を表す」とは限らないのである。そのため，以上でみてきたような問題が発生しやすい。とくに，耳学問による誤解には注意

が必要である。ここでいう耳学問とは，きちんと原典を読まずに，他人からの聞きかじりで理解することである。このような耳学問は楽ではあるし，勉強時間を短縮することができる。しかし，耳学問のような伝言ゲームには必ず，誤報がつきものである。そのため，時間がかかっても原典にあたり，正確なメッセージを読み解く必要がある。

III　事例の考察

　ここでは改めて，以上でみてきた3つの誤使用のパターンを振り返り，それらが生じる根本的な原因について考察を加えてみたい。

　本章で最初に取り上げた誤使用のパターンは，自社のおかれた経営環境を顧みずに，流行りの経営理論を導入してしまう「トレンド・フォロアー型の誤使用」である。具体的には，2000年代前半に起こった「トヨタに学べ」ブームを取り上げ，多くの企業が，自社のおかれている経営環境を顧みずに，トヨタ生産方式を導入しようとして，失敗に終わったことなどを明らかにしてきた。そして，それらの事例を通じて，経営理論は万能ではなく，それには通常，それがうまく機能するための前提条件が付されていることや，経営理論にもブームがあるため，そのブームに振り回されることなく，冷静に，その有用性を見極める必要があることなどを明らかにしてきた。

　次に，本章で取り上げたのは，既存の他の仕組みとの相性や企業全体のバランスを考えずに，経営理論を導入してしまうような「木を見て森を見ず型の誤使用」である。具体的には，1990年代，多くの日本企業が，それまで採用してきた年功序列型の賃金制度に代えて，新たに成果主義型の賃金制度を導入したものの，結局うまくいかなかったことや，欧米自動車メーカーが，日本の自動車メーカーの仕組みを一個一個バラバラに取り入れたため，思うように生産性を向上させることができなかったことなどを明らかにしてきた。そして，それらの事例を通じて，企業は1つのシステムとして機能しているため，その一部分だけを別のものに取り替えても効果が得られない場合も多

い（あるいは，時としてマイナスの効果をもたらすことさえある）ことを明らかにしてきた。

そして，本章で最後に取り上げたのは，経営理論の名称から勝手にその内容をイメージし，誤解したまま，それを活用してしまうような「イメージ先行型の誤使用」である。具体的には，2000年代前半の日本でブームとなった，製品アーキテクチャ論を取り上げ，このブームがどのような誤解を生んだのかや，1990年代に，誤解によって的外れな批判にさらされた人本主義の事例などを明らかにした。そして，それらの事例を通じて，理論のしったかぶり（経営理論がもつ名前の響きから勝手にその中身を想像すること）や，耳学問（きちんと原典を読まずに，他人からの聞きかじりで理解すること）がさまざまな弊害をもたらすことを明らかにしてきた。

このように，本章では，経営理論が誤って使用されるさまざまなパターンのうち，とくに頻繁に見受けられる3つのパターンを取り上げてきたが，それらに共通するのは，結局のところ，実務家の経営理論に対する無理解（ex. 過大な期待や不正確な知識）である。たとえば，「経営理論には，それが成立するための前提条件が存在する」ことを知っていれば，流行理論への盲目的な追随は避けられたはずである。また，「個別には優れた経営理論であっても，既存の他の仕組みとの相性が悪ければ，むしろ害になる（あるいは，企業のパフォーマンスは，システム全体の整合性によって支えられている）」ことを知っていれば，理論のつまみ食いや良いとこ取りは避けられたはずである。

それでは，どうして，そのような無理解が生じるのであろうか。その原因として考えられるのは，大きく次の2つである。1つ目は，やはり「理論」という言葉に対するイメージの多様性であろう。実務家のそれぞれが理論という言葉に対し，多様なイメージを抱いており，その正確な意味を共有できていない可能性が高い。その意味で，この問題は，「実務家の経営理論に対するリテラシー不足」と言い換えることができるかもしれない。そして，もう1つは，「経営理論の作り手側の不親切」である。もちろん，上述したように，実務家のリテラシーを強化する必要はあるが，実務家のリテラシーに

期待するにしても，それには限界がある。彼らは実務のプロではあっても，理論に対してはあくまで素人だからである。そのため，本来であれば，理論の作り手である経営学者が，実務家に対して，もう少し丁寧な情報の提供を心掛ける必要があるが，現実はそうなってはいない。そして，その結果として，実務家の間にさまざまな混乱が生じてきたと考えられる。

このように，ここでは，実務家の経営理論に対する無理解の原因を，経営理論の作り手側と受け手側の双方に求めた。そこで，次節では，それらの問題を解決するための具体的な方策について考えてみたい。

IV　むすび：問題解決の処方箋

前節では，無理解が生じる原因を「実務家の経営理論に対するリテラシー不足」と「経営理論の作り手側の不親切」の2つに求めた。そのため，ここでは，それぞれの原因を解消するための具体的な方策を考えてみる。

1．受け手側のリテラシー不足の解消

当然のことではあるが，実務家のリテラシー不足を解消するには，彼らに対するリテラシー教育が必要になるが，そこで行わなければならないのは，経営理論のもつ性格やその役割など，経営理論を取り扱う際に最低限注意すべき事柄の伝達である。

まずは，経営理論の性格についてである。経営理論は，物理法則のような絶対的なものではなく，論理（あるいは，因果関係）を束ねたものに過ぎない（伊丹，2001）。そのため，それらは絶対的な成功を約束するものではない。なぜなら，経営理論を「論理の束」と考えるならば，答えは必ずしも1つとは限らないからである。論理は，右にも左にも展開することができる。わかりやすい例は，諺である。諺が常に人びとの行動を適切に説明することができるのは，正反対の2つの論理をセットで用意しているからである。

たとえば,「虎穴に入らずんば,虎児を得ず」という諺と,「君子,危うきに近寄らず」という諺は,正反対の論理をもつ諺である。そのため,リスクをとって成功した人の行動を説明する際には,「虎穴に入らずんば,虎児を得ず」という諺を使用することができ,反対に,リスクを避けて成功した人の行動を説明する際には,「君子,危うきに近寄らず」という諺を使用することができる。このように,論理は,右にも左にも展開することができ,どちらの論理が間違いで,どちらの論理が正しいと断定することはできない。したがって,企業経営の勝敗を決するのは,経営理論そのものというよりは,むしろ,その企業が直面している環境や企業がもつ価値観・信念と,その企業が依拠する経営理論との相性にある。

　また,経営理論には,通常,それが成立するための前提条件が存在していることも認識しておく必要がある。経営理論には,一見すると,相矛盾する内容を主張するものが同時に存在していることがしばしばある。たとえば,先行者優位をうたった理論と,後発者優位をうたった理論の存在などがそうである。このような相矛盾する理論が共存し得る背景には,それぞれの理論が掲げる前提条件の存在がある。つまり,どのような状況下では,先行者が優位になりやすく,どのような状況下では,後発者が優位になりやすいのかを場合分けしているからである。経営理論に限らず,一般に「理論」と呼ばれるものには限界がある。逆に限界がないものは,「理論」ではなく,「真理」である。たとえば,「人は誰もが死ぬ」というのは,理論ではなく真理である。なぜなら,そこには,例外が存在しないからである（今まで,死ななかった人はいない）。

　最後に,経営理論の役割について述べてみたい。経営理論とはあくまで,考えを整理し,思考を論理的に展開していくための補助具であり,知って使えば,「すぐに役立つ」という代物ではない（沼上,2009）。この部分に,実務家のニーズ（あるいは,思惑）との大きな乖離がある。実務家は直近の問題の解決に意識が向きがちであるが,経営理論はそのための直接的な答えを提供するものではない場合が多いのである[9]。

　たとえば,「明日行われる競合他社との間のコンペに勝つためには,どう

すればいいのか」や，「どのような営業をすれば，顧客からより多くの注文を取り付けることができるのか」などの問題の解決に対しては，経営理論は無力な場合が多い。むしろ，そのような場合は，コンサルタントを雇ったり，ハウツー本を読んだりする方が役に立つかもしれない。このような意味で，経営理論の役割をきちんと認識してほしい。繰り返しになるが，経営理論とはあくまで，考えを整理し，思考を論理的に展開していくための補助具であり，知って使えば，「すぐに役立つ」という代物ではないのである。

2. 作り手側の不親切の解消

一方，解消すべき作り手側の不親切としては，大きく次の2つがあると考えられる。1つは，難解な言葉の使用であり，もう1つは，理論世界の全体像を描くことに対する怠慢である。

まず，作り手側の不親切の1つ目は，意図的かどうかは別として，経営学者が部外者にはわかりにくい難解な言葉を使う傾向があることである。かつてに比べれば，そのような傾向は徐々に小さくなってきてはいるものの，依然として，簡単なことをわざわざ難しく表現する悪弊が一部には残っている。そのため，経営理論をより多くの人びとに，正確かつ容易に理解してもらうためには，できるだけ平易な言葉で，具体的に，そのエッセンスを表現する必要がある。つまり，より多くの人に理解してもらうための工夫や配慮が必要になるのである。

なお，このような作り手側の努力不足は，ビジネス書のヒットによって，しばしば浮き彫りになる。たとえば，ゴールドラット（Goldratt, E.）が，その著書『ザ・ゴール』のなかで提唱した「制約条件の理論（Theory of Constrains）」（Goldratt, 2001）は，世界中で一大ブームを巻き起こしたが，そこで書かれてあることは，生産管理論において長年論じられてきたことであり，とくに理論的な目新しさはみられない（沼上，2003）[10]。しかし，実務家がそれを，さも目新しいものであるかのように受けとめ，礼讃した事実は，逆に経営理論がこれまできちんと実務家に伝わってこなかったことを意

味している。

　そして，作り手が解消すべきもう1つの不親切は，理論世界の全体像を描くことに対する怠慢である。経営学の世界には，すでに多くの経営理論が存在する。加えて，コンサルタント会社などは，過去のコンセプトや理論とのつながりを重視せず，次々と新しいコンセプトや理論を提唱してくる。そのため，現在は，経営理論が百花繚乱の状態にあり，実務家からしてみれば，いったい何を信じればよいのかがわかりにくい。前項では，実務家のリテラシー強化の必要性を述べたが，実務家のリテラシーに期待するにしても，それには限界がある。彼らは実務のプロではあっても，理論に対してはあくまで素人だからである。そのため，本来であれば，理論の作り手である経営学者が，もう少しそれらを整理し，詳細な全体像を実務家に提供すべきであるが，現実はそうなってはいない。したがって，このような部分にも，実務家を混乱に陥れる一因があると考えられる。

　たとえば，最近流行りの経営理論の1つに，前述した「ブルーオーシャン戦略」(Kim and Mauborgne, 2005) がある。そして，その骨子は，「ライバルの多い市場から抜け出し，競争のない新しい市場を生み出せ」というものであるが，これは一見したところでは，ポーター (Porter, M.) の競争戦略論にいう差別化戦略とどう異なっているのかがわかりにくい。ポーターも同様に，他者と同じことをしていてはいけない旨の主張を行っているからである (Porter, 1985)。しかし，両者の考え方は根本的に違っている[11]。ブルーオーシャン戦略では，製品の差別化とコストダウンを両立させてでも，新しい市場を生み出すことが重要であると考えているのに対して，ポーターの競争戦略論では，差別化戦略とコストリーダーシップ戦略の両立は中途半端な結果 (stuck in the middle) を招くため，絶対に避けるべきとしている。このような違いやその違いが生じる理由を，経営学者はきちんと整理していく必要がある。

　一部の研究領域においては，比較的そのような地図作りは進んでいるが，全体としては，まだ十分とはいえない状況にある。とくに日本では長年，先行研究をレビューし，整理することにそれほど重きがおかれてこなかったた

め，自身の研究の理論的な位置づけや，他の研究との違いを明確にしていない研究も多い。そして，そのことが，理論世界の全体像をわかりにくくさせている原因の1つであると考えられる。そのため，今後は，このような点を改善していく必要があるだろう。

注

1) これらの内容は，コール（2004，28-40頁）を参考にした。
2) 『週刊東洋経済』2010年4月10日号，30-31頁を参考にした。
3) 『日経ビズテック』No.5，18頁を参考にした。
4) たとえば，システム開発を手掛けるCSKは，トヨタの協力を得て2003年に「eカルテ」と呼ばれる製造原価の低減支援ソフトを発売した。このソフトは当初，トヨタが使っているノウハウを手に入れられると評判を呼び，発売前のセミナーには300社が参加した。しかし，実際に使いこなせたのはたったの2社であった（『日本経済新聞』2006年3月24日）。
5) これらの内容は，『日本経済新聞』2006年3月24日を参考にした。
6) これらの内容は，『朝日新聞』2001年3月19日を参考にした。
7) 藤本（2009，4頁）を参考にした。
8) 当該内容は，伊丹（1987）の文庫版（1993）の「あとがき」を参考にした。
9) 『日本経済新聞』2010年3月29日を参考にした。
10) 「制約条件の理論」の詳細な内容については，本書に譲るが，その本質は，仕事の流れのなかにあるボトルネックに注目するところにある。仕事の流れのなかに一箇所でも，生産性が低い部分があれば，そこがボトルネックとなり，他の部分でいくら頑張っても全体としての生産性を上げることができない。そのため，ボトルネックを発見し，そのボトルネックのリズムにあわせて全体を体系的に運営していく方法が重要になるというのが，その骨子である。
11) ポーターの「差別化戦略」と，キム＆モボルニュの「ブルーオーシャン戦略」の考え方の違いについては，菊澤（2008，74-80頁）を参考にした。

参照文献

Baldwin, C.and K.Clark（2000）*Design Rule: The Power of Modularity*, MIT Press.（安藤晴彦訳『デザイン・ルール』東洋経済新報社，2004年）

Chesbrough, H.（2003）*Open Innovation*, Harvard Business School Press.（大前恵一郎訳『オープン・イノベーション』産業能率大学出版部，2004年）

Goldratt, E.（2001）*The Goal*, North River Press.（三本木亮訳『ザ・ゴール』ダイヤモンド社，2001年）

Hamel, G. and C.Prahalad（1994）*Competing for The Future*, Harvard Business

School Press.（一条和生訳『コア・コンピタンス経営』日本経済新聞社，1995年）
Hammer, M. and J.Champy（1993）*Reengineering The Corporation*, Helen Rees Literary Agency.（野中郁次郎監訳『リ・エンジニアリング』日本経済新聞社，1993年）
Kim, C.and R.Mauborgne（2005）*Blue Ocean Strategy*, Harvard Business School Press.（有賀裕子訳『ブルーオーシャン戦略』ランダムハウス講談社，2005年）
Liker, J.（2003）*The Toyota Way*, McGraw-Hill.（稲垣公夫訳『トヨタウェイ』日経BP，2004年）
Morgan, J. and J.Liker（2006）*The Toyota Product Development System*, Productivity Press.（稲垣公夫訳『トヨタ製品開発システム』日経BP，2007年）
Porter, M.（1985）*Competitive Strategy*, Free Press.（土岐坤・中辻萬治・小野寺武生・戸成富美子訳『競争の戦略』ダイヤモンド社，1985年）
Roberts, J.（2004）*The Modern Firm: Organizational Design for Performance and Growth*, Oxford University Press.（谷口和弘訳『現代企業の組織デザイン：戦略経営の経済学』NTT出版，2005年）
Rosenzweig, P.（2007）*The Halo Effect*, Free Press.（桃井緑美子訳『なぜビジネス書は間違うのか―ハロー効果という妄想』日経BP，2008年）
Ulrich, K.（1995）"The Role of Product Architecture in the Manufacturing system," *Research Policy*, Vol.24, pp.419-440.
伊丹敬之（1987）『人本主義企業』筑摩書房。
伊丹敬之（2001）『創造的論文の書き方』有斐閣。
菊澤研宗（2008）『戦略学：立体的戦略の原理』ダイヤモンド社。
沼上幹（2003）『組織戦略の考え方』ちくま新書。
沼上幹（2009）『経営戦略の思考法』日本経済新聞社。
野中郁次郎・竹内弘高（1996）『知識創造企業』東洋経済新報社。
延岡健太郎（2006）『MOT入門』日本経済新聞社。
藤本隆宏（2004）『日本のもの造り哲学』日本経済新聞社。
藤本隆宏（2009）「日本は設計立国を目指せ」『日経ものづくり』2009年4月号，4-5頁。
ロバート・コール（2004），原田裕子訳「米国におけるMOTの進化：UCバークレーMOTプログラムの経験を踏まえて」『一橋ビジネスレビュー』51巻4号,28-40頁。

> 参照資料

『朝日新聞』「成果主義賃金富士通見直し導入から8年　弊害，失敗恐れ挑戦不足」2001年3月19日。
『日本経済新聞』「＜トヨタに学べ＞に落とし穴（上）」2006年3月24日。
『日本経済新聞』「ニッポンの科学技術力　第3部　変わる民間研究③」2010年3月29日。
『日経ビズテック』「トヨタ式の効用と弊害」No.5, 18-71頁。
『週刊東洋経済』「不況で志願者が増加　国内MBAの光と影」2010年4月10日号，30-31頁。

第6章

企業文化論の展開と基本的視座

I 問題の所在

「仏作って魂入れず」，現代の企業経営にも通じる諺ではないだろうか。

「失われた10年ないしは20年」という経済不況のなかで，日本企業は競争力の再構築に向けて，さまざまな経営手法や経営コンセプトに注目し，その実践に努めてきた。成果主義型の賃金制度，MBO（Management By Objectives），コンピテンシー評価（competency evaluation），SHRM（Strategic Human Resource Management），BPR（Business Process Reengineering），SCM（Supply Chain Management），ISO（International Organization for Standardization）の認証取得，SIS（Strategic Information System）の構築，ナレッジ・マネジメント（knowledge management）など枚挙にいとまがない。

これらの手法やコンセプトのいくつかは，従来の日本企業の経営を問い直すものである。一方で，斬新にみえるものの，元々は日本企業において無自覚的に行われてきた実践や発想を欧米流にアレンジし，横文字に看板を掛けかえた逆輸入型のものも含まれる。

ある時点において，相対的に国際競争力を有する地域の企業から何かを学び，自社への導入を試みるというプロセスは，ごく自然な流れである。また，ある地域の企業から学んだ優れた特性について，よくよく観察してみると，それ以外の地域の優良企業でもみられる共通の優れた特性であることも多い。

このような経緯から登場した経営手法やコンセプトも多く，本章で取り上げる企業文化も，その1つである。

いずれにせよ，企業が他社から学んだ経営手法やコンセプトを自社に導入する際，その実践は一朝一夕に成就せず，期待どおりの効果を得ることは難しい。導入・実践に成功し，新たな競争力を構築した企業が存在する一方で，大した効果を得られず徒労に終わるばかりか，その取り組み自体が後に致命傷となる不幸な企業もある。

では，さまざまな経営手法やコンセプトを企業組織で活かすには，どのようなことに配慮したら良いだろうか。これは，経営諸要因の経営全般における位置づけに関する問いであり，企業の持続的な競争力の源泉を探る手掛かりともなる問いである。これらの問いについて，企業文化論の基本的視座を探り，企業経営における企業文化の「定点」について考えていくのが本章の内容である。

II 企業文化論の出発点

「企業文化（corporate culture）」ないしは「組織文化（organizational culture）」という概念が企業経営のなかで注目され始めたのは，1980年代初頭である[1]。その時代的な背景として，当時の日本企業の躍進と，欧米企業を支配していた分析的アプローチによる合理性を追求したマネジメントの行き詰まりと関係が深い（Peters and Waterman, 1982, pp.31, 44；邦訳70-71, 91-92頁）。

本節ではまず，分析的アプローチの代表例として，ボストン・コンサルティング・グループ（Boston Consulting Group）によるプロダクト・ポートフォリオ・マネジメント（Product Portfolio Management）における問題点を指摘し，過度の合理主義にもとづくマネジメントの限界点についておさえておきたい。そして，ピーターズ＆ウォーターマン（Peters, T.J. and R.H. Waterman）やパスカル＆エイソス（Pascale, R.T. and A.G. Athos）などの

議論を中心に,組織メンバーの「共有された価値観(shared values)」という視点から当時の日本企業の経営における優位性について確認し,企業文化論の出発点を明らかにしていく(Peters and Waterman, 1982 ; Pascale and Athos, 1981)。

1. 分析的アプローチの限界と経営の認知的・行動的側面への注目

　プロダクト・ポートフォリオ・マネジメント(以下,PPM)とは,ボストン・コンサルティング・グループが,さまざまな業界や企業でのコンサルティング活動の経験から導き出した分析ツールである。PPMでは,「経験曲線(experience curve)」と「プロダクト・ライフ・サイクル(product life cycle)」と呼ばれる2つの経験則と,それらと関連する「市場シェア(market share)」や「市場成長率(market growth rate)」といった定量的データが前提となっている。このような定量的データを用いて,多角化した企業の経営者が各事業における資金(cash)の必要性を測定し,将来の成長分野を想定しつつ全社的な観点から戦略的な資源配分を考えていくことをPPMは目的としている[2]。こうした分析的アプローチは,戦略スタッフによる徹底した定量的データの分析が必要となり,このことからいくつかの問題が生じてくる。

　1つ目の問題は,分析的アプローチを過度に信頼・利用することが,戦略策定プロセスを保守的な方向へと向かわせてしまうことである。分析的アプローチを重視するということは,定量化が可能なデータのみが注目されることにつながり,分析できることしか分析しない傾向になる。したがって,ある時点における定量的データを用いた分析によって,利益が確実に期待できると判明した事業分野や製品群に資源が優先配分される。一方で,将来的に売上高の増大が見込まれる可能性のある既存の事業や製品,あるいは不確定要素の多い新製品・新事業開発への投資は後回しにされる。このような分析によって導き出されたリスク回避の戦略や綿密な計画を組織に対し忠実に実行することを求めると,やがて組織の行動力,自主性,活力が奪われてしま

う。そして，戦略スタッフによって策定された現場の事情を反映していない戦略だけが一人歩きをして企業の環境適応能力が低下することになる。ピーターズ＆ウォーターマンは，このような状態を「分析マヒ症候群（paralysis through analysis syndrome）」と批判している（Peters and Waterman, 1982, p.31；邦訳70頁）。

　また，分析を重視するあまり，資源をより狭い範囲で捉えてしまう問題も考えられる。たとえば，各事業が抱える資源を定量化および分析が比較的容易なカネの側面だけで捉えると，「負け犬（dog）」は即刻，整理撤退すべき対象となる。しかし，定量化および分析は困難であるものの，他の事業や製品群に移転活用し得る技術・スキル・ノウハウなど，「負け犬」に蓄積された貴重な資源まで整理撤退によってすべて失うことになろう。

　ピーターズ＆ウォーターマンは，狭い意味での合理主義信奉にもとづく分析的アプローチを無制限に追及することは，人間味のない抽象論に行きつくことになり，組織を機能不全に陥らせる要因になる，と人的側面や個々の組織メンバーの行動的側面を軽視したマネジメントを批判した（Ibid., p.45；邦訳93頁）。そして，いかに組織内の人びとを動機づけて，組織への貢献や成果に結びつけるかということが，企業経営においては最も重要な事柄であるとし，「共有された価値観」という概念に着目した。当時の成功している米国企業では，組織メンバーの間で何らかの価値観が共有されており，企業組織は，この「共有された価値観」を拠り所として，精力的に活動を展開しているという共通の特徴がみられたからである。また，分析的アプローチによって導き出された保守的なマネジメントを超え，組織メンバーが価値観を共有することこそが，製品に対する愛情，最高のサービスの提供，革新的アイディアの尊重，多くの社員の自発的貢献など，組織を活性化させ，さらには高業績を持続的に維持可能な企業へと導くとしている（Ibid., p.51；邦訳103-104頁）。

2.「ジャパニーズ・マネジメント」と経営における統合的視点と文化的視点

　ピーターズ＆ウォーターマンを始め，今日に至るまで多くの研究者や実務家によって，企業文化に関する議論があらゆる視点から展開されてきた。とくに初期の議論に大きな影響を及ぼしたのが，当時の日本企業の目覚ましい成長と特徴的な経営スタイルである（Peters and Waterman, 1982）。

　この「ジャパニーズ・マネジメント（Japanese management）」に教訓を求めようとしたのが，パスカル＆エイソスであった。彼らは，ピーターズ＆ウォーターマンと同様に，マッキンゼー・アンド・カンパニー（McKinsey & Company）の分析フレームワークである「7つのS要素（the seven S's）」にもとづいて，日米企業の比較分析を行った。その結果，日本企業と米国企業の間で，「スタッフ（Staff）」，「経営スキル（Skills）」，「経営スタイル（Style）」，「上位目標（Superordinate goals）」といった組織の認知的・行動的な側面（「ソフトのS（the soft S's）」）の経営全般における位置づけに相違があることを見いだした（Pascale and Athos, 1981, pp.80-82；邦訳101-103頁）。

　それまでの多くの米国企業では，「戦略（Strategy）」，「機構（Structure）」，「システム（System）」といった「ハードのS（the hard S's）」に着目する傾向にあった。その理由として，ハードの要素の方が分析的，数量的，体系的な調査対象にしやすいこと，米国の社会的価値観に起因することなどが言及されている。しかしながら，先に指摘したPPMなどのアプローチの問題と同様に，こうした考え方では，経営資源の把握と活用を限定的にしか行えないという問題が生じるのである。

　パスカル＆エイソスのいう「上位目標」とは，組織がその組織メンバーに植えつける理念，あるいは指標となるような概念であり，「共有された価値観」なども含まれる。ここで，効果的な「上位目標」としてあげられている内容特性は，①有意義であること，②持久性のあること，③達成可能なものであること，の3点である。この「上位目標」を分類すると，「実在としての会社（the company as an entity）」，「会社の外部市場（the company's external markets)」,「会社の内部運営 (the company's internal operations)」,「会社の従業員 (the company's employees)」,「社会と国家に対する会社の関係 (the company's relation to society and the state)」,「(宗教を含む) 文化に対する会社の関係 (the company's relation to culture (including religion))」のいずれかの範疇に含まれるという。たとえば,自社の製品を通じて社会を豊かにするという「上位目標」は会社の外部市場にかかわるものであり,企業利益のためばかりでなく生涯をとおしての個人成長を促すという「上位目標」は会社の従業員にかかわるものである (*Ibid.*, p.179-180;邦訳252-254頁)。

「上位目標」は,利益をはじめとする企業の諸目的を人間の価値に結びつけるものであると同時に,他のS要素をつなぎ合わせる接着剤の役割を果たすという (*Ibid.*, p.178;邦訳250頁)。よって,**図表6-1**で示されたとおり,「上位目標」を経営の中心におき,ハードとソフト双方の諸要素を関連させ,

図6-1 「7つのS要素」と「上位目標」の位置づけ

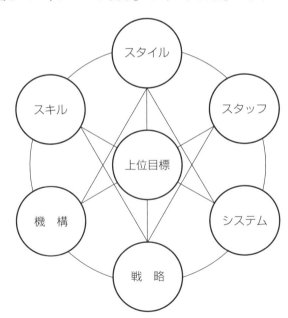

出所:Pascale and Athos, 1981, p.200;邦訳286頁より。

持続的な効果をもたらすことが,企業を成功に導くための不可欠な要素になるとしている(*Ibid.*, pp.83-84;邦訳106-107頁)。こうした指摘は,企業経営を統合的に捉えるという視点とともに,理念や価値観にもとづく企業経営の重要性を示唆している。また,これらの特徴は,事例として分析されている当時の松下電器産業(現パナソニック)に代表される日本企業から見いだされたものであるが,米国の超優良企業においても同じような特徴がみられたことから,企業経営を成功に導く普遍的な特徴として捉えられている。

III 内部統合の視点

　企業文化は,ルールやコントロールを越えたマネジメントを可能とする組織の内部運営の効率化,あるいは「内部統合(internal integration)」の機能が論じられるのが一般的である。たとえば,①何らかの意思決定をなす場合,組織構成員の決定や行動に一貫性がもたらされる,②価値観や考え方を共有することにより,組織メンバー間の協力体制が生まれる,③組織のリーダーが提示した崇高な経営理念やビジョンに共感することで,組織構成員が自らの仕事に対する意義や誇りをもち動機づけられる,などの機能である(Kono and Clegg, 1998, pp.17-18;邦訳16-19頁)。

　組織内で「共有された価値観」は,組織メンバーの行動を強く結びつけ,組織に連帯感を生じさせる。同時に,「共有された価値観」に則った行動様式や組織の構造・制度の採用とあいまって,組織に一貫性がもたらされる。これらの一貫性は,組織メンバー間の認識や行動の違いから生じるコンフリクトを調整するコストを減少させ,組織の内部運営を効率化させる機能を果たす。

　本節では,ディール&ケネディー(Deal, T. and A.A. Kennedy)が実務的なアプローチから論じた「強い文化(strong culture)」と,ポーターら(Porter, M.E., et al.)が競争戦略論の立場から論じた「日本型企業モデル(the Japanese corporate model)」という2つの概念から,企業文化のもつ内部

統合の機能について捉えていく (Deal and Kennedy, 1982；Porter, et al., 2000)。

1.「強い文化」論の論点

ディール＆ケネディーによると,「強い文化」とは,人が平常いかに行動すべきかを明確に示す非公式なきまりの体系であり,高業績をあげている企業には,独自の「強い文化」が存在するとしている (Deal and Kennedy, 1982, p.15；邦訳29-30頁)。また,「強い文化」とは,組織メンバーの価値観や行動様式が同質的であるということも意味している。従業員が組織から自分達に期待されていることを正確に示されて理解していれば,さまざまな状況でいかに行動すべきかを即座に判断することができ,仕事の効率化がはかられる。

ここで具体例としてあげられているIBM, P&G, GE, デュポン, 3M, DEC, HP, ジョンソン＆ジョンソン, ダンデム・コンピュータなど高業績をあげている米国企業では,「強い文化」によって成功がもたらされ,組織メンバーの生産性は,働く環境,つまり社内での行動環境としての企業文化から強い影響を受けている (*Ibid.*, p.v；邦訳6頁)。また,彼らは,このような組織の特徴を日本企業の経営スタイルから見いだしたのだが,オオウチ (Ouchi, 1981), パスカル＆エイソス (Pascale and Athos, 1981), ピーターズ＆ウォーターマン (Peters and Waterman, 1982) と同様に,国に関わらず高業績の企業にみられる普遍的な特徴であると指摘している[3]。

これらの仮説と主張は,アカデミックな手続きを経ていないものの[4],上記の企業などの調査から,企業文化を構成する5つの要素について以下のように述べている (Deal and Kennedy, 1982, p.13-15；邦訳26-29頁)。また,これら5つの要素が相互作用し,「強い文化」が形成されるプロセスを示したのが,**図表6-2**である。

①企業環境：各企業が市場で直面する現実はさまざまであるが,事業を行う環境によって,成功するためには何をしなければならないかが決まり,

これが企業文化の形成に影響を及ぼすことになる。

②価値・理念：組織の基本的な考え方や信念で，企業文化の中核を成している。価値は従業員に成功の意味するところを具体的に示し，こうすれば君も成功者になれるという組織内での成功の基準を設定する。

③英雄：企業文化の中核をなす理念の化身であり，目にみえる形で理念を実践してみせ，従業員たちの手本となる役割モデルとなる。もともとの英雄もいれば，企業活動のなかで必要に応じて仕立てられる英雄もいる。

④儀礼と儀式：社内の日常的な活動において体系的に，あるいは行事として行われる慣例である。従業員にどのような行動様式が期待されているかを示し，その企業の標榜する理想を目にみえる形で力強く表現する。

⑤文化のネットワーク：組織内でインフォーマルであるが，主要な伝達手段として企業理念と英雄のシンボリックな行動の伝達機構となる。

図表6-2　企業文化の構成要素と「強い文化」の形成プロセス

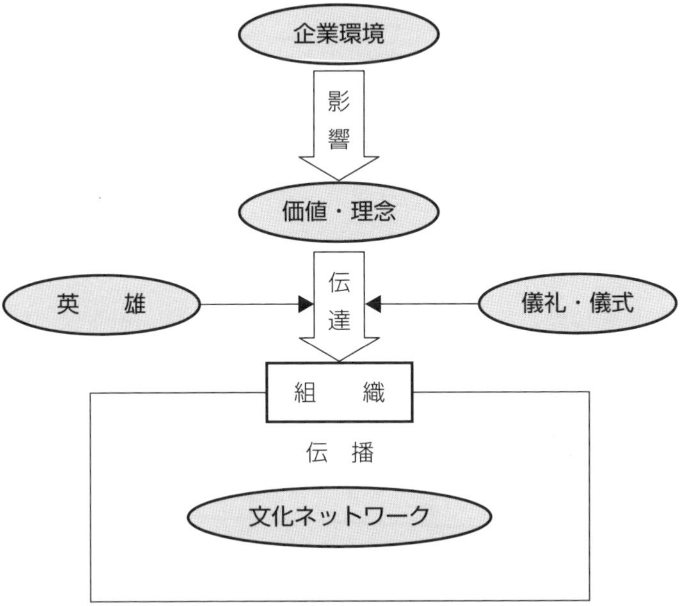

出所：Deal and Kennedy, 1982, pp.13-15；邦訳26-29頁をもとに作成。

「強い文化」論の背景には，経営環境が安定している場合，組織内部の効率化によって生産性を向上させる能力こそが，企業の競争力になりうるという前提があった。つまり，1980年代初頭は環境変化の度合いが現在と比べて相対的に緩やかであったことから，彼らの議論の焦点は主に企業文化の「内部統合」の機能に当てられていたとも考えられよう[5]。

2．「日本型企業モデル」と内部統合の機能

多くの日本企業は，バブル経済の崩壊までは相対的に安定した外部環境の下で経営を行っていた。こうした環境下における日本企業の目標とは，欧米企業に追いつき追い越すことであり，いわばキャッチ・アップ型の戦略をとっていた。これを厳密な意味合いとしての「戦略」といえないまでも[6]，少なくともそのような方向性で企業経営がなされていたことは事実である。日本企業の最大の関心事は，業務を効率的に行い，いかに最小のイン・プットで最大のアウト・プットを生み出すかという生産性の向上にあった。その結果，日本企業の多くは1970年代から1980年代にかけて，目覚しい生産性の向上によって国際競争力を獲得し，欧米企業にキャッチ・アップするという企業目標を達成できたのである。

ポーターらによると，日本企業は高い生産性という国際競争力を得ていくプロセスのなかで，同時に独自の経営システムを構築したとされている（Porter, et al., 2000, p.69；邦訳100頁）。日本企業にキャッチ・アップを許し，競争上の優位性を失ってしまった欧米企業は，高い生産性を可能にしている日本企業の経営スタイル，さらには日本の国民性にまでも深い関心を示し，そこから何かを学びとろうと研究を始めた。そして，次第にこの日本独特の経営システムは，いわゆる「日本的経営」もしくは「日本型企業モデル」と呼ばれるようになったのである。この「日本型企業モデル」の根幹には，競合他社より根本的に優れた経営手法を用いることによって，最高の品質と最低のコストを同時に達成し得るという考え方が底流している。また，絶え間ないカイゼンを通じてベスト・プラクティスのフロンティア（最先端）の

地位を守ることで,企業は競争するとされている(*Ibid.*, pp.78-79;邦訳117-120頁)。

「日本型企業モデル」は,一連の生産手法,人事政策,組織とリーダーシップに対するアプローチ,および多角化の方法から構成される[7]。この「日本型企業モデル」の利点のうち,欧米と日本の学者で共通に認識されているものとしては,従業員の職務能力開発の迅速な向上,強いコミュニティ意識の形成,従業員の企業への忠誠心の醸成,およびマネージャーの長期的視点にもとづいた意思決定の奨励などがあげられる。

また,「日本型企業モデル」は,「内的整合性のとれたシステム(an internally consistent system)」とされ,このようなさまざまな構成要素が互いに強化し合い,さらに大きな成功を可能にしてきた[8]。日本企業は,1980年代を中心に目覚しい業績をおさめてきたが,とくに業務効率の側面においては,欧米企業のベンチマーク的存在となった。輸出は急速に拡大し,日本の製造業は多くの重要産業において,世界の市場シェアを獲得していった(*Ibid.*, pp.76-77;邦訳113-114頁)。

「日本型企業モデル」には,オオウチが述べていたような,信頼,親密さ,ゆきとどいた気配りを特徴とする参加型の企業文化があった(Ouchi, 1981, pp.4-10;邦訳21-29頁)。「日本型企業モデル」のように,品質とコストを同時に追求するためには,従業員全員が積極的に参加し継続的改善に取り組む企業文化が必要であり,日本企業の人事制度とリーダーシップの手法は,そのような企業文化を育んだとされる(Porter, et al., 2000, pp.75-76;邦訳112-113頁)。日本企業は,参加型の企業文化を組織に浸透させ,組織の内的整合性,業務の効率性,ひいては企業業績をも高めることに成功した。またその間,企業を取り巻く外部環境はそれほど急激に変化しなかったこともあり,成功をある程度持続することができた。

企業の組織内部では,完成度の高いモデルができあがると,成功をさらに持続するために,経営スタイルを維持・強化してゆこうとする慣性が生じてくる。効率性を最大化する目的で,組織内部のコントロールを高めることを重視した「共有された価値観」や,そこから派生した複雑な制度やルールが

形成され，組織は安定を求めるようになる。「強い文化」は，より「強い文化」に変容するのである。

IV 外部適応の視点

　企業文化の組織マネジメントにおける機能について，シャイン（Schein,E.）は，企業文化には「内部統合」の機能に加え，「外部適応（external adaptation）」の機能が存在すると述べている（Schein, 1985, p.50；邦訳65-66頁）。外部適応の機能とは，企業組織が外部環境の変化や要請に適応していく機能であり，主にミッション・経営戦略・経営目標といった外的な方向性の認識と更新に深いかかわりをもつ。つまり，組織メンバーが，ミッション・経営戦略・経営目標などをどう捉えるか，あるいはどう変更すべきかについての「共有された価値観」に依拠する共通認識である。一方，シャインは他の論者と同様に内部統合の機能を，企業組織が生き残り，適応し続ける能力を確保するための内部プロセスを統合していく機能であり，組織内部の運営と深い関わりがあるとしている（*Ibid.*, p.50；邦訳66頁）。

　外部適応と内部統合の課題は互いに依存しあっており，同時に考えてゆかなければならない[9]。それは組織内部の運営がいくら効率的であったとしても，戦略が外部環境に適していなければ有効な企業経営がなされないからである。たとえば，組織外部で不連続的な変化が生じている状況であっても，組織メンバーが連続的な変化として共に認識し，既存の戦略やその延長上にある戦略を採用し続けることも考えられる。また，その時点で外部環境に適した戦略が策定されたとしても，それを実行する場である組織内部の運営が非効率では，戦略が迅速に遂行されず，環境と戦略に時間的なズレが生じてしまう。外部適応と内部統合のバランスの問題は，その時点での外部環境の変化の度合い（質やスピード）や組織内部の要請によっても変わってくるが，有効な企業経営を考えていく際，常にこの2つの機能を考慮して議論していくことが重要である。

本節ではこのような「内部統合」の機能に偏重した議論から，経営環境の変化と組織変革に関連する「外部適応」の機能の視点も加えた議論について，確認していく。

1.「強い文化」の逆機能と外部適応の視点

　日本企業を取り巻く経営環境は，バブル経済の崩壊を機に一転した。個人の所得や消費は伸び悩み，多くの日本企業の成長は鈍化して行った。また，企業間の競争環境も激化した。1980年代には日本企業に生産性のうえで大きく水を開けられていた欧米の企業は，日本企業の生産方式を徹底的に研究し，情報技術などを駆使し，生産性を向上させてきた（十川，1997，1頁）。従来型の経営を進める日本企業は，卓越した品質と競合他社より低いコストを同時に提供することさえしていれば，競争優位を得ることができるという「共有された価値観」をもっていたのだが，こうした価値観のみでは通用しないことが明らかになってきた。

　しかしながら，いざ新たな競争上の優位性を得るために，まったく新しい製品やサービスを創造していこうにも，従来の業務効率のみを追求することを基本方針とし，独自の戦略を構築するという発想に乏しかった日本企業では，そうした能力をすぐには構築することができなかった。生産性の向上のために業務効率を高めていくには，企業組織のなかではルールやコントロールが重視され，極端な創造性の追及が排除される価値観になっていたからである（前掲書，205-209頁）。

　その後の企業文化研究においては，先で述べてきた企業文化の「内部統合」の機能が，外部適応を目的とした変革の妨げになることが指摘されている（Kotter and Heskett, 1992；Denison, 1990など）。「強い文化」があると，組織メンバー個々人の行動や組織全体の行動が従来の価値観や行動様式に縛られ，経営戦略の変革や組織構造の変革に追いついて行けなくなる可能性が生じてしまうからである。「強い文化」をもつ組織では，組織メンバーの新たな発想が限定されるとともに，組織の「内的整合性」を崩さないような力

学が慣性として働いてしまうことが考えられる。

「日本型企業モデル」は内的整合性のとれたシステムであったが，日本企業に成功をもたらすとともに弱みも作り出した。「日本型企業モデル」が，1つの特定のパターンのみに方向づけられており，他の発展パターンが生まれることを阻害し，またこのモデルが新しい競争形態や新しい事業分野に対しては有効に働かないことが明らかになってきたのである。さらには，モデルを構成する要素に何らかの欠陥が存在した場合，もしくはシステムを変更する必要が生じた際，モデル全体をもう一度作り直すのは非常に困難である（Porter et al, 2000, p.76；邦訳113頁）。したがって，日本企業の組織がもつ「整合性」自体が変革の障害となってしまっているのである。

組織変革時の阻害要因について，タッシュマン&オーライリーⅢ世（Tushman and O'Reilly Ⅲ）は，「文化的な惰性（cultural inertia）」について言及している（Tushman and O'Reilly Ⅲ, 1997, pp.28-30；邦訳34-36頁）。「文化的な惰性」は，企業文化の特性上，組織の継続的な成功によって強化される。企業文化は強固な公式の統制システムがなくても，人びとを統制し，調整する効果的な方法となるが，「不連続な変革（discontinuous change）」に直面したとき，成功を育ててきたはずの企業文化が，またたく間に変革に対する障壁となり得るのである。それは，企業文化が組織メンバーの価値観や考え方，行動様式に深く浸透していることから，組織内での個人行動のみならず，組織としての意思決定や経営スタイルなどにも強い影響を与えているからである。

このような組織内部の一貫性や整合性のみを重視した「強い文化」論は，企業文化の特質と業績データとの関連を調査した実証研究においても，その限界が指摘されている。コッター&ヘスケット（Kotter, J.P. and J.L. Heskett）は，ディール&ケネディーによって主張された「強い文化」が組織効率を高めるという仮説に疑問をもち，企業文化と業績に関する議論を明確にするために，いくつかの文化モデルを提示し，実証分析を行っている[10]。

上述のプロセスから形成された強力な企業文化は，組織メンバーの目標への邁進，モチベーションの高揚，コントロールをもたらし，結果として高業

績を生むと考えられてきた。しかしながら、このような「強い文化（strong cultures）」モデルについて、文化の強さと業績との相関を分析した結果、正の相関は認められたが弱い相関であった。その理由として、「強い文化」が逆機能している場合があることを述べている（Kotter and Heskett, 1992, p.24；邦訳38頁）。つまり、企業が長期的な成功をおさめることによって強い文化が醸成され、さらに成功が持続することによって、その企業文化が傲慢さを増し、従業員の内部志向、政治的活動、官僚主義が助長されることになる。このような企業は、結果として、激しい環境変化についていけず、業績を低下させているのである。

　彼らは、同時に「戦略適合文化（strategically appropriate cultures）」モデル、「環境適応型文化（adaptive cultures）」モデルという仮説も提示している。「戦略適合文化」モデルとは、企業文化がその業界における客観的な条件、企業の戦略によって特定された業界の一部分、あるいは戦略そのものと合致していれば、高業績を生むとされるものである（Ibid., p.28；邦訳44頁）。また「環境適応型文化」モデルとは、企業が環境的変化を予測し、それに適応することを支援し得る企業文化だけが、長い間に渡り卓越した業績を支え続けるというものである（Ibid., p.44；邦訳65頁）。この２つのモデルは「強い文化」モデルと異なり、「外部適応」の視点を提供している。

　「戦略適合文化」モデルと「環境適応型文化」モデルは、実証分析から業績と相関関係がみられた。環境、戦略、企業文化が一致した戦略適合文化をもった企業は、概ね高い業績であり、環境適応型文化をもった企業は、そうでない企業よりも業績が良く、顧客、株主、従業員に対して強い関心を示し、有効な変革を生み出す人材やリーダーシップを大いに尊重する価値観をもっていた（Ibid., pp.37, 47-51；邦訳58, 70-76頁）。

　以上の実証研究から、「強い文化」モデルの主張するところの「内部統合」の機能のみでは、組織効率を組織全体として高めるための十分な条件にはなり得なく、組織内部の問題のみならず外部環境への適応という観点からも企業文化の問題を考える必要があることがわかる。たしかに従来の生産性や効率性の向上という企業目標において有効であったのは、組織の構成要素間の

内的整合性を保つことによってもたらされた「強い文化」であった。ただし，今日の多くの日本企業では組織変革が求められていることから，内部統合重視の企業文化のみでは不十分であると考えられる[11]。

2．環境変化の激化とイノベーションの視点

さらに考慮しなければならないのは，現在では，技術革新の進展もさることながら従来までの業界の枠組みや国境をも超えた壮大な競争が繰り広げられており，コッター＆ヘスケットなどによって研究がなされた90年代初頭と比べて，企業経営を取り巻く環境要因が格段に変化しているという現状認識である（十川ほか，2010など）。

今日のような経営環境下においては，彼らが主張するような，単に条件適合的に組織外部への適応を重視した企業文化のみで，企業が持続的競争優位を維持できるかどうかについては議論の余地がある。

環境変化が比較的緩やかなときには，環境，戦略，組織がフィットしていることが，企業業績を高める要因とされてきた。しかし，今日のように環境変化のスピードが速い状態では，フィットの状態は安定して続くとはいえない（十川，1997，29-30頁）。今日の企業経営では，適合概念のように環境に対し受動的に対処するのではなく，継続的な革新を通じて，新たな市場や競争環境を創り出していくという積極的な姿勢が求められる（遠藤，1995，96頁）。つまり，企業が持続的な競争力を構築するには，独自の創造的戦略を構築することが必要とされ，そのためにはいかにして組織を継続的な革新が可能な状態にしておくかが重要な課題となる。

ウォルトン（Walton,E.）によると，創造的戦略（generative strategy）とは，長く持続できる経済的な競争優位を求めるのではなく，恒久的に競争優位を生み出せる組織を設計する戦略であるとし，創造的戦略を備えた組織は，構造的に柔軟で絶えず変化できる体制にあるという。また，創造的戦略は，組織が戦略と相互作用して新しい知識と新しい戦略を共同で生み出すものとされる（Walton，1995，pp.122-124；邦訳151-152頁）。従来の日本企業

にみられたような「強い文化」や，それに関連するマネジメントのあり方では，生産性の向上は可能であっても，創造的戦略のような変化を生み出す新たな発想が生まれる可能性を潰してしまう危険性が考えられる。そこで，創造的戦略の構築に必要な組織の創造性発揮を促すには，組織学習を促進し，組織メンバー個々人のアイディアが生まれるようなマネジメントのあり方や行動環境としての革新を志向する企業文化が重要となる（横尾，2004，34-35頁）。

むすび

　以上，過去の企業文化論の出発点と強調すべき視点の変遷について概観してきた。本節ではむすびとして，一連の企業文化論の基本的視座を指摘し，企業経営における企業文化の「定点」を述べてみたい。

　1980年代初頭に「企業文化」という概念が注目された背景には，当時の欧米企業で追及されてきた分析的アプローチによる合理的なマネジメントの閉塞感と，組織メンバーの認知的・行動的側面を重視したマネジメントを行う日本企業の躍進が関係している。その後の議論では，経営環境の変化による組織の変革やイノベーションという課題に応じて，企業文化論における議論の焦点も変化してきた。従来の相対的に安定した経営環境の下では，組織の内部統合を意図した「強い文化」によって，組織メンバーの価値観や行動に一貫性をもたせ，組織の効率性を高めることが，企業を成功に導く成功要因として抽出することが可能であった。やがて，経営環境の変化を加味すると，初期の企業文化論において強調されてきた生産性向上のための「内部統合」重視の「強い文化」は，競争力の源となるどころか，組織の変革やイノベーションを阻害する要因となることが指摘されてきた。こうした流れのなかで「外部適応」の視点が求められるようになったのだが，今日のより不確実性が増大した状況においては，外部環境に対して一時的な受動的対処を行うのではなく，外部環境に対して自社のイノベーションを通じて対処していく企

業文化が重要となる。

　上述のとおり，企業文化論の視点は，「内部統合」から「外部適応」へ，さらには「適合概念」から「イノベーション」を通じた「外部適応」へと展開していった。一方で，一連の議論のなかで変わることのない視点，企業文化論の基本的視座とは，いったい何であろうか。

　まずは，「企業文化」と経営諸要因との相互関連を示した統合的な視点が，企業文化論の基本的視座として指摘できよう。企業文化は，その性質上，さまざまな経営要因に影響を与えることから，統合的な視点がおのずと必要とされる。企業文化の中核は，組織を実際に動かすメンバーの「共有された価値観」であり，組織におけるあらゆる意思決定や行動に関与するからである。ピーターズ&ウォーターマン，およびパスカル&エイソスは，「7つのS要素」が組み合わさることによって，「共有された価値観（あるいは「上位目標」）」をはじめとする各要素がテコとなり，持続的な効果をもたらすことを示唆している（Peters and Waterman, 1982；Pascal and Athos, 1981）。ポーターらは，「日本型企業モデル」の優れた生産性の理由として，企業文化，人事政策，生産方式など，経営諸要因間の「内的整合性」の高さをあげている（Porer, et al., 2000）。また，コッター&ヘスケットでは，環境，戦略，企業文化の適合関係と業績とのかかわりを，シャインや横尾では，企業文化の形成において，外部環境，トップのリーダーシップ，組織学習とのかかわりについて，それぞれ考察している（Kotter and Heskett, 1992；Schein, 1985；横尾, 2004）。

　また，統合的な視点もさることながら，「企業文化」を企業経営の必要条件，あるいは基盤として位置づけている点も，これまでの議論の基本的視座として捉えられよう。そもそも企業文化論は，戦略，機構，システムなど，企業経営におけるハードウェアの部分を過度に重視した欧米企業の偏った経営に対する批判から出発した。戦略，機構，システムは，あくまでも企業経営の表層的な部分であり，その根底にある「共有された価値観」など，ソフトウェアの部分を具現化したものに過ぎない。したがって，無味乾燥な数量データを用いた戦略策定や，システムやルールを絶対視した厳密な組織運営などに

過度に集中し,「上位目標」を見失ったマネジメントは本末転倒といえる。また,新たな経営手法やコンセプトを導入する際に,企業文化に対する十分な考慮を抜きにして成功することは難しい。もちろん自社の企業文化との相性もあるが,本当の強みは表層的な経営手法にあるのではなく,優れた経営手法を創造する組織メンバーの知識やスキル,そして彼らの間で「共有された価値観」にあるとも考えられる。くれぐれも「仏作って魂入れず」とならないためには,「仏」に対する深い理解とともに,己の「魂」も理解しておくことが大切である。また,冒頭で掲げたような優れた経営手法やコンセプトの背景には,これまでの日本企業の「魂」から生じたものも多く含まれることから,極端な自己否定も禁物といえよう。

注

1) バーナードの「道徳準則 (moral codes)」やリットビン&ストリンガーの「組織風土 (organizational climate)」など,類似の概念はこれより前に示されている (Barnard, 1938; Litwin & Stringer, 1968)。ここでの「企業文化」あるいは「組織文化」とは,組織メンバーの間で共有された一連の価値体系であり,また,それに関連した組織メンバーの間でみられる共通の行動様式を指す。

2) この分析ツールが考案されたのは1970年代初頭だが,その時代的背景として1960年代の米国企業によるコングロマリット(非関連型多角化)経営がある。1つの企業のなかに寄せ集められたさまざまな特性をもつ事業群を,いかに全社的な観点からマネジメントしていくかということがコングロマリット化した企業の経営者にとって大きな課題であった。それまでは,過去の実績基準で資源配分が行われる(つまり,利益を上げている事業に対して優先的に資源配分が行う)のが一般的であったが,企業全体の持続的な成長を見越した資源配分のあり方が求められていたのである。

PPMを利用するにあたり,まずは多角化した企業が抱えている主要な事業群を戦略的事業単位 (Strategic Business Unit : SBU) という単位に識別しなければならない。SBUは,①事業単位で独自の事業ミッションをもつ,②事業単位で独立した競合者をもつ,③他の事業単位から独立した戦略策定や計画立案を行える,④同時に全社的な戦略から影響を受ける,などの条件にもとづいて設けられる。つまり,SBUは,全社的な戦略に沿った事業単位での戦略策定や計画立案,あるいは業績評価を行う単位であることを意味する。もともとPPMにおける分析単位はSBUレベルで捉えられていたが,今日では事業や製品レベルで活用される場合も多い。

3) ここでは,当時の日本企業が成功している大きな理由として,日本人が常に国全体として非常に強く緊密な文化を維持していることがあげられる。また,個々の企

業がそれぞれ強い文化をもつばかりでなく，企業，銀行，政府との連繋そのものがまた1つの文化であり，それもきわめて強い文化であるという。日本株式会社（Japan Inc.）といわれているように，企業文化の概念を全国規模に拡大することは，米国の場合難しいが，個々の優良企業の持続的な成功の影には，常に強い文化が推進力として機能していると指摘されている（Deal and Kennedy, 1982, p.6；邦訳16頁）。
4）このことについては，彼ら自身も調査・研究の方法が「科学的な調査からはほど遠かったが，…。」と述べている（Deal and Kennedy, 1982, p.7；邦訳19頁）。
5）ここでは，外部環境についてまったく考慮されていないわけではないが，ディール＆ケネディーは，「強い文化」をもつ企業組織は，外部環境の変化が生じても外部適応が可能であるとしている。それは，環境変化の複雑化にともなって組織構造が細分化（原子化）され，そのような組織群を1つの方向へとまとめあげる機能として，やはり「強い文化」は重要な役割を果たすという主張であった。つまり，環境変化による企業文化の変革の必要性について指摘がなされているものの，結局のところ企業文化を強化することによって外部適応も可能であるとし，内部統合の機能はさらに強化すべきであると考えられているのである（Deal and Kennedy, 1982, pp.182-196；邦訳247-261頁）。
6）ポーターらの解釈によると，従来の日本企業が重視していた業務効率の向上や継続的改善は，彼らのいうところの「戦略」ではないとしている（Porter, et al., 2000, p.82；邦訳126頁）。
7）論者によって強調される点こそ異なるものの，このモデルに含まれる要素は，以下の10点に集約されるという。①高品質と低コスト，②幅広い製品ラインと付加機能，③リーン生産（全社的品質管理（TQC），継続的な改善または，いわゆる「カイゼン」，ジャスト・イン・タイム（JIT）生産，製造工程を考慮した製品設計，供給業者との密接な関係，フレキシブルな生産，迅速なサイクルタイム（同時並行的開発プロセス）），④資産としての従業員，⑤終身雇用制，年功序列，企業内労働組合，⑥コンセンサスによるリーダーシップ，⑦強固な企業間ネットワーク，⑧長期的目標，⑨高成長産業への企業内多角化，⑩政府との密接な協力関係（Porter, et al., 2000, pp.69-75；邦訳100-111頁）。
8）日本企業の内的整合性による成功に関して，ナドラー＆タッシュマンの「組織の整合性モデル（A Congruence Model of Organizations）」によって，理論的な観点からより深い考察を得ることができよう。「組織の整合性モデル」では，経営システムの基本的な構成要素を，「インプット」，「戦略」，「アウトプット」，「変換プロセスとしての組織」，と捉えている。「インプット」とは，環境・資源・歴史といったものである。ここでの「戦略」とは，全社戦略ではなく実際に行動に移されるより具体的な事業戦略を指している。また，「アウトプット」はシステム全体つまり組織全体でのレベルとシステム内の単位部門でのレベルと個人レベルという3つのレベルで捉えている。「整合性」とは，1つのニーズ，要求，目標，目的，構造が別の構成要素のニーズ，要求，目標，目的，構造とどれだけ一致し補完しあうかの

程度を意味し，企業が成長するにつれて，構造，プロセス，システムが開発され，仕事の面で複雑さが増せばそれを処理できるように各々しなければならない。こうした構造やシステムは相互に関係しているので，変更を実施するのは難しくなり，費用も時間もかかるという特徴もある（Nadler and Tushman, 1980）。

「組織の整合性モデル」をもとに，「日本企業型モデル」を解釈すると，「戦略」は最高の品質を最小のコストで達成するということになろう。こうした「戦略」を遂行する「組織」では公式的なハードの部分と非公式的なソフトの部分がうまくリンクしていたのである。より具体的にいうと，幅広くかつ急速に変更される製品ラインを支えるために，柔軟な生産体制，サイクルタイムの短縮，そして複数のスキルを修得し，刻々と変わるニーズに対応できるゼネラリストが必要とされた。また，終身雇用などの人事制度は，従業員のインセンティブと行動が一致するように働いたのである。そして何よりも「非公式組織」には，従業員が全員積極的に継続的改善に取り組む企業文化が含まれ，これもまた人事制度などとうまくリンクしていたと，ポーターらは指摘している（Poter, et al., 2000）。

9）この点に関して，「これらの問題は，現実には高度に相互依存的であるが，分析の目的のために，非常に異なった機能上の要件の組み合わせを示していることを認識することが重要である。」とシャインは述べている（Schein, 1985, p.51；邦訳67頁）。

10）彼らは，「企業文化は，トップ・マネジメントのビジョン・哲学・事業戦略の実践から影響を受け，組織内で実際の行動が成され，企業に成功がもたらされると成功に導いたと特定できる要因（トップ・マネジメントの掲げたビジョンや戦略，組織での実際の行動）が反映されることによって形成される。」としている（Kotter and Heskett, 1992, p.18；邦訳27-28頁）。

11）（企業文化の特性を問わず）むやみに組織の一貫性や整合性を強める企業文化が不適切なのであって，参加型の企業文化の特性自体は，これからの企業経営においても重要な特性であると考えられる。従業員の参加意識を促すことは，組織内部に柔軟性をもたらすからである。ただし，参加型の企業文化が強いということのみでは，今日の企業経営で必ずしも良い結果が得られない。たとえば，デニソンの統合モデルであったように，この参加（involvement）という仮説は，組織内部に焦点を当てた仮説であり，今日のように外部環境への的確な諸策を講じるためには，組織外部との適応（adoptability）に関する仮説についても考慮しなくてはならないからである。詳しくは，Denison, 1990, p.15, ＜Figure1.1　A framework for studying organizational culture and effectiveness＞を参照のこと。

参照文献

Barnard, C. (1938) *The Functions of the Executive*, Harvard University Press.（山本安太郎・田杉競・飯野春樹訳『経営者の役割』ダイヤモンド社，1968年）

Deal, T.E.and A.A.Kennedy (1982) *Corporate Cultures: The Rites and Rituals of Corporate Life*, Addison-Wesley.（城山三郎訳『シンボリック・マネージャー』

新潮社,1983年)

Denison, D.R. (1990) *Corporate Culture and Organizational Effectiveness*, John Wiley & Sons.

Kono,T., and S.R.Clegg (1998) *Transformations of Corporate Culture: Experiences of Japanese Enterprises*, Berlin/New York, Walter de Gruyter.(吉村典久・北居明・出口将人・松岡久美訳『経営戦略と企業文化: 企業文化の活性化』白桃書房,1999年)

Kotter, J.P. and J.L.Heskett (1992) *Corporate Culture and Performance*, The Free Press.(梅津祐良訳『企業文化が高業績を生む─競争を勝ち抜く「先見のリーダーシップ」』ダイヤモンド社,1994年)

Litwin, G.H. and R.A.Jr.Stringer (1968) *Motivation and Organizational Climate*, Harvard Business School Press.(占部都美・井尻昭夫訳『組織風土』白桃書房,1974年)

Nadler, D.A.and M.L.Tushman (1980) "A Model for Diagnosing Organizational Behavior", *Organizational Dynamics*, Autumn.

Ouchi, W.G. (1981) *Theory Z: How American Business can Meet the Japanese Challenge*, Readings MA, Addison-Wesley.(徳山二郎監訳『セオリーZ─日本に学び,日本を越える』CBSソニー出版,1981年)

Pascale, R.T. and A.G.Athos (1981) *The Art of Japanese Management*, Simon & Schuster.(深田祐介訳『ジャパニーズ・マネジメント─日本的経営に学ぶ』講談社,1981年)

Peters, T.J. and R.H.Waterman (1982) *In search of Excellence*, Harper & Raw.(大前研一訳『エクセレント・カンパニー─超優良企業の条件』講談社,1986年)

Porter, M.E.,Takeuchi, H. and M.Sakakibara (2000) *Can Japan Compete?*, Perseus Books Group.(マイケル・E・ポーター・竹内弘高著,榊原磨理子協力『日本の競争戦略』ダイヤモンド社,2000年)

Schein, E.H. (1985) *Organizational Culture and Leadership*, Jossey-Bass.(清水紀彦,浜田幸雄訳『組織文化とリーダーシップ─リーダーは文化をどう変革するか─』ダイヤモンド社,1989年)

Tushman, M.L. and C.A.O'Reilly Ⅲ (1997) *Winning through Innovation: A Practical Guide to Learning organizational Change and Renewal*, Harvard Business School Press.(斎藤彰悟監訳・平野和子訳『競争優位のイノベーション』ダイヤモンド社,1997年)

Walton, A. E. (1995) "Generative Strategy : Crafting Competitive" in *Discontinuous Change : Leading Organizational Transformation* by Nadler, D. A., R. B. Shaw, A. E. Walton & Associates, Jossey-Bass.(斉藤彰悟監訳・平野和子訳「創造的戦略─競争優位を生み出す」『不連続の組織変革─ゼロベースからの競争優位を創造するノウハウ』ダイヤモンド社,1997年)

遠藤健哉（1995）「戦略的イノベーションと組織能力」『三田商学研究』第38巻第5号。
十川廣國（1997）『企業の再活性化とイノベーション』中央経済社。
十川廣國・青木幹喜・遠藤健哉・馬塲杉夫・清水馨・今野喜文・山﨑秀雄・山田敏之・坂本義和・周炫宗・横尾陽道・小沢一郎・永野寛子（2010）「経営革新のプロセスとマネジメント要因に関するアンケート調査（2）」『三田商学研究』第53巻第3号。
横尾陽道（2004）「企業文化と戦略経営の視点—「革新志向の企業文化」に関する考察」『三田商学研究』第47巻第4号。

第7章

ベンチャービジネスの本質

I 問題の所在

　ベンチャービジネスと聞くと,何か新しい響きがするが,日本でこの用語が使われ始めてからすでに50年近くが経過している。「ベンチャービジネス(VB)」は和製英語で,最初に用いられたのは大阪万博(1970年)が開催された年であり,いざなぎ景気(1965～70年)が終わりを迎える時期と重なっている。その後日本経済は,ニクソン・ショック(1971年)を経た変動相場制への移行,第一次オイル・ショック(1973年)などを経験し,高度成長期から安定成長期に至る過渡期である。

　「もはや『戦後』ではない」とのメッセージは,1956年の『経済白書』(経済企画庁,1956)で提示されたものであるが,欧米先進国に「追いつき,追い越す」キャッチ・アップ型ビジネスモデル[1]により,日本経済は未曾有の高成長を成し遂げ,1968年にはGDP世界第2位の地位[2]を獲得した。もちろん,その成長過程においては,「二重構造論」[3]といわれるような大企業と中小企業の格差問題も指摘されたが,ベンチャービジネスは「近代的大企業」対「前近代的中小企業」という定説に対するアンチテーゼとして提示されたという側面もある。

　このように,ベンチャービジネスという用語は,決して新しいものではない。日本経済の成長過程のなかで,生み出され定着した用語であるといえよう。しかし,この用語の定義については,曖昧なまま現在に至っているとい

える。ベンチャービジネスと聞いて，漠然としたイメージは思い浮かぶが，明確に説明できる人はほとんどいないであろう。また，そのイメージについても千差万別であり，既存研究において共通認識となる統一的な定義が定着しているとはいいがたい。すなわちベンチャービジネスは，その言葉が生まれてから現在まで「定点」が定まっていないか，もしくは時代の変遷にあわせ「定点」が変化しているといえるのである。

　ここで，ベンチャービジネスを取り巻く「定点」に関する課題は2つある。1つは，経営学におけるベンチャービジネス研究の位置づけである。すなわち，ベンチャービジネス研究は経営学のなかでどのような役割を果たし，その意義は何かという課題であり，経営学のなかでのベンチャービジネス研究の「定点」を明らかにすることが求められている。

　もう1つは，ベンチャービジネスそのものに関する「定点」である。前述のとおり，ベンチャービジネスという用語は50年近くを経て一般に定着してきているが，その明確な定義がいまだコンセンサスを得ているとはいえず，論者によってさまざまな解釈がなされている。多様な解釈自体は，それぞれの課題や論点に応じてその前提としての明確な定義が存在すれば，研究の広がりという観点からは問題がないであろう。しかし，少子高齢化による成熟社会の到来，労働力人口の減少による経済的な停滞，新興諸国の台頭とグローバル化による日本の地位の相対的低下という厳しい時代を迎え，日本が繁栄を謳歌した右肩上がりの経済成長の時期に生まれたベンチャービジネスという用語に対して，新たな「定点」を構築することが求められている。

　本章においては，まず「ベンチャービジネスとは何か？」という，ベンチャービジネスに関する「定点」について詳細に考察する。そのうえで，経営学研究におけるベンチャービジネスの現代的な意義を検討し，国際的な地位の低下が顕著になっている日本経済の再生にとって，ベンチャービジネスを研究することにどのような意義があるのかを分析する。そのことを通じ，今後の日本経済の成長に対してベンチャービジネスが果たす役割を明らかにし，ベンチャービジネスの新たな「定点」を提示することとしたい。

II　ベンチャービジネスとは

　ベンチャービジネス，ベンチャー経営，ベンチャー企業などの書名を冠する書籍を紐解くと，ほとんどが「ベンチャーとは何か？」という定義から始まっている。ここからも，ベンチャービジネスに対する共通した「定点」の確立は，その言葉が生まれてから一貫して継続している課題であることが確認できる。本書の大きな目的は，経営学の各分野における「定点」を提示することにあり，本章においてもやはり定義の考察から始めなければならない。

1．ベンチャービジネスの誕生

　前述のとおり，ベンチャービジネスという和製英語が初めて日本で用いられたのは1970年のことである。そこでの定義は，「研究開発集約的，またはデザイン開発集約的な能力発揮型の創造的新規開業企業」であり，「小企業として出発するが，従来の新規開業小企業の場合とちがうのは，独自の存在理由をもち，経営者自身が高度な専門能力と，才能ある創造的な人びとを惹きつけるに足りる魅力ある事業を組織する企業家精神をもっており，高収益企業であり，かつ，このなかから急成長する企業が多くあらわれていること」であるとしている（清成・中村・平尾,1972）。

　日本では，ベンチャー，ベンチャービジネス，ベンチャー企業，ベンチャー経営などの用語は，共通した意味合いで使われる場合が多く，基本的に上記の定義が基盤となっている。すなわち，ベンチャービジネスが提唱された当初の特徴としては，以下の10項目を指摘することができる。

　①新規開業企業であること。
　②小企業として出発すること。
　③高収益企業であること。
　④急成長する企業が多いこと。
　⑤高度な専門能力を有していること。

⑥経営者が企業家精神（アントレプレナーシップ）をもっていること。
⑦研究開発，デザイン開発などに自社能力を集約していること。
　（知識集約型企業）
⑧創造性を有し，独自の存在理由をもっていること。（独創的企業）
⑨高度な知識，新技術，アイデアなどにより，イノベーションを実践していること。
⑩大企業が進出していない独自の領域に展開していること。
　（ニッチトップ企業，オンリーワン企業）

2．ベンチャービジネスの誤解

　英語でventureとは，adventure（冒険）から派生した用語で，「冒険的企て，危険，投機，冒険的事業」の意味である。「投機的・冒険的・リスクの高い事業」としては，Business Ventureという用語が用いられている。また，venturerは「冒険者，投機家」である。このため，どちらかといえば「投機」，「賭け」という側面が強調され，結果の予測が難しい冒険的行為という意味合いが強い。このように，和製英語であるベンチャービジネスと，アメリカでのventure（ベンチャー）あるいはVenture Firm（ベンチャー企業）とは，異なる意味合いで使われていることがわかる。ドラッカー（Drucker, P.F.）は，郊外でファーストフード店を開業する夫婦の事例をあげ，リスクを冒してはいるけれども，新しいニーズや新たな効用を創造しているわけではないので，ベンチャー（New Venture）ではあるが，アントレプレナー（企業家）ではないといい，ベンチャーとアントレプレナーシップを明確に区分している（Drucker, 1985）。ちなみに中国語では，ベンチャービジネスは风险企业（風險企業）で，风险とはリスクのことであり，欧米に近い意味で使われている。何故，ベンチャービジネスという用語が使われ始めたときに，リスクの高い冒険的事業という側面ではなく，研究開発，デザイン開発集約という側面が強調されたのかについては，この言葉が紹介された経緯，その背景に負うところが大きい。

すなわち，ベンチャービジネスという用語は，アメリカのボストン・カレッジのマネジメント・セミナーに参加した通商産業省（現　経済産業省）の佃近雄によって，日本で初めて紹介された（清成・中村・平尾，1972）。この当時のアメリカでは，ボストン近郊の国道128号線に沿った地域（ルート128沿線）で，高い技術力をもった研究開発型新興企業が数多く生み出され注目を集めていた。そこでは，当時の代表的な企業であるDEC（Digital Equipment Corporation）を始めとして，多くのミニ・コンピュータ関連の技術特化型新興企業が生み出された。また，カリフォルニア北部のシリコンバレーにおいても，フェアチャイルド・セミコンダクタを母体として数多くの半導体関連の新興企業が創出され，急成長を成し遂げていた。これらの先端技術を基盤とした新興企業は，大学など研究機関の最新技術の応用から創出されることが多く，ルート128地域においてはMIT（マサチューセッツ工科大学），シリコンバレーにおいてはスタンフォード大学の存在が注目されていた（Saxenian, 1994）。新興企業群は，コンピュータや半導体など高い技術力をもつ大企業からスピンアウトした起業家により創業されたものが多く，アメリカではTechnology-based Start-up firmsまたはScience-based Start-up firmsなどと呼ばれていた。文字どおり，技術基盤（または集約）型新興企業ということができる。そして，このような新興企業へ事業資金を供給する企業がベンチャー・キャピタルであり，技術集約型新興企業へのリスクマネーの供給源として，その役割の重要性が指摘されていた。

　一般に経済学において，リスクとは，「投資などの意思決定の成果は不確実で確定していないが，その確率が客観的に推定できる状態のこと」を指す。そして，リスクにかかわる主要な課題は，リスク・テイキングを奨励しながらも，そのリスクを移転，変形して分担するさまざまな方法，すなわちリスク市場（Market for Risk）を整備し，経済成長を促進していくことである。ただし，新しく設立された企業は多くの外部資金を必要とするが，資金供給者（銀行家など）にとって，新しいビジネスや新製品が期待どおり市場に受け入れられるのかというリスクを，正確に測定することは非常に困難である（Stiglitz, 1997）。このため，そのような新興企業に資金を供給することは，

非常に高い貸倒リスクを負担することになる。アメリカにおいては，新興企業にリスクマネーを供給する仕組みに焦点が当てられ，「ベンチャー・キャピタル（VC）」が生み出された。すなわち，ベンチャーという用語は，どちらかといえば新興企業に対するハイリスク・ハイリターンの資金供給システム（金融システム）の意味合いが強いのである。

しかし，日本にベンチャービジネスという用語が紹介された時には，事業会社としての新興企業に焦点が当てられたため，ベンチャー・キャピタルというリスク市場の仕組みは紹介されたものの，そもそも当時の日本には存在していない事業形態であり，ベンチャーという場合，新興企業に対する資金供給システムが重要視されるという一般的な認識は希薄であった。加えて，1972年には日本初のベンチャー・キャピタルである京都エンタープライズ・ディベロップメント（KED）が設立されるが，そもそも新興企業に対する資金供給のためのリスク市場が未整備であった当時の日本においては，十分な機能を果たすことができなかったのである（浜田，1996）。

このような齟齬が発生した背景には，当時の日本の時代背景が色濃く影響していることも否めない。すなわち，高い「モノづくり能力」に支えられ，欧米先進国に対するキャッチ・アップ型ビジネスモデルによって高度成長を達成した日本経済には，実業重視，エンジニアリング（技術）重視，事業会社偏重という風潮があったことが指摘できるのである（榊原，1999）。

3．ベンチャービジネス再考

日本における新興市場は，1996年以降に行われた大規模な金融制度改革，いわゆる金融ビッグバンによって2000年前後に整備された。その代表は，アメリカのナスダックとソフトバンクの提携により大阪証券取引所に開設されたナスダック・ジャパン，東京証券取引所における新興企業向けの株式市場である東証マザーズ，従来から新興企業上場の受け皿であった店頭登録市場が改称されたジャスダック（JASDAQ）であり，新興3市場と呼ばれた。その後ナスダックの撤退により，ナスダック・ジャパンは2002年末に大阪証

券取引所運営のヘラクレスとなり，2010年にはジャスダックと統合した。このため主要な新興市場は，マザーズ（東京証券取引所）とジャスダック（大阪証券取引所）の２市場となったが，2011年の東京証券取引所と大阪証券取引所の統合後，2013年には両市場ともに，東京証券取引所の管理下に置かれている。

　すなわち日本においては，新興企業に対するIPO（株式公開）による資金供給，成長支援の市場システムが整備されたのは1990年代末以降であり，その後多くの新興企業のIPOが実現することになった（**図表7-1参照**）。2000年のITバブル崩壊の直後は一時低調であったが，2004年以降はIPOブームといえるような状態となった。しかし，2006年のライブドア事件，村上ファンド事件など新興市場を中心とした上場企業の不祥事の続発により，上場審査の厳格化などの規制強化が行われ，その後のIPO低迷の一因となっている。

　このため，ベンチャー・キャピタルの収益源の多様化を目指したバイアウト投資など，新たなプライベート・エクイティに注目が集まっている。プライベート・エクイティとは，未公開株投資を通じたファイナンスの総称であり，新興企業のIPOによりキャピタル・ゲインを得るベンチャー投資と，既存企業の買収などにより企業価値を高めて資金回収を図るバイアウト投資がある（ベンチャーエンタープライズセンター，2009）。元来，日本においてはIPOによるキャピタル・ゲインに注目が集まっており，企業価値に関する適正評価を必要とするバイアウト（Buy-Out：企業買収）やM&A（合併・買収）などの投資には消極的であるとの指摘がなされてきた（中小企業庁，2009）。

　しかし，近年はベンチャー・キャピタルにおけるビジネスモデルの多様化などの動きから，日本においてもプライベート・エクイティにおけるバイアウト投資などへの取り組みの積極化も図られており，ベンチャーという用語に対する認識が，リスクマネーの資金供給システム（金融システム）というアメリカ的意味合いに近づきつつあるといえる。しかし，ベンチャービジネスという用語が日本に登場してからの50年余りの蓄積を無視することはできない。ベンチャービジネスを取り巻く歴史的認識を基盤として，現在の日本経済をけん引していくような新たなベンチャービジネス像が求められている。

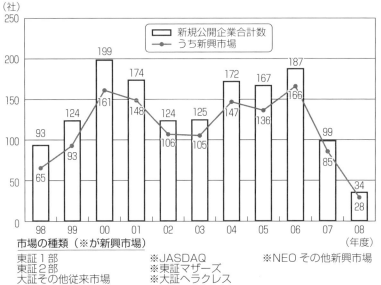

図表7-1　日本の新規公開企業（IPO）数の推移[4]

出所：早稲田大学・大和総研, 2009, 15頁。

III　求められる新しいベンチャービジネス像

　それでは，現在の日本に求められているベンチャービジネス像とはいかなるものであろうか。まず，とくに重要な視点は，低迷する日本経済のなかで経済成長の牽引役となる役割が課せられているという点であろう。

1. イノベーションの担い手としてのベンチャービジネス

　イノベーションは資本主義経済に新たな生命を吹き込むものであり，進んでイノベーションを成し遂げようとするベンチャービジネスには，経済成長の原動力となることが期待されている。そして，その担い手が企業家（アントレプレナー）である。

イノベーションとは,「事業体が, 製品・サービスを創造する過程で生み出す革新であり, それが経済的価値を実現するもの」(田中, 2011) である[5]。これは, 新しい製品・サービス, ビジネスモデルなどが顧客価値を増加させ, 顧客に受け入れられて初めて達成される。新事業や新製品が顧客にどの程度受け入れられるかは, 非常に予測の難しい命題であり, 高いリスクが付きまとう。リスクが高いか低いかは, そのときの環境要件に左右される。産業革命やIT革命の真っ只中にいる場合, 変化は日常であり, 常に新しい技術が登場し新たなイノベーションが実現されている。ただし, それを的確に予想することは難しい。反面, 社会的・政治的に安定し外部からの情報の流入が少ない封鎖的な社会においては, 基本的に変化は少なく未来はある程度高い確率で予測することができる。しかし, このような安定期において新しい試みを推進することは, かえって失敗の可能性が高い。既存勢力の強い反対行動が予想されるため, イノベーションは起こりにくいのである。

　現在は, まさにIT革命, 知識革命が劇的に進行している時代であり, イノベーションは必然である。すなわち, イノベーションを興すための社会的風土を醸成することが必要であり, ベンチャービジネスにはその担い手としての役割が課せられている。変革の時代に適切に対応することは, もちろんリスクがともなう。優勝劣敗のメカニズムが支配する世界であり, そのなかでの生存競争に生き残ることは並大抵ではない。やはり, ベンチャービジネスには高いリスクに果敢に挑戦するという視点が求められるのである。

2. アントレプレナーシップ発揚の場としてのベンチャービジネス

　続いて, ベンチャービジネスの本質は, アントレプレナーシップ (entrepreneurship) にある。一般的に「企業家精神 (起業家精神)」と訳されるが, 近年は「企業 (起業) 活動」,「企業家 (起業家) 活動」などと表記されることが多くなってきた。言葉は基本的な情報伝達手段であり, その認識に齟齬がある場合, 思わぬ見当違いな結論に至る場合もある。やはり, 前提条件としての認識の統一が必要であろう。ここにも, ベンチャービジネス

にかかわる「定点」としての課題が指摘できる。

　さて，entrepreneur（アントレプレナー）が企業家（起業家）を表す用語であるということは，一般的な理解が得られているであろう[6]。entrepreneurship（アントレプレナーシップ）の「-ship」は接尾辞であり，「〜の性質，状態，地位，職，技能，機能，能力，層」などを表す。たとえば，leadership（リーダーシップ）は指導力とか指導者の地位，friendship（フレンドシップ）は友人である状態，すなわち友情といった意味で用いられる。ここで，企業家精神における「精神」とは，mind（マインド）や sprit（スピリット）の意味もあり，企業家精神の英訳としては「spirit of entrepreneurship」，「entrepreneur spirit」などの用語も使われている。ちなみに，sportsmanship（スポーツマンシップ）は，スポーツ競技会の宣誓などに良く使われ，「スポーツマン精神」と訳される。これは文字どおり，スポーツマンらしい行い，正々堂々と勝負する態度ということで，スポーツのルールを遵守した競技を行ううえでの根本的な姿勢などを表し，精神論的な意味合いを含む。entrepreneurshipが「企業家精神」と訳されたのは，このスポーツマンシップの影響があったとも考えられる。しかし，アントレプレナーシップは，日本語でいう武士道「精神」などと同義での企業家「精神」という言葉とは，若干違う意味合いで使われる場合が多い。

3．グローバル・アントレプレナーシップ・モニター

　たとえば，1997年にアメリカのバブソン大学とイギリスのロンドンビジネススクールの起業研究者などが中心となり組織されたグローバル・アントレプレナーシップ・モニター（Global Entrepreneurship Monitor：GEM）は，文字どおりアントレプレナーシップを国際的に測定・評価するプロジェクトである。この場合，アントレプレナーシップとは客観的に計測できるもの（状態，性質，能力など）である。このプロジェクトの主要な目的は，①国家間の起業家活動のレベル差を測定すること，②起業家活動の国のレベルを決定する要因を明らかにすること，③起業家活動の国のレベルを向上させる政策

を見いだすことにある。これらの研究課題に基づき、起業家活動が国家の経済成長や競争力、雇用などへ及ぼす影響を定量的に測定し実証的な分析を行うことで、起業家活動を活発にするための有効な政策のフレームワークをつくることを目指している（GEM, 2009；高橋, 2007）。

　GEMにおいては、アントレプレナーシップ・プロセスを**図表7-2**のとおり、潜在的な起業家、設立起業家、創業企業経営者、継続企業経営者の大きく4つのフェーズに分けている。ここで、TEA（Total Early-Stage Entrepreneurial Activity）とは、18～64歳[7]までの年齢層における設立起業家と創業企業経営者の割合のことで、それは初期起業家活動率と創業企業所有者率の和で求められる。初期起業家活動率とは、同年齢層で自己所有か共同所有する事業の設立に積極的にかかわっているが、その事業で3ヵ月以上賃金などの支払いを受けていない起業家（設立起業家）の割合であり、創業企業所有者率とは、同年齢層で3ヵ月以上42ヵ月（3.5年）以内にわたって賃金などの支払いを受け、継続した事業を運営している起業家（創業企業経営者）の割合である。GEMでは、TEAを起業家活動の中心として最も注目している。すなわち、事業内容にかかわらず、GEMにおける起業家活動（Entrepreneurial Activity）とは新しい企業を興すことであり、文字どおり「起業の活動」に焦点が当てられている（GEM, 2010）。

　GEMにおいてアントレプレナーシップは、「態度（attitude）」、「活動（activity）」、「熱望（aspiration）」によって構成される。「態度」とは、起業家を創業に向かわせる機会や、起業家の能力、社会的な評価のことであり、起業の機会や起業家の自身の能力に対する認識度合い、失敗の可能性、起業家予備軍の数、起業家の社会的な地位や名声、メディアの注目度など、起業に向かわせる態度を醸成する要因となるものである。「活動」とは、事業の設立準備、創業開始、事業継続、廃業という実際の起業プロセスの各フェーズにおける起業家の存在そのものであり、加えて起業に向かわせる必然性や起業活動を促進する要因なども含んでいる。「熱望」とは、企業成長やイノベーション、グローバル展開などに対する起業家の熱意や目標の高さに関する項目である。このようにGEMにおいては、アントレプレナーシップを、①態

図表7-2 アントレプレナーシップ・プロセスと GEM 運用定義

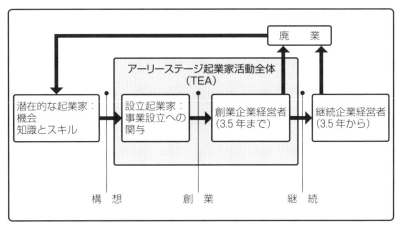

出所：GEM, 2010, p.13.

度：起業を促進する環境要因，②活動：起業プロセスと起業理由，③熱望：企業家の精神的側面という3つの複合的な要素（3つのa）により明らかにしている（GEM, 2009；ベンチャーエンタープライズセンター, 2010）。

4．アントレプレナーシップの本質

　ドラッカーによれば，アントレプレナーシップとは，まったく新しいことに経済的な価値を見いだすことであり，権威に対する否定の宣言であるという。企業家（アントレプレナー）とは，秩序を破壊し解体する者で，企業家の責務はシュムペーター（Schumpeter, J.A.）のいう「創造的破壊」であり，まさに変化を探し，変化に対応し，変化を機会として利用する者なのである。また，企業家は企業の新しさや規模とは関係なく，アントレプレナーシップは大企業や老舗企業でも当然実践されていると述べている（Drucker, 1985）。

　この点，20世紀を代表する経営者の1人であるゼネラル・エレクトリック（GE）の前CEOウェルチ（Welch, J.F.）は，変化こそがビジネスに活力を

与えるための要であると述べている。未来を予測することは困難であるが，変化を好み願い，飛躍するためのチャンスと捉える組織こそが成功するという。そのうえで，変化を機会として捉える組織を構築するためのリーダーシップの資質について，「P」に囲まれた4つの「E」という概念を提起している。最初の「E」は，急変する経営環境に即応するための「活力（Energy）」であり，2番目の「E」は，情熱を起こさせ業務を推進するために組織を「活性化する（Energize）」ことである。3番目は，物事を曖昧にせず「イエス」，「ノー」を即座に伝えるために明確な決定をする「鋭さ（Edge）」である。最後は，約束したことを確実に「達成する（Execute）」ことである。これらすべての「E」は，大きな「P」すなわち「情熱（passion）」があってこそ最適に機能する。リーダーシップには自信が必要であるが，自信の多くは経験から得られるものであり，個人的な資質と経験が大切だというのである（Welch, 2001）。ウェルチのリーダーシップに対する思考は，ドラッカーのいうアントレプレナーシップそのものであり，ウェルチは巨大企業であるGEに対して，個人商店のような家族経営の雰囲気を重要視した風通しの良い組織を目指したという。ここでも企業規模にとらわれないアントレプレナーシップの重要性が指摘できる。

　成功する企業家に備わっている資質は，多くの研究成果において基本的に共通している。たとえば，世界のトップ経営者についての調査に基づく成功した企業家の基本的な要件は，①失敗を受け入れる，②金銭を目的としない，③食らいついたら放さない，不撓不屈の精神，④私生活を犠牲にする，⑤自分の思い描いたビジョンをあくまでも信じる，というものである（Boyett, 2001）。また，起業家教育で著名であるアメリカ・バブソン大学のバイグレイブら（Bygrave, W. and A. Zacharakis）の研究では，成功する起業家にみられる最も重要な特徴として「10のD」をあげている。それは，①Dream（夢）＝未来に対して明確なビジョンをもち，それが実現できる能力を有していること，②Decisiveness（果断）＝躊躇しない素早い決断，③Doers（実行家）＝決めたら直ちに実行すること，④Determination（決意）＝困難な障害にも諦めず事業に全身全霊を注ぐこと，⑤Dedication（献身）＝事業に

すべてを捧げ，事業の立ち上げ期には疲れることなくハードワークをこなすこと，⑥Devotion（愛情）＝製品・サービスに情愛を注ぎ，自分自身の仕事を愛すること，⑦Details（細部）＝悪魔は細かい部分に潜んでいるため細部にまで気を配ること，⑧Destiny（運命）＝自分自身で運命を切り開くこと，⑨Dollars（金銭）＝金銭は起業の動機ではなく成功の尺度であると認識すること，⑩Distribute（分配）＝事業に貢献した人に応分の所有権を与えることである（Bygrave and Zacharakis, 2007）。

　このような企業家的特性を自ら実践することがアントレプレナーシップということができる。ドラッカーも，アントレプレナーシップは個人的資質ではなく行動であり，その基盤は直感的な能力ではなく構想や理論であるため，学び得ることができるという（Drucker, 1985）。すなわち，アントレプレナーシップは，企業家的能力を実践することであり，「企業家がもつ能力」とか，「企業家としての地位」という意味合いが強く，「企業家精神」というよりも「企業家活動」という表現がふさわしいと思われる。しかし，GEM（2010）の表紙デザインには，「創業」，「起業家精神」という漢字表記もあり，すでに国際的にも一般化している用語ともいえる。このため本章においては，あえて日本語表記をせず「アントレプレナーシップ」という表記に統一することにしたい。

Ⅳ　ベンチャービジネスの現代的定義

　アントレプレナーシップを実践することによりイノベーションを成し遂げることがベンチャービジネスの本質であるといえるが，ベンチャービジネスを研究する現代的意義を考えた場合，いくつかの課題があげられる。一般的にベンチャービジネスは，新しく小さな事業を始める（新規開業），リスクの高い事業者と捉えられるが，これには，企業規模，企業年齢（社歴），リスクの有無というベンチャービジネスを取り巻く3つの課題が指摘できる。

1. ベンチャービジネスと企業規模

　まず，ベンチャービジネスは中小企業であるかということである。日本においてベンチャービジネスは，中小企業研究のなかから派生した用語であるため，企業規模の点からは中小規模の企業に焦点を当てることが多い。しかし，一般的にベンチャービジネスといわれている企業のなかで，すでに中小企業の域を超えているのみならず，世界的な規模に成長している企業も少なくない。**図表7-3**はアメリカの経済誌『ビジネス・ウィーク』とボストン・コンサルティング・グループが発表している「2010年イノベーション企業トップ50社」[8]を設立年代順に並べたもので，2010年フォーチュン・グローバル500[9]の順位と売上高（円換算）を併記している。

　フェイスブック，グーグル，アマゾンなどは新興企業であるが，グローバルな巨大企業である。また，フェイスブックはマーク・ザッカーバーグ（Mark E. Zuckerberg），グーグルはラリー・ペイジ（Lawrence E. "Larry" Page）とセルゲイ・ブリン（Sergey M. Brin），アマゾンはジェフ・ベゾス（Jeffrey P. Bezos）という企業家に率いられている。そして，これらの企業はIBM，フォード，コカコーラなどの伝統的な大企業とは異なる企業特性を有しており，ベンチャービジネスと呼ぶことが相応しいと思われる。すなわち，企業規模という観点からベンチャービジネスを捉えることは近視眼的であり，企業形態という静態的な視点ではなく，企業行動や企業成長などの動態的概念に焦点を当てることが求められる。

2. ベンチャービジネスと企業年齢

　次に，企業の年齢，すなわち社歴の問題である。GEMプロジェクトにみられるとおり，近年新規開業企業（Start-Ups）に注目が集まり，アントレプレナーシップについて起業家活動という側面を強調する場面が多くなっている。日本においても，ベンチャービジネスは通常新しく設立された企業（新興企業）であるとされている。もちろん，新規参入者は，既存事業者とは何

図表7-3　ビジネスウィーク「2010年イノベーション企業トップ50社」設立年別一覧表

No.	ランキング 2010年	ランキング 2009年	企業名	国	設立年（創業）	フォーチュン・グローバル500※1 2010年	フォーチュン・グローバル500※1 収入（百万円）	業種
1	48	40	フェイスブック	アメリカ	2004	−	−	インターネットサービス
2	44	−	中国移動通信	中国	2000	77	6,672,657	通信サービス
3	2	2	グーグル	アメリカ	1998	355	2,199,543	インターネットサービス
4	47	−	HTC	台湾	1997	−	−	通信機器
5	8	−	BYD	中国	1995	−	−	IT部品，自動車
6	6	11	アマゾン	アメリカ	1994	340	2,279,337	インターネット通販
7	37	−	B Sky B	イギリス	1990	−	−	通信サービス
8	38	25	ボーダフォン	イギリス	1985	80	6,593,607	通信サービス
9	14	8	RIM	カナダ	1984	−	−	通信機器
10	28	−	ハイアール	中国	1984	−	−	電気機器
11	30	46	レノボ	中国	1984	−	−	IT製品
12	31	32	シスコシステムズ	アメリカ	1984	200	3,358,881	IT部品・製品
13	35	−	デル	アメリカ	1984	131	4,919,886	IT製品
14	50	30	ベライゾン・コミュニケーションズ	アメリカ	1983	35	10,026,144	通信サービス
15	40	−	オラクル	アメリカ	1977	366	2,162,436	ソフトウエア
16	1	1	アップル	アメリカ	1976	197	3,397,941	IT製品
17	3	4	マイクロソフト	アメリカ	1975	115	5,434,641	ソフトウエア
18	24	34	ヴァージン・グループ	イギリス	1970	−	−	メディア・AV関連，旅行など
19	11	16	サムソン電子	韓国	1969	32	10,130,211	電気機器
20	12	33	インテル	アメリカ	1968	209	3,266,811	IT部品
21	46	43	ナイキ	アメリカ	1968	453	1,783,368	スポーツ関連製品
22	22	−	現代自動車	韓国	1967	78	6,666,054	自動車
23	33	15	リライアンス・インダストリー	インド	1966	175	3,820,905	天然資源，重化学
24	27	−	ファーストリテイリング	日本	1963	−	−	衣料品
25	21	10	ウォルマート	アメリカ	1962	1	37,963,902	小売
26	7	27	LGエレクトロニクス	韓国	1958	67	7,336,956	電気機器
27	41	−	ペトロブラス	ブラジル	1953	54	8,543,817	天然資源
28	26	22	本田技研工業	日本	1948	51	8,593,200	自動車
29	10	14	ソニー	日本	1946	69	7,225,728	電気機器
30	29	19	マクドナルド	アメリカ	1940	378	2,115,285	ファーストフード
31	16	7	HP	アメリカ	1939	26	10,653,336	IT製品，電気機器
32	5	3	トヨタ自動車	日本	1937	5	18,981,858	自動車
33	15	18	フォルクスワーゲン	ドイツ	1937	16	13,597,065	自動車
34	32	21	ウォルト・ディズニー	アメリカ	1923	199	3,361,857	娯楽，メディアほか
35	18	20	BMW	ドイツ	1916	82	6,551,292	自動車
36	4	6	IBM	アメリカ	1911	48	8,905,494	IT製品・サービス
37	13	31	フォード	アメリカ	1903	23	11,002,644	自動車
38	43	48	フィアット	イタリア	1899	85	6,476,427	輸送用機器
39	20	5	任天堂	日本	1889	−	−	IT製品，娯楽用品
40	19	24	コカコーラ	アメリカ	1886	245	2,882,070	食料品
41	9	17	GE	アメリカ	1878	13	14,580,447	電機，インフラ，金融ほか
42	45	−	ゴールドマン・サックス	アメリカ	1869	134	4,805,589	金融
43	17	13	タタ・グループ※2	インド	1868	−	3,820,719	鉄鋼，自動車ほか
44	36	38	ネスレ	スイス	1866	44	9,217,602	食料品
45	23	9	ノキア	フィンランド	1865	120	5,297,838	通信機器ほか
46	49	36	HSBC	イギリス	1865	39	9,647,448	金融
47	42	42	サンタンデール銀行	スペイン	1857	37	9,890,085	金融
48	34	−	シーメンス	ドイツ	1847	40	9,635,265	情報通信，輸送用機器ほか
49	25	12	P&G	アメリカ	1837	66	7,411,821	総合生活用品
50	39	47	JPモルガン・チェース	アメリカ	1799	25	10,753,776	金融

※1　「2010年フォーチュン・グローバル500」のランキングと収入（売上高）。収入は，2010年3〜5月の円相場を参考に1ドル93円にて円換算。
※2　タタ・グループは，フォーチュン・グローバル500でタタ・スチールが410位，タタ自動車が442位にランキングされているため，その収入の合計額のみ記載。
出所：Business Week（April 25, 2010），FORTUNE MAGAZINE（JULY 26, 2010）などに基づき作成。

らかの異なった点を強調して事業を開始するであろう。新しさは，ベンチャービジネスを考えるうえで重要な視点ではあるが，企業年齢（社歴）だけにとらわれ，既存大企業や老舗企業のイノベーションに目を向けないことはベンチャービジネスの全体を捉えているとはいえない。

　ここでいいたいことは，社歴とか創業・設立年にこだわるのではなく，「何をやっているのか」という事業内容（製品・サービスやビジネスモデル）が重要ということである。たとえば，日本におけるインターネット証券の草分けである松井証券は，1918年に創業された老舗企業である。しかし，1998年に国内初の本格的なインターネット取引を開始し，現在はインターネット専業の証券会社となっている。すなわち，企業家である松井道夫が，1990年代末に新業態の創造（日本におけるネット証券）というイノベーションを実践したという点において，ベンチャービジネスといえるであろう。加えて，イノベーション企業トップ50社にも取り上げられているファーストリテイリングについても，設立から半世紀近く経つ企業であるが，ユニクロという店舗においてSPA[10]を始めとした画期的なビジネスモデルを構築したのは1990年代からであり，とくに2000年代に入ってからの成長が著しい。企業家である柳井正の存在が要ともなっており，やはりベンチャービジネスと呼ぶに相応しい企業であろう。

　すなわち，現在主力となっている製品・サービス，ビジネスモデルをいつ開発・導入したのかという観点が重要であり，10～15年程度の期間が1つの目安となる。そう考えると，世界的な企業家であるスティーブ・ジョブズ（Steven P. Jobs）に率いられたアップルは，主力製品であるiPod（2001年発売），iPhone（2007年発売），iPad（2010年発売）によりイノベーションを成し遂げたベンチャービジネスの代表的企業といえる。

3．ベンチャービジネスとリスク

　続いてリスクの問題である。経済活動の本質は，現在の資源を将来の期待のために使うこと，すなわち不確実性とリスクにあり，リスクのないビジネ

スなどありえない（Drucker, 1985）。リスクは予見可能性の問題であり，企業の設立が新しいということと，リスクが高い，すなわちその企業が生存し成長する不確実性が高いこととは同一ではない。新しくても確実に市場に受け入れられる企業もあるし，古くて一見頑丈そうな大企業でも，クリステンセン（Christensen, C.M.）のいう破壊的イノベーションに遭遇し潰えてしまう往年の優良企業もある（Christensen, 1997）。

　ドラッカーは，アントレプレナーシップには大きなリスクがともなうと信じられているが，イノベーションが必然である分野においては，単なる資源の最適化よりもはるかにリスクが少ないと述べている（Drukcer, 1985）。現代社会において，変化は必然であり，変化に適応できない場合の方が失敗の可能性は高いのである。すなわち，変化を見いだす洞察力を有していることが企業家の条件であり，真の企業家に率いられた企業はリスクが低い。そして，このような企業が今日的な意味でのベンチャービジネスといえるのである。ただし，イノベーションを成し遂げるためには多くの資金が必要であり，社会通念的にリスクが高いという固定観念があるベンチャービジネスに対して，将来のための事業資金を融資する金融機関は少ない。このため，リスクに果敢に挑戦する企業家の創出と，そのリスクを引き受けるリスクマネーの供給システムの構築が欠かせないのである。すなわち，企業家がアントレプレナーシップを遂行してイノベーションを成し遂げようとする活動に対しての社会的認知と，企業家に対する社会的な評価が求められている。これには，初等教育段階からアントレプレナーシップを当然のこととして受け入れる教育システムの確立が求められるであろう[11]。

4．変革期のベンチャービジネス

　今まで，現代という変革期におけるベンチャービジネスのあるべき姿について考察してきた。そのなかで，企業家，アントレプレナーシップ，イノベーションがベンチャービジネスを表現する基本的なキーワードであることを示した。存在感のある企業家がいるからこそベンチャービジネスであり，アン

トレプレナーシップの遂行は企業成長の条件である。変化への適応ができない企業はベンチャービジネスと呼ぶに値せず，変化に適応し変化をチャンスと捉える企業家の存在は絶対条件となる。そのうえで，製品開発，技術開発，デザイン開発など，技術集約的，知識集約的な企業であるかどうかに関係なく，イノベーションを成し遂げることが求められる。イノベーションは，最先端の技術だけでなく，マーケティングや物流システムなどビジネスモデルの変革を含むものである。家電量販チェーンのヤマダ電機（企業家：山田昇），居酒屋を中心に外食チェーンなどを展開するワタミ（企業家：渡辺美樹），中華食堂チェーン「日高屋」などを展開するハイデイ日高（企業家：神田正）などは，販売している製品・サービスは基本的に従来と変わらないものであるが，新しいビジネスモデルにより圧倒的な価格満足度を達成し，顧客価値を向上させたことにより急成長を遂げてきた企業である。

　すなわち，ベンチャービジネスの現代的意義の観点に立った定義とは，企業家がアントレプレナーシップを実践し，新規事業を創造することによるイノベーションの実現であり，その行為主体（企業）のことである。この定義に基づき，ベンチャービジネスは企業年齢（社歴）と企業規模の観点から**図表7-4**のとおりに区分できる。まず，新規開業の中小企業はまさにベンチャービジネスの骨頂であり，狭義のベンチャーといえる。そして，このようなベンチャーからフェイスブックやグーグルというような急成長企業が出現することが変革期の特徴である。これらは，メガベンチャーといえる。上述したとおり変革期のベンチャービジネスは新規開業企業に限定されるものでなく，既存企業のイノベーションも当然ベンチャービジネスである。中小企業にとってのイノベーションは，既存事業全体を転換することを意味し，第二創業といえる。大企業においては，既存主力事業のCash Cow（カネのなる木）から新規事業のプロジェクトを立ち上げるコーポレート・ベンチャーとなる。これは，MBO（Management Buyout：経営陣による株式の買い取り）などにより，ベンチャー（狭義）となったり，そこからメガベンチャーに成長する可能性も秘めている。

図表7-4　ベンチャービジネスの定義と範囲

【定　義】
企業家がアントレプレナーシップを実践し，新規事業を創造することにより，イノベーションを成し遂げる企業（非営利組織を含む）。

企業規模

	中小	大
企業年齢　低	ベンチャー （狭義）	メガベンチャー
企業年齢　高	第二創業	コーポレート・ベンチャー

V　経営学のなかのベンチャービジネス研究

1．経営学とベンチャービジネス

　経営学とは，事業体の活動のすべてについて研究する学問分野であり，英語では Theory of Business Administration，または Theory of Management と表記される。事業体とは，もちろん役所，学校や病院，非営利組織（NPO）なども含まれる概念であるが，ここでは企業活動を前提として考察する。すなわち，経営（management）とは，企業が営む基本的な活動である事業（business）を適切に管理運営（administration）する仕組みであり，経営学はそれを探求する学問分野であることに他ならない。そして，その目標は，事業活動の継続性（going-concern）と事業体を取り巻くステークホルダー（stakeholder；利害関係者＝顧客，従業員，株主，地域社会など）が得られる便益の最大化である。そのためには，事業体が有効かつ能率的に運営され，顧客の求める製品・サービスを適切に生産・供給するシステムを構築しなければならない。すなわち，企業の経営資源である「ヒト・モノ・カネ・情報」

が最適化する仕組みを研究し，その普遍的な理論を構築することが経営学における変わらぬ「定点」であろう。

　企業が事業を適切に運営するためにさまざまな活動を遂行するように，経営学もいくつかの専門分野に分類される。それらは，企業の職能の分化としても捉えられる。企業の形態や統治システム，企業の全般管理としてのトップマネジメント（社長や取締役会など）や経営企画，経営組織，人材の採用・育成や労務管理，販売・マーケティング，製品開発・生産技術，物流・ロジスティックス，資金調達，簿記・会計などである。それぞれ企業論，経営管理論，経営戦略論，経営組織論，人的資源管理論，マーケティング論，製品開発論，物流システム論，経営財務論（ファイナンス），簿記論，会計学などの学問分野に分かれている。このような経営学の体系のなかで，ベンチャービジネス研究はどのような位置づけにあるといえるであろうか。

2．ベンチャービジネスを研究する視点

　ベンチャービジネス研究の現代的意義については，大きく以下の3つが指摘できる。1つは，ベンチャービジネスに関する多くの先行研究や事例を調査・研究することで，事業創造から企業成長に至る共通項を導き出し，企業経営や企業家の道標となる有益な成果を提示することである。もう1つは，事業創造やベンチャービジネスの成長が経済活動に与える影響や，それらが起こりやすい仕組みを調査・研究することで，国や地域の産業政策などの方向性を導き出すことである。3つ目は，ベンチャー・キャピタルから資金を調達したり，自社の進むべき方向性を確認するためのマイルストーンとしたり，環境の変化を的確に把握したりするためには，説得力のある客観的なビジネスプランを作成することが求められ，そのためのテキスト（教科書）を提供することである。

　経営学は，社会科学という学問領域の一分野である。社会科学の意義は，さまざまな社会的現象を分析し，一般化・普遍化することで社会生活に資する定理を導き出すことにある。そして，経営学は，経営事象を分析の対象と

する。よく経営学は机上の学問であり、実務には役に立たないといわれる。もちろん、経営学の分析対象は基本的にすでに起こった事象（進行形を含む）であり、「新規事業は成功するのか？」という未来を予測することは困難である。しかし、実務のない経営学などあり得ないのであり、その研究成果は現実の事象の集大成でもある。高級リゾートの運営、リゾート施設やホテル・旅館などの再生ビジネスを手掛ける星野リゾートを率いる企業家の星野佳路は、経営学の教科書に書かれていることは正しく、星野リゾートの経営はまさに「教科書通り」であると述べている（中沢, 2010）。

すなわち、企業家には経営学の研究成果を良く理解し、自分自身の能力として蓄積し、それを変化への適応のために活用していくという姿勢が求められる。ベンチャービジネスにとっては、経営学の知見をすべて活用することにより、新しい未知の事業を創造するという高いリスクを最小化することができる。まさに、経営学の実践の場がベンチャービジネスといえるであろう。そして、そのための研究成果を創造し、企業家や関係機関に提供していくことが、ベンチャービジネス研究に最も求められる視点なのである。

VI　むすび：日本的『企業家社会』の構築に向けて

本章においては、ベンチャービジネスの現代的意義としてアントレプレナーシップとイノベーション、その担い手としての企業家に焦点を当て、日本経済の新たな成長に向けたベンチャービジネスの「定点」について考察した。現代のような変革期において、日本経済が輝きを取り戻すためには、多くの企業家を輩出し、企業家が自由に活躍できるような企業家社会を構築していくことが求められる。シュムペーターも主張するように、経済成長はイノベーション（新結合）の遂行によりもたらされ、その主役は企業家なのである（Schumpeter, 1926）。

戦後の日本は、高度成長の過程のなかでキャッチ・アップ型ビジネスモデルに基づいた社会経済システムを構築し、国民意識における「一億総中流」

といわれる格差の縮小を実現した。この日本の高度成長と格差縮小の要因の1つとして，終身雇用，年功序列，企業別組合という日本的経営システムの特徴（日本的経営の「三種の神器」）があげられる。これらは，右肩上がりの経済成長期の日本の大企業が実践してきたもので，同一企業内における同年齢の社員間の所得格差のみならず，生涯所得の格差も確実に縮小した。しかし，1990年代初めのバブル経済崩壊後からの「失われた20年」の間，日本経済は確実に停滞しており，地域間，企業間，個人間の格差は拡大傾向にある。とくに，派遣社員やパート勤務など，いわゆる非正規雇用者の増加により，個人の所得格差は二極化傾向にあるといわれている。その対策として，国内における派遣労働の規制強化や最低賃金の引き上げ，個別所得補償，特定業界への参入規制などが実施または検討されている。しかし，国境を越えて「ヒト・モノ・カネ・情報（経営資源）」が行き交うグローバルな時代となった現代においては，格差の問題は国内だけでなく国際的な視点で考えなければならない。賃金などで比較優位のある国に生産機能が移転することは資本主義の必然であり，日本国内のみで格差の議論をすることは現実的ではないであろう。

　田中（2011）は，日本企業の新たなイノベーション戦略の方向性として，①グローバル化への基盤の構築，②事業領域におけるトレードオフの解決，③自前主義からの脱却，④パラダイム・シフト，⑤柔軟な組織の構築の5つをあげ，日本企業の国際競争力の強化は，それらに基づいた新たなビジネスモデルを構築することで成し遂げられると指摘している。そして，このイノベーション戦略を自らの使命として実践していく主体が，これからの日本に期待される企業家像なのである。

　グローバル化への基盤の構築については，社内公用語を英語にする企業の動きが注目されている。その先鞭は，日産自動車のカルロス・ゴーン（Carlos Ghosn）であるが，楽天の三木谷浩史，ファーストリテイリングの柳井正といった現在の日本を代表する企業家によって促進されている。現在のグローバルな競争はまさに時間との戦いであり，いかに迅速な意思決定とその遂行を可能とする経営システムを構築していくのかが問われている。日本初の総

合警備保障会社であるセコムの創業者飯田亮は,「経営とはチャレンジとスピードである」と述べている。ある会社と一緒に仕事をしようともちかけたとき,次の役員会に提出するため返答を4,5日待ってくれといわれた。その会社には,「世の中のスピードと他社のスピードを考えずに,自分の会社のルール,やり方だけで社会を通っていけるのだという,今までの大企業の傲慢さみたいなもの」が感じられたため,その仕事をとりやめにしたというのである（飯田,2003）。また,日本一の小売・流通グループであるセブン＆アイ・ホールディングスを率いる企業家である鈴木敏文も,「朝令暮改」というキーワードを用いて,過去の成功体験にとらわれない環境変化に即応した素早い意思決定の重要性を指摘している。朝決めたことにとらわれ,周囲（上司,同僚,部下）に気を遣い,その日起こった変化に目をそむけることこそ問題というのである（鈴木,2005）。すなわち,企業家が活躍する社会とは,稟議制度を主体とした日本的集団意思決定システムの否定という側面も指摘することができる。

　一般的に,欧米は個人主義で,日本は集団主義であるといわれている。そして,今までの議論から,企業家社会は企業家個人の能力や特性に重点をおいており,欧米的な個人主義を基盤にしていると考えられる。では,本当に日本に企業家社会は馴染まないのであろうか。日本的経営システムの特徴である日本的経営の「三種の神器」や集団的意思決定システムは,戦後の日本の大企業を中心に浸透したものであり,日本の社会経済システムすべてを表すものではない。日本資本主義の父といわれる渋沢栄一は,「論語と算盤は一致すべし」として,企業家活動における儒教的思想（仁義や道徳）の重要性を指摘している（渋沢,1916）。加えて明治初期より,岩崎弥太郎,小林一三,松下幸之助を始めとした数多くの企業家が輩出され,社会的な尊敬の念を得ている。すなわち,企業家を社会的に評価し賞賛する社会が,これからの日本に根付かないとはいえないであろう。もちろんそれは,規律を遵守し他人を思いやる日本的社会システムを基盤としたものでなければならない。集団の規律を重んじ道徳を尊ぶ日本的企業家社会は,実現可能だと思われるのである。

そのために日本が目指すべき道は，やはり個々の能力が最大限に発揮できる社会経済システムを構築することである。そして，能力を発揮し素晴らしい成果を上げた個々人を賞賛する風土を築き上げることであろう。それこそが企業家社会といえる。すなわち，イノベーションを成し遂げた企業家が賞賛を受ける社会を創り，これからの時代を担う若者が企業家をロールモデルとして憧れ，自分自身の自己実現の指標とするような社会の実現が求められている。

　近年，企業家の活躍が注目される場面も増え，企業においては個人の能力を積極的に育成し，評価する取組みが図られている。これから求められるのは，教育の「現場」における企業家人材の育成であろう。企業家は横並びを「良し」とする社会で育つことは難しい。渋沢がいうとおり，国家が健全な発展を遂げるためには，商工業，外交などにおいて，常に外国と争い必ずこれに勝ってみせるという意気込みが必要であり，個人においても常に周囲に敵があって苦しめられ，その敵と争い必ず勝つという気が無ければ発展は望めない（渋沢，1916）。日本的『企業家社会』の基盤は，明治という激動期に日本の企業社会の基盤を構築した渋沢の教えを受け継ぎ，「競争」を是とした教育をあまねく実践することにより創出されるであろう。

注

1) キャッチ・アップ型ビジネスモデルによる日本型イノベーションシステムの確立と変遷については，田中（2011）を参照のこと。
2) その後40年以上守り続けてきたGDP世界第2位の地位は，2010年に中国に譲り渡すことになる。
3) 1957年版『経済白書』（経済企画庁，1957）によって提起されたものである。そこでは，「我が国雇用構造においては一方に近代的大企業，他方に前近代的な労資関係に立つ小企業及び家族経営による零細企業と農業が両極に対立し，中間の比重が著しく少ない」ことを問題視し，「いわば一国のうちに，先進国と後進国の二重構造が存在するに等しい」状況であり，中小企業は「我が国の中の後進圏」であると指摘している。
4) IPO数はリーマンショック後の2009年に最低水準に落ち込んだ後，6年連続で増加し，2015年には100社に迫る水準となっている。
5) 事業創造とイノベーションについては田中（2009），日本企業のイノベーション

戦略については田中（2011）を参照のこと。
6）もちろん，アントレプレナーの訳語として，企業家とするのか，起業家とするのかは議論となるところである。本章においては，アントレプレナーはイノベーションを実践する主体として捉えている。すなわち，新しい企業（事業）を起こす主体（起業家），事業を企て実行する主体（企業家）を厳格に区分すること無く，ほぼ同義（企業家＝起業家）で捉える立場に立っている。このため基本的に「企業家」という表記を用いるが，創業者という側面を強調する場合には「起業家」と表記することにする。
7）この18〜64歳の年齢層という意味は，基本的に生産年齢を考慮した基準であると思われる。これは労働市場に現れる可能性のある年齢層のことで，日本では通常15歳以上65歳未満の年齢層を指している。基本的に生産年齢人口という形で用いられ，労働力統計などの基礎データとなるものである。
8）イノベーション企業トップ50社（The 50 Most Innovative Companies 2010）は，2005年から毎年実施され，世界各国のトップエクゼクティブ1,590人を対象とした企業の革新性に関するアンケート調査結果などに基づき選定している。2016年のランキングでは，3位に電気自動車（EV）専業メーカーのテスラモーターズ（2003年設立），17位に自動車配車アプリのウーバー・テクノロジーズ（2009年設立），21位に民泊予約サイトのエアビーアンドビー（2008年設立）がランクインしている。
9）アメリカの経済誌『フォーチュン』が毎年発表している国際的な企業の売上高ランキングである。
10）SPAとは，"Speciality store retailer of Private label Apparel"の頭文字をとった造語である。1986年アメリカの衣料品小売大手GAPを率いる企業家であるドナルド・フィッシャー（Donald Fisher）が，自らの業態を指して述べたものである。「PB（private brand；自社ブランド）衣料専門店小売業」の意味であり，衣料品などファッション商品の企画から生産，販売までの機能を垂直統合したビジネスモデルである。生産設備や物流機能はアウトソーシング（業務の外部委託）して自社保有しないケースが多いが，原料調達から販売までのサプライチェーン全体を管理し，実質的な主導権はSPA企業がもつことが大半である。近年では，アパレル以外の他業態への展開もみられ，「製造小売業」という表現が一般化しつつある。日本での代表的な例としては，家具チェーンの「ニトリ」があげられる。
11）アメリカでは，経済学の教育が小学校入学の頃から始められ，高校生向けの経済学のテキストは，日本における大学の経済学入門テキストと同レベルである（Clayton, 1999）。そのなかで，人びとのニーズを満たす製品・サービスを生産・販売するために必要な生産要素は，「土地」，「資本」，「労働力」，「企業家」であるとし，企業家やアントレプレナーシップに対する社会的な認知度は高いといえる。

参照文献

Boyett, J.H. and J.T.Boyett (2001) *The Guru Guide to Entrepreneurship : A Concise Guide to the Best Ideas from the World's Top Entrepreneurs*, New York, Wiley. (加登豊・金井壽宏監訳，大川修二訳『経営パワー大全―最強起業家に学ぶ，戦略と実行のマネジメント―』日本経済新聞社，2003年)

Bygrave, W. and A.Zacharakis (2007) *Entrepreneurship*, N.J., J. Wiley & Sons. (高橋徳行・田代泰久・鈴木正明訳『アントレプレナーシップ』日経BP社，2009年)

Christensen, C.M. (1997) *The innovator's dilemma : when new technologies cause great firms to fail*, Boston, Harvard Business School Press. (伊豆原弓訳『イノベーションのジレンマ―技術革新が巨大企業を滅ぼすとき―』翔泳社，2000年)

Clayton, G.E. (1999) *Economics : principles and practices* : 6th ed., New York, McGraw-Hill. (大和総研監訳『アメリカの高校生が学ぶ経済学―原理から実践へ―』WAVE出版，2005年)

Drucker, P.F. (1985) *Innovation and Entrepreneurship : practice and principles*, New York, Harper & Row. (上田惇生訳『[新訳]イノベーションと起業家精神―その原理と方法―（上・下）』ダイヤモンド社，1997年)

GEM (2009) *Global Entrepreneurship Monitor 2009 Global Report* (http://www.gemconsortium.org/).

GEM (2010) *Global Entrepreneurship Monitor 2010 Global Report* (http://www.gemconsortium.org/).

Saxenian, A. (1994) *REGIONAL ADVANTAGE*, Cambridge, Harvard University Press. (大前研一訳『現代の二都物語』講談社，1995年)

Schumpeter, J.A. (1926) *Theorie der wirtschaftlichen Entwicklung*. (塩野谷祐一・中山伊知郎・東畑精一訳『経済発展の理論：企業者利潤・資本・信用・利子および景気の回転に関する一研究』岩波文庫，1977年)

Stiglitz, J.E. (1997) *ECONOMICS* : 2nd ed., New York, W.W. Norton & Co. (藪下史郎・秋山太郎・金子能宏・木立力・清野一治訳『スティグリッツ 入門経済学（第2版）』東洋経済新報社，1999年)

Welch, J.F. (2001)「リーダーシップの体現者（第1巻）」『CEO EXCHANGE』（日本語字幕版DVD）企画：ATKEARNEY，制作：WTTW，出版：クインランド，2005年)。

飯田亮 (2003)『経営の実際』中経出版。

清成忠男・中村秀一郎・平尾光司 (1972)『ベンチャー・ビジネス―頭脳を売る小さな大企業―』日本経済新聞社。

経済企画庁 (1956)『経済白書―日本経済の成長と近代化―昭和31年版』至誠堂。

経済企画庁 (1957)『経済白書―速すぎた拡大とその反省―昭和32年版』至誠堂。

榊原清則 (1999)『ベンチャー・ビジネス；日本の課題』科学技術庁科学技術政策研究所POLICY STUDY。

渋沢栄一（1916）『論語と算盤』国書刊行会（1985）9版。
鈴木敏文（2005）『ザ・メッセージⅡ―ニッポンを変えた経営者たち―』（DVD）日経BP社。
高橋徳行（2007）「わが国の起業活動の特徴―グローバル・アントレプレナーシップ・モニター調査より―」『国民生活金融公庫調査季報』第83号（2007.11）。
田中史人（2009）「事業創造とマーケティング」黒田重雄・佐藤耕紀・遠藤雄一・五十嵐元一・田中史人『現代マーケティングの理論と応用』同文舘出版。
田中史人（2011）「日本企業のイノベーション戦略」林正樹編著『現代日本企業の競争力―日本的経営の行方―』ミネルヴァ書房。
中小企業庁（2009）『中小企業白書〈2009年版〉』経済産業調査会。
中沢康彦（2010）『星野リゾートの教科書―サービスと利益　両立の法則―』日経BP社。
浜田康行（1996）『日本のベンチャーキャピタル―未来への戦略投資―』日本経済新聞社。
ベンチャーエンタープライズセンター（2009）『2008年ベンチャービジネスの回顧と展望』（ベンチャービジネス動向調査研究会）。
ベンチャーエンタープライズセンター（2010）『平成21年度創業・起業支援事業（起業家精神に関する調査）報告書』（経済産業省委託調査）。
早稲田大学・大和総研（2009）『ベンチャー起業家入門』丸善プラネット。

第8章

マーケティング戦略の基本的視座としてのマーケティング・コンセプト

I 問題の所在

　マーケティング研究の歴史の中で展開されてきた概念あるいはそれに基づいた理論には，一時的な流行に過ぎず今日ではほとんど言及されないものもあれば，時代を超えて高い普遍性をもち，今なお研究対象になったり実践の場に豊かな示唆をもたらしたりするものもある。本章では，後者の1つとして「マーケティング・コンセプト」あるいは「市場志向」という概念があげられると考えている。

　過去および現在に至る国内外の数多くのマーケティングのテキストをみていくと，上記の概念が組織を成功に導くためのマーケティング戦略を構築していくための基本前提として位置づけられていることが多い。そこでは，マーケティングのより具体的な戦略プロセスやその各段階におけるさまざまな技法やツールについて説明がなされる前に，マーケティング活動を行う際に依って立つべき理念あるいはビジネス哲学としてマーケティング・コンセプトあるいは市場志向が生産志向，販売志向といった概念と対比される形で説明されている。つまりマーケティングを学ぶ多くの人々が，まずこのマーケティング・コンセプトの考え方に触れることになり，この考え方をベースとしてマーケティングを学習し，それを実務において何らかの形で活かしたり，さらに発展的な研究をしたりしているのである。また実際の企業経営に目を向けてみると，多くの企業の経営理念，経営ビジョンの中に，マーケティング・

コンセプトの考えが色濃く反映されていることも多い[1]。このようなことからマーケティング・コンセプトおよび市場志向の概念が意味するところやそれに関わる主要な研究成果は，マーケティングを学ぶ者や実社会でマーケティングを実践し成功を求める者にとって，多くの状況において依拠するに値する定点の1つといえるように思われる。

しかしながら，今日においても，経営理念のレベルでは顧客第一を掲げながらも，実態としては顧客ニーズあるいは顧客購買行動の情報が十分に収集，分析がなされていなかったり，営業・販売の現場で強引なセールスが常態化していたりすることも決して少なくない。経営者がマーケティング・コンセプトの発想に基づいた理念を掲げるのであれば，それに見合った活動を組織で推進していきたいと考えるであろう。しかしそれが必ずしも実現していないとしたら，その理由の1つにはこのマーケティング・コンセプトや市場志向の研究成果が経営実務において正しく浸透，理解されていないことが挙げられるのではないだろうか。

そこで本章では，このマーケティング・コンセプトならびに市場志向に関する議論の展開を，市場志向の理論的，実証的な研究が始まる前の段階である1990年代以前と，市場志向の研究が豊富に展開されマーケティング・コンセプトの企業組織の成功に対する有効性が実証的にも支持されてきた1990年代以降の展開とに分けて振り返っていく。それによってマーケティング・コンセプトおよび市場志向の概念が，時代を超えてマーケティング戦略の構築にどのような基本的視座を提供しているのか，そしてそれがマーケティング戦略の定点というにふさわしいものなのかどうかを検討していく。

II　マーケティング・コンセプトの概念とマーケティング戦略プロセス

今日まで多くの国でマーケティングの標準的なテキストとして読まれているコトラー＆ケラー（Kotler, P. and K.L. Keller, 2006）の著書においてマーケティング・コンセプトとは，「選択した市場に対して競合他社よりも効果

的に顧客価値を生み出し，供給し，コミュニケーションすることが企業目標を達成する鍵となる，という考え方である（Kotler and Keller, 2006, 邦訳20頁）」と定義づけられている。

こうしたマーケティング・コンセプトの概念にはどのような意味が含まれ，そしてマーケティング戦略の構築にどのような示唆を与えているのだろうか。それには概ね次のようなことが考えられる（Kotler and Keller, 2006：Cannon et al., 2008：Kohli and Jaworski, 1990）。

第1には，ビジネスの起点として顧客ニーズの理解を位置づけるというものである。コトラー＆ケラー（2006）の表現を借りれば，「市場に出して売る」すなわち製品を生産して市場に出してからその販売策を考えるという方針でビジネスを進めていく，あるいは「自社の製品に相応しい顧客をみつける」という発想でビジネスを進めていくのではなく，「（顧客ニーズを）感じとって応じる」「自社の顧客に相応しい製品を見つけ出す」という発想で進めていくのである（Kotler and Keller, 2006, 邦訳20頁）。市場に出して売るというビジネスの志向については，マーケティング・コンセプトと対極的な考え方として販売志向あるいは販売コンセプトとしてあるいは生産中心の志向として生産志向として説明されることがある。両者を対比すると**図表8-1**のように整理される。組織がどちらの行動に近いのかによって市場対応のさまざまな局面において，対照的な行動を引き起こすことがみてとれるだろう。

第2に，ビジネスの目的は顧客にとって高い価値を提供するということであり，マーケティング戦略は，優れた顧客価値を創造し，提供することを目標に諸活動が統合されなければならないことを示している。顧客価値とは，製品・サービスの購入により顧客が入手することのできる望ましい便益から，その便益を手に入れるために顧客にかかるコストを引いたもの（もしくは便益／コスト）である。少なくとも，便益とコストが一致する，つまりコストに見合った便益が得られるのでなければ，顧客は製品・サービスの購入に踏み切らないだろう。さらに，顧客は数ある競合製品・サービスの中から，最も受け取る価値が高いと知覚する製品を選択すると考える。そして受け取る価値が高いほど，顧客は満足していくと考えるのである。

図表8-1　マーケティング・コンセプトの採用者と典型的生産志向マネジャーとの間の見解の違い

トピック	マーケティング志向	生産志向
顧客に対する態度	顧客ニーズが企業のプランを決定する。	コストを切り下げ，優れた製品を社会に送り出そうとするために我々が存在していることを顧客は喜ぶだろう。
インターネットのウェブサイト	顧客を充足させる新しい方法。	我々にウェブサイトがあれば，顧客は我々のもとに集まるだろう。
提供する製品	会社は売れるものを作る。	会社は作れるものを売る。
マーケティング・リサーチの役割	顧客の要求とどの程度まで顧客に満足を与えるかを判断するためにある。	利用するとしたら，顧客の反応を測定するため。
イノベーションへの関心	新しい機会の探索をすることに焦点を当てる。	技術とコスト切り下げに焦点を当てる。
利益の重要性	一つの重大な目的。	全ての費用をカバーした後に残る残余額。
顧客サービス	販売後に満足させれば顧客は必ずまた戻ってくる。	顧客の不満を減らすために必要な活動。
在庫水準	顧客の要求とコストを考慮して設定。	生産をより柔軟にするように設定。
広告の中心点	ニーズを充足させる財とサービスの便益。	製品の特徴と製造方法。
販売員の役割	会社の他の部門と調整を図りながらその製品が顧客の要求に合致するならば購入を手助けする。	他のプロモーション努力とか会社の他の人たちとの調整を心配することなく顧客に販売を行う。
顧客との関係性	販売の前後の顧客満足は利益をもたらす長期的関係を導く。	販売が遂行したときに関係は終結する。
コスト	顧客に価値をもたらさないコストを切る。	コストはできるだけ低くする。

出所：Cannon et al., 2008, p.30.

図表8-2　顧客価値とマーケティング戦略

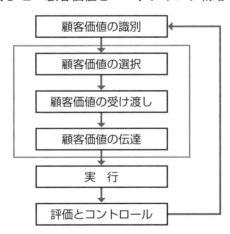

マーケティング・コンセプトのこうした側面に基づいてマーケティング戦略の策定および管理のプロセスを描くと，**図表8-2**のように構成される。
　まず価値の識別は，市場機会の発見に関わる活動であり，顧客ニーズに影響を与える外的要因といった市場情報の創出を含み，その後の戦略のインプットになる。価値の選択は，標的となる顧客の選択と顧客に対して提供する価値命題の創出から成る。いわゆるセグメンテーション，ターゲティング，ポジショニングのSTPは，ほぼこの段階に相当する。価値の受け渡しは，価値命題を製品化するための製品・サービス開発，価格決定，マーケティング・チャネルの決定からなる。4Pのプロダクト，プライス，プレースの各戦略がこの段階にほぼ相当する。最後に価値の伝達の段階で，4Pのプロモーションあるいはマーケティング・コミュニケーション戦略が相当する。そして最後に戦略を実行し，その成果を評価し，フィードバックさせる段階から構成される。使用される言葉の表現は多少異なるものの，これが今日のマーケティングの多くのテキストで展開されている戦略および管理プロセスの極めてオーソドックスなフレームワークといってよいだろう。
　第3に，競合よりも高い顧客価値を提供するという目的の下に，組織のあらゆる部門の活動を統合していくべきということが示唆されている。作ったものをいかに売るかという発想である販売／生産コンセプトを志向する企業では，市場で製品・サービスを販売するという問題は，営業あるいはマーケティング部門に固有の問題であり，それら部門内でのみ解決すべき課題ということになる。しかしながら，組織がマーケティング・コンセプトを採用すると，この問題を研究開発や製造部門をはじめ組織のあらゆる部門が取り組むべき問題として捉えることになる。そのため，マーケティング戦略を実行していく段階では，部門間での利害調整といった組織内の活動やその活動をスムーズに進めていくための組織の在り方が重要になる。マーケティング・コンセプトが浸透している組織は，市場に迅速に対応し，意思決定できるような組織構造ができており，組織間の調整がスムーズにできている組織であるといえる。
　そして最後に顧客満足を通じた利益ということである。顧客のニーズにそ

ぐわない製品を攻撃的な販売手法を駆使して売りつけて,顧客を犠牲にした上での売上の拡大を求めるのではなく,顧客に高い満足をもたらすことで,組織の側も適正な利益を得ようとするのである。

1990年代以前のマーケティング・コンセプトに関する研究の展開

　マーケティング・コンセプトの考え方が実務家・マーケティング研究者の間で広く関心を呼ぶことになったのは,第2次大戦後,ゼネラル・エレクトリック(GE)社が発表した新たな経営理念のなかにマーケティング・コンセプトの考え方が含まれていたことからであった。GE社は1947年に顧客志向の採用を意図し,1952年の年次教書において,生産計画の最初に顧客を位置づけること,デザイン段階から製品に顧客へのアピールを組み込むことの重要性を宣言した。彼らがそこで「マーケティングの進んだ概念」と呼んだことには,顧客志向,市場調査,統合的なマーケティングが含まれていた。マーケティングは製品のコンセプト形成とその計画から始まり,工場の最終製品から始まるのではないことを示したのである。GEに加えて,その後,IBM,P&G,ゼネラルフーズといった米国の大企業とそのCEOがマーケティング・コンセプトを標榜するに至っていった(Webster, 2002, p.8)。

　同時期に,ドラッカー(Drucker, P.)やレビット(Levitt, T.)といった今日においても実務・学術界に大きな影響力のある論者が,自身の書籍や論文を通じてマーケティング・コンセプトの重要性を示唆する主張をしたことも,大きな影響を与えた。たとえば,ドラッカー(1954)は,「事業目的の有効な定義はただ1つしかない。それは,顧客を創造することである(邦訳46頁)」としたうえで,マーケティングとイノベーションを企業の2つの基本機能として捉えた。そしてマーケティングについて「マーケティングはあまりにも基本的なものである。そのため強い販売部門をもち,そこにマーケティングを任せるのでは決して十分でない。マーケティングはセリングよりはるかに大きな活動であるというだけでなく,決して専門的な活動ではなく,

それは全事業にかかわるものである。それは事業の最終成果，すなわち顧客の観点から見た事業全体である。したがって，マーケティングに対する関心と責任は，企業の全領域に浸透させることが不可欠である（邦訳49頁）」と述べていた。さらにドラッカー（1960）は「実のところ，販売とマーケティングは逆である。同じ意味でないことはもちろん，補い合う部分さえない。何らかの販売は必要である。しかし，マーケティングの理想は販売を不要にすることである。マーケティングが目指すものは，顧客を理解し，顧客に製品とサービスを合わせ，自ら売れるようにすることである（邦訳78頁）」とした。つまり製品に対するニーズの有無にかかわらず顧客に対して高圧的な販売技術で売り込み活動をし，自社製品を売りつけていくような活動を不要にすることがマーケティングの究極の目的として捉えたのである。

　一方，レビットは，1960年に発表した「マーケティング・マイオピア」という論文の中で，マーケティング・コンセプトに言及した。その論文の中で，レビットは，アメリカの鉄道会社が衰退した理由を，その市場が衰退したからでも，車や飛行機といった代替的な輸送手段に市場を奪い取られたからでもなく，自らの事業を「鉄道」会社という製品中心的な定義をしてしまったために代替的な輸送手段の成長を見失ってしまったと主張した。鉄道会社はこのよう製品中心的な定義ではなく自らの事業を顧客に提供する機能（輸送）で定義をするという顧客志向的な定義をしておけば，代替輸送手段の発展にも，それを新たな市場機会として目を向けることができたのだとしたのである。さらにレビットは販売（セリング）とマーケティングとの違いとして「マーケティングと販売は字義以上に大きく異なる。販売は売り手のニーズに，マーケティングは買い手のニーズに焦点を当てる。販売は製品を現金に換えたいとする売り手のニーズが中心だが，マーケティングは製品およびその創造，提供，最終的に消費させることで顧客ニーズを充足させるというアイデアが中心である（Levitt, 1960, 邦訳19頁）。」といった主張を展開した。

　こうした主張は，マーケティングは第1にゼネラル・マネジャーの責任でありエグゼクティブは顧客への関心を企業の優先順位のトップにおくべきであるといった主張を促すことになり，マーケティング・コンセプトの重要性

を一層浸透,強化することにつながっていった(Webster, 1988)。いわばマーケティング・コンセプトを経営者のビジネス哲学あるいは指導哲学として捉えていたのである。またドラッカーやレビットの主張は,後述するように1990年代以降の市場志向の研究,とくに市場志向とイノベーションとの関係を巡る問題にも大きな影響を与えることになる。

　1960年代には,マーケティング・コンセプトをどのように組織に浸透させていくのかという問題が研究者の間で早くも一部検討されるようになってくる。経営者がマーケティング・コンセプトの発想に基づいた理念を掲げるのであれば,それに見合った活動を組織全体で推進していきたいと考えるであろうし,その価値観を顧客と接している従業員をはじめ組織のさまざまな構成員に浸透させていきたいと考えるであろう。しかしながらこれは容易なことではなかった。たとえば,バークスデール＆ダーデン(Barksdale, H.C. and B. Darden, 1971)は,1970年に米国の主要企業の経営者とマーケティングの教育を担う大学研究者の双方に,マーケティング・コンセプト,その次元,適切なオペレーション,ビジネスおよび消費者への貢献についてどのような意見を有しているのかを調査をしたが,そこでマーケティング・コンセプトが実務世界と教育の世界で広くポジティブな支持を得ていることを確認しつつも,その調査での回答者の多くがマーケティング・コンセプトの応用に失敗する原因として,その概念の本質的な弱みよりは,実行することの問題をあげていると結論づけた。またレビットも,ほぼ同時期において,その著書(Levitt, 1969)の中でマーケティング・コンセプトを万能薬のようなものとして過剰に期待し,それを組織に導入することで,マーケティング部門が市場のことを知っているというだけで強大な権限をもたせ,製造や研究開発などの他部門の不満を高めたり,市場のニーズに対応するために多品種生産を進め,生産効率を低めたりすることがあり,現実に多大な混乱を招いた例が多くあることを指摘していた(邦訳329-330頁)。

　また,バークスデールら(1971)は,もっとも挑戦的な課題はマーケティング・コンセプトのオペレーショナルな尺度を開発することであるとも述べていた。1960年代から1970年代においても,マーケティング・コンセプトを

測定することは，幾人かの研究者によって試みられていた。しかしながら，これらはアカデミックな研究対象として継続的な関心がもたれ，多くの論者がそこに参加していくということはなかった。その背景には，1970年代においては，一部の論者が指摘するように米国企業において戦略計画が注目されたことがあり，マーケティング・コンセプトの影響は弱まることになる。これにはマーケティング・コンセプトへの関心が薄れたこと（Webster, 2002）や，後述するイノベーションの阻害や社会的視点の欠如といったマーケティング・コンセプトに対する批判もまた増加したことなどに代表される米国企業社会での傾向が反映されていることも考えられる。

1980年代に入り，再びマーケティング・コンセプトへの関心が高まり，その実行という問題が再びマーケティングの研究課題としても注目されるようになっていく。マーケティング・コンセプトの再評価（Webster, 1988）を主張する論文も相次いで発表された。これら論文は，1970年代から1980年代における米国企業の競争力低下などを受け，実務世界からマーケティング・コンセプトを再評価しようとする傾向がみられることを反映したものと考えることができる。しかし，前述したようにマーケティング・コンセプトを実践していくことに貢献するような理論的，実証的な研究はこの時点までごくわずかしか行われてこなかった。

そのような状況下で，1987年のマーケティング・サイエンス協会（MSI）のカンファレンス（Deshpande, 1999, pp.1-2）が引き金になり，その後，MSIの援助により，マーケティング・コンセプトの実証的研究が多くの論者によって発表されることになっていく。この流れの中で多くの研究に影響を与えたのが，ジャオルスキ＆コーリ（Jaworski, B.J. and A.K. Kohli）らの研究グループ（Kohli and Jaworski, 1990：Jaworski and Kohli, 1993：Jaworski, Kohli and Kumar, 1993），ナーヴァー＆スレーター（Narver, J.C. and S.F. Slater）の研究グループ（Narver and Slater, 1990, Slater and Narver, 1994）という2つの研究グループによる研究である。彼らの研究において市場志向という言葉が用いられ，それ以降，今日に至るまでの約30年にわたり，マーケティング・コンセプトの実行に関わる研究は市場志向の研

究として定着していくことになっていったのである。次節以降では，この市場志向の研究の展開をみていくことにする。

IV　1990年代以降の市場志向の研究の展開

1．市場志向の概念規定と測定尺度の開発〜行動アプローチと文化アプローチ〜

　市場志向の研究の当初の焦点は，マーケティング・コンセプトを単なるビジネス哲学や経営のスローガンといったレベルにとどめず，いかにそれを実行していくかということに当てられ（Deshpande, 1999：Kohli and Jaworski, 1990），マーケティング・コンセプトの実践的価値を高めることが目指されてきた。この目的を達成するために具体的にどのようなことが展開されていったのだろうか。

　第1には，市場志向な組織とは何かということを明確にして，単に経営理念の文面のレベルに止まらず，実質を伴うものになっているかどうかを評価するような，組織の市場志向の度合い（程度）を測定できる尺度を開発するということであった。また市場志向の度合いを測定する精緻な尺度があれば，マネジャーは，自社の市場志向の度合いを市場志向であるか否かといった二者択一ではなくその程度を把握することができると同時に，より市場志向であるにはどのような点が不足しているのかを理解し，それにより組織の改善の方向性を示していくことができると考えられたのである。

　そこで前述した2つの研究グループ[2]による市場志向の概念規定とその測定尺度の特徴をみていきたい。まずコーリ＆ジャオルスキは，マーケティング・コンセプトのより実践的な価値を高めるために，市場志向を市場情報の処理活動として捉え，市場情報の創出，市場情報の組織内での伝搬，市場情報に対する組織対応の3つの要素に関する活動として捉えた。市場情報の創出とは，現在あるいは将来の顧客ニーズを容易に知ることができる市場情

報の体系を創出することを意味している。ここでの市場情報とは，顧客の言葉で表現されたニーズや選好だけでなく，そのニーズや選好に影響を与える外的要因も含んでいる。情報の伝搬は組織のすべての部門に市場知識を普及させることを意味している。市場情報への反応は，組織はこの知識に反応し，その影響を行動の中で示すことを意味している（Kohli and Jaworski, 1990, pp.4-6）。そして**図表8-3**のように，市場志向の測定尺度としてMARKORという尺度を開発した。

一方，ナーヴァー＆スレーターは，市場志向を買い手にとって優れた価値

図表8-3　MARKORの測定尺度

- この事業単位では，将来必要とする製品やサービスを理解するために，最低年一回は顧客を訪問している。
- この事業単位では，数多くの市場調査を自社内で行っている。
- 我々は顧客の製品選好の変化を推測するのが遅い（※）。
- 我々の製品・サービスの質を評価することを目的に，最低年一回は顧客の意見を集約している。
- 我々は産業の根本的な変化（競争，技術，規制）を推測するのが遅い（※）。
- 我々は我々の事業環境において起こりうる変化を定期的に考察している。
- 我々は市場のトレンドや進展を議論するために3か月に一度は部門間でミーティングを行っている。
- 我々の事業単位のマーケティング担当者は他の職能部門と顧客の将来のニーズについて議論することに時間を割いている。
- 何か重要なことが顧客あるいは市場に起こったときに，短時間の間に事業単位全体でそのことを把握している。
- 顧客満足のデータは常に事業単位のあらゆる部門に伝搬している。
- ある部門が競争相手について何か重要なことを理解したら他の部門にそれを警告するのが遅い（※）。
- 競争相手の価格変化に対応する方策を決めるのに途方もなく時間がかかっている（※）。
- どうしたわけか，我々は顧客の製品・サービスのニーズの変化を無視する傾向がある（※）。
- 我々は，製品開発部門が顧客のウォンツに適っているかを確認するために，彼らの成果を定期的に再考している。
- 事業環境で起こっている変化への対応策を計画するために定期的に複数の部門が協働している。
- この事業単位では，それぞれの部門の活動がうまく調整されている。
- 顧客は，この事業単位が自分たちに耳を十分に傾けてくれないことに不満を持っている（※）。
- たとえ壮大なマーケティング計画を立てることができてもそれをタイムリーに実行できないことがある（※）。
- 顧客が製品の改善を望んでいることがわかったら，関係する部門は改善のための具体的な努力をする。

※は逆転項目
出所：Jaworski et al., 1993をもとに作成。

を創造するために必要な行動を促す文化もしくは風土として定義づけていることから，市場志向を一種の組織文化として捉えている。

　顧客志向は，事業が継続的に買い手にとっての価値を増大させたり，コストを減らしたりすることができるようになることを目的として最終ユーザーのセグメントにおける買い手を十分に理解し，買い手のニーズに十分対応することを示している。競争相手志向は競争相手と対比しての自社の事業の提供物の価値と能力の継続的な評価を示している。主要な現在の競争相手と潜在的な競争相手両方の短期的な強みと弱み，長期的な能力と戦略を理解することを含んでいる。そして，部門間調整は，買い手と競争相手の情報が事業内で共有され，意思決定が部門を横断してなされ，全ての部門が買い手の価値創造に貢献していることを意味している（Narver and Slater, 1990, pp.20-21）。以上の3つの行動要素に関し，彼らは**図表8-4**のようなMKTORという測定尺度を開発した。

　この2つの研究について，コーリらが市場志向の行動面に注目して組織の

図表8-4　MKTORの測定尺度

- 我々の販売員は競争相手の戦略に関して事業内で情報を共有している。（競争相手志向）
- 我々の事業目的はまず何よりも顧客満足によって駆動される。（顧客志向）
- 我々は自らを脅かす競争相手の行動に迅速に反応する。（競争相手志向）
- 我々は顧客ニーズに従おうとすることへの自らのコミットメントと志向性を常に監視している。（顧客志向）
- どの職能部門の最高責任者も我々の現在と将来の顧客を常に訪問している。（部門間調整）
- 事業の全ての職能部門間で顧客経験の成功および失敗についての情報を自由に伝達し合っている。（部門間調整）
- 競争優位に関する我々の戦略は顧客ニーズの理解を基礎にしている。（顧客志向）
- 我々の事業の職能部門（マーケティング／セールス，製造，R&D，財務／経理など）は標的市場のニーズの充足を目指して統合されている。（顧客志向）
- 我々の事業戦略はどのように顧客に価値を提供するのかということについての信念によって推進されている。
- 我々はシステマティックにかつ頻繁に顧客満足の測定をしている。（顧客志向）
- 我々はアフターセールスのサービスを非常に重視している。（顧客志向）
- トップマネジメントは常に競争相手の強みと戦略について議論している。（競争相手志向）
- 我々のマネジャーはみな事業内のすべての者が顧客価値の創造にどのように貢献しているのかを理解している。（部門間調整）
- 我々は競争優位の機会を提供してくれる顧客を標的にしている。（競争相手志向）

出所：Narver and Slater, 1990をもとに作成。

市場情報処理の活動が市場志向度合いを示すものとして捉えるのに対して，ナーヴァーらは，その活動の背景にある組織の価値規範，すなわち組織の文化として市場志向を捉えようとするという相違点があるとされている。前者は市場志向の行動アプローチ，後者は文化アプローチなどと呼ばれる。しかし，後者についても，文化そのものを測定しようというよりは，定義の中で「買い手にとって優れた価値を創造するために必要な行動（Ibid, p.20）」に言及しており，市場志向を顧客志向，競争相手志向，部門間調整の3つの行動要素からなるものと捉えているのである。ここでまず注目すべきことは，これまでのマーケティング・コンセプトがビジネス哲学，とくに経営者の事業に対する考え方の問題として捉えていたのに対して，ここでは組織の中の具体的な活動が市場志向の度合いを示すものとして考えられていることである。このことが示す意味は小さくない。市場志向の研究では，マネジャーがどのように考えているのかではなく，組織の中で何がどの程度行われているのかが問題になっており，1960年代より問題になっていたマーケティング・コンセプトを組織の中で実践していくための道筋を示すことを志向しているからである。

　話を2つのアプローチの相違点に戻すと，行動アプローチをとる研究者は市場志向の活動は組織文化とは分離されていると主張する。そのように捉えるのならば，市場志向をいくつかのタイプに分類することで，市場志向度合いの高い組織とそれを実現するための道筋を複線的に把握することを目指すこともできる。たとえば，キルカ＆バーデン＆ハルト（Kirca, A.H., W.O. Bearden and G.T.M. Hult, 2011）は，市場志向の実行（行動アプローチ）と市場志向の内面化（組織文化アプローチ）の2つの軸から市場志向を4つのタイプに分類した。

　図表8-5の右下の包括的な市場志向は市場志向の実行と内面化の両面において高レベルであることを示している。この象限に該当する組織は，市場で起きている出来事やトレンドを感知しそれに基づいて行動することができるといった市場志向的な行動を実行している。それと同時に，優れた顧客価値を創造することを強調する価値や規範を組織に内面化している。右上の象

図表 8-5　市場志向の形態

市場志向の内面化度合

	高い	低い
市場志向の実行度合　高い	包括的市場志向	セレモニー市場志向
市場志向の実行度合　低い	エマージェント市場志向	不活発な市場志向

出所：Kirca and Bearden and Hult,2011,p.145

限のセレモニー（ceremony）市場志向に該当する組織は，市場情報を生み出し，拡散し，対応することで市場の状況を効果的に感知しているが，それに基づいた市場行動の価値規範を内面化できていないために継続的に高い顧客価値を創出するのに必要な組織環境を確立できていないような組織である。第3に，左下の象限のエマージェント市場志向に該当する組織は，組織の事業ドメインなどに市場志向的な価値規範が内面化されているものの，市場志向的な行動がなされていない組織である。こうした組織は従業員が顧客価値創造に確実にコミットしているような状況を生み出すことができていても，市場情報の処理努力がアドホック的で，受動的で制約的なために，市場の根本的な変化を感知し損ねることがある（Kirca, et al., 2011, pp.145-147）。

　彼らが提示した仮説命題では，包括的市場志向は顧客関係性に関する指標も財務指標も4つの中で最も高いけれども，セレモニー市場志向は，財務指標は高いものの関係性に関する指標で弱いこと，エマージェント市場志向は顧客関係性にかかわるパフォーマンスでは高いものの，財務指標で弱いということを示している。高い成果を獲得するには，包括的な市場志向に組織を動かしていくことが求められるが，それには，この異なる2つのアプローチから組織を作っていくべきだと考えられる。市場志向的な組織になるにしても，市場志向的な活動を組織の中で活発化させていくことと，市場志向を組

織の中で共通の価値規範として定着させていくこととでは、その中身も、困難さも明らかに異なる。このようにアプローチの相違に注目することで、組織が市場志向になるための道筋がより精緻な形で明らかにされていくのである。

2．市場志向と業績との関係

　マーケティング・コンセプトの実践的価値を高めるために市場志向研究が目指したことの2つ目は、前述したような尺度で測定した結果、市場志向の度合いが高いとされる組織は本当に業績が高いのかどうかを実証的に検証するということであった。組織の市場志向の度合いを理解し改善の方向をつかむことできても、市場志向の度合いを高めていけば本当に自社の業績の改善につながっていくことがある程度確信できなければ、組織を構成する人々は、市場志向的な方向に自らの組織を変革していく動機づけをもたない。また市場志向が高い業績をもたらすとは限らないとしたら、マーケティング・コンセプトを基本的な前提として位置づけてマーケティングのテキストで論じられてきたマーケティング戦略のフレームワークもまたその有効性が問われることになり、戦略の実行に困難をきたすことになる。

　ジャオルスキ＆コーリ（1993）は、市場志向と回答者の主観的な判断的尺度による業績との間の関係を検証し、市場志向度合いの高い事業は、高い利益（総資本利益率）を達成していることを確認した。さらに、スレーター＆ナーヴァー（1994）では、投下資本利益率、新製品の成功度、売上の成長の3つの尺度を用いて、同様の結果をだした。

　市場志向研究では、彼らの研究の後も市場志向の度合いが高ければ業績も良いとする研究が数多く報告されるその一方で、その因果関係が支持されなかった研究も少なからず報告されてきた（Kirca et al., 2005）。たとえば、ある研究では、ROI、新製品の成功率、販売の成長率といった3つの客観的尺度について、いずれも市場志向との繋がりに関する仮説は支持されなかった（Greenly, 1995）。また別の研究では、売上成長とROIについてマネジャーの主観的な判断尺度と客観的な数値との両方で市場志向が与える影響を検証

したけれども，いずれにおいても，市場志向との直接的な関係は検証されなかった（Harris, 2001）。こうした市場志向研究で提示された異なる研究結果の報告は，市場志向研究が市場志向的な組織として想定している条件が十分備わっている組織であっても常に高業績とは限らないといったこと，あるいは市場志向の度合いが低い組織であっても必ずしも低業績とはいえないといったことを示している。

　こうした結果を受けつつ，市場志向と業績に関する研究では，モデルにいくつかの変数を組み込み，その影響を検証していくことで，より精緻なモデルが提示されていくことになる。

　第1は，市場志向と業績との因果関係の間に媒介変数を組み込んでいくものである。組織が市場志向であるということが，直接高い財務業績等につながっていくのではなくて，何か別の要因に直接的な影響を与え，それを経由して高業績につながっているのではないかというふうに考えるのである。1つの明らかなこととして，顧客は，多くの場合，その組織が市場志向であることを理由として製品を購入するわけではないだろうから，市場志向であっても顧客の購買を直接促すわけではないことになる（Hult et al., 2005, p.1174）。

　さらに，たとえば，顧客満足度の高い企業は顧客にとっての製品の価値を改善することを目的とした投資を増やすことで短期的な利益を犠牲にするかもしれない。逆に顧客満足度の低い企業は，品質やサービス水準を切り捨て，コストを下げることで，顧客満足を犠牲にしつつも利益を増やすことになるかもしれない。また顧客満足度が低い企業であっても，内的効率性の改善，財務レバレッジの増大，価格戦略の変更などを通じて利益率を改善させることで，ある程度の高業績を上げることができる。こうした場合，市場志向の度合いが強く顧客満足度が高いとしても，そのことが業績の高さにつながらないといった可能性が考えられる。

　この市場志向と業績とを媒介する要因（媒介変数）として，これまでの研究で明らかにされてきたのが，**図表8-6**にあるように，顧客満足，知覚品質，顧客ロイヤルティといった顧客のポジティブな反応に関わる要因，組織のイノベーションの促進，従業員のコミットメントや満足度といった組織内部の

ポジティブな反応である (Kirca et al., 2005)。

2つめが**図表8-7**のように市場志向と業績との因果関係の矢印に向かって伸びている市場志向と業績との関係に影響を与えるモデレータ変数を組み込んだ研究である。市場志向と業績との因果関係は，さまざまな条件によって，そのつながりは強くなったり，弱くなったりすることが考えられる。その条件（モデレータ変数）いかんによっては，市場志向の高さが業績の高さに結びつかないこともあるだろうと考えるのである。モデレータ変数がわかってくると，市場志向の程度をコントロールすることがそこから示唆される。組織は市場志向を絶対的なものと捉えるのではなく，環境の動向に応じて自社の市場志向の程度（強弱）を調整することで，より業績を高めることがで

図表8-6　市場志向―媒介変数―業績

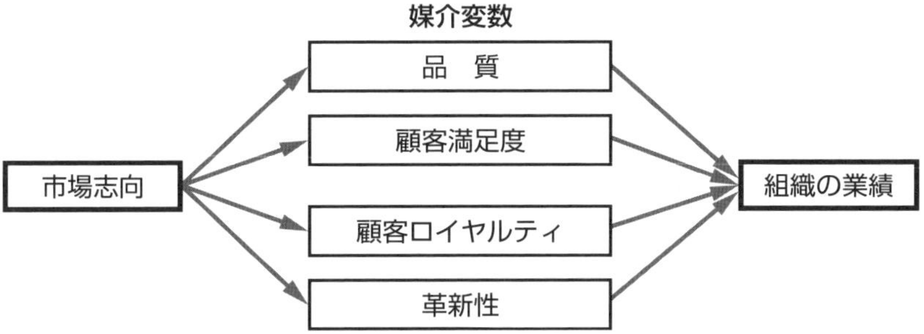

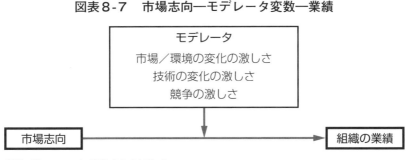

出所：Kirca et al., 2005 をもとに作成。

図表8-7　市場志向―モデレータ変数―業績

出所：Kirca et al., 2005 をもとに作成。

きると考えるのである。

　モデレータ変数として考えられることが多いのが，市場環境の要因である。コーリ＆ジャオルスキ（Kohli and Jaworski, 1990）でも，市場の変動性，競争の激しさ，技術変動性の３つの変数をあげた。そして，これら３つの変数の程度が強まるほど，市場志向と業績との関係が強くなる，逆にいえば，これらが弱くなれば，市場志向と業績との関係は弱くなると考えたのである。スレーター＆ナーヴァー（1994）では，市場の成長性，買い手パワー，売り手集中度，競争の激しさの４つについて，市場志向を構成する要素のうち顧客志向および競争相手志向と業績との関係に与える影響を実証した。たとえば，もし需要の伸びに供給が追い付かないのであれば，企業は高度に市場志向にならなくとも機会をつかむことができる。同じように買い手の交渉力が低い場合，売り手企業はそれを梃子にして最小限の市場志向的な活動でも取引から利益を確保することができるだろう。逆に売り手間の競争が激しい状況である場合，売り手企業は市場志向でなければ十分な利益を確保することできないので，より市場志向を強めることになる。

市場志向とイノベーションとの関係

1. なぜ市場志向がイノベーションのブレーキになるのか？

　マーケティング・コンセプトを採用し，市場志向な組織に変革することが企業組織にとって本当にプラスになるのかを考えた時にもっとも多くの議論の的になってきたのが，イノベーションとの関係を巡る問題である。かつてドラッカー（1960）は，経営の基本機能をマーケティングとイノベーションとして「マーケティングだけでは企業は成立しない。静的な経済の中では，企業は存在し得ない。静的な社会における中間商人は，手数料収入を得るブローカーに過ぎない。企業は，発展する経済においてのみ存在しうる。少なくとも，変化が当然であり望ましいものとされる経済においてのみ存在しう

る。企業とは，成長，拡大，変化のための機関である（邦訳79頁）」として，顧客の創造にマーケティングとイノベーションは相互に補完的な機能であることを述べていた。その点では，マーケティング・コンセプトあるいは市場志向とイノベーションとの関係を巡る問題は初期の段階ですでに認識されていたともいえる。

　しかし，幾人かの論者は，ここではさらに踏み込んで市場志向がイノベーションにネガティブな影響を与える可能性を検討し，指摘してきた。マーケティング・コンセプトあるいは市場志向がイノベーションにネガティブな影響を与える可能性の根拠として，これまでの論者があげているのは概ね，次のような点である。

　まずは，顧客自体がそのような革新的な製品の購入に消極的になるという点である。具体的には，顧客は，既存の製品や市場から自らのニーズを定義づけるため（Hayes and Abernathy, 1980），革新的な製品に対するニーズを認識し表現することが困難であること，革新的な製品であるがゆえにその製品に対する評価を低める可能性があること，そして革新的な製品の一部は現在の顧客自身の有する理想的な属性の組み合わせに比べて，あまりにも性能が劣っているか（Christensen, 1997），あまりにも高性能すぎる（Christensen and Raynor, 2003：Govindarajan and Kopalle, 2006）ために適合しないことなどを指摘していた。このような顧客の革新的な製品に対するネガティブな反応があるがゆえに，顧客のニーズに耳を傾けることを徹底し，その顧客の声をマーケティングあるいは製品開発戦略に落とし込んで，顧客満足を達成しようと試みるとかえって新たな市場機会を見失ってしまうとされるのである。

　しかし多くの論者は，マーケティング・コンセプトを全面的に否定するわけではなく，ある特定のイノベーションの創出に対して市場志向がブレーキになることを主張している。つまり，市場志向の有効性はイノベーションのタイプによって異なるのである。一言でイノベーションといってもさまざまなタイプがある。とくにここで重要になるのが，ラディカル－インクリメンタル（Chandy and Tellis, 1998），破壊的－持続的（Christensen, 1997）と

いった分類である。多くの論者が問題にしているのは，これら2つのタイプのいずれも前者のタイプ，つまりラディカル・イノベーションあるいは破壊的イノベーションに市場志向が負の影響を与えるのではないかということである。

　ラディカル・イノベーションは1つ以上の中核的イノベーションの提供における非線形的な改善を促す技術変化に言及している。ラディカル・イノベーションによって生み出されるパフォーマンスの非線形的な飛躍は既存のテクノロジーを衰退させることになる。一方，インクリメンタル・イノベーションとは特定の技術パラダイムの範疇での適応に言及している。インクリメンタル・イノベーションを特徴づけるのは製品導入における迅速な改善であるが，時間が経つにつれて，パラダイム範疇でのパフォーマンス水準は徐々にゆっくりと改善率を低めることになり，これがラディカル・イノベーションの契機の1つになる。(Chandy and Tellis, 1998)。

　また市場志向とイノベーションとの関係を巡る論議により大きな影響を与えたのは，破壊的イノベーションを問題にしているクリステンセン（Christensen, C.M.）が主張するイノベーションのジレンマ（Christensen, 1997）の指摘である。クリステンセン（1997）は，既存の顧客の声に耳を傾け，それに従うという意味での顧客志向は，顧客の評価する次元を向上させる持続的なイノベーションにはプラスに働くものの，顧客の破壊的な技術を生むイノベーションを阻害する可能性があることを主張した。破壊的な技術は小規模な市場が対象で，既存の主要顧客からは評価されないことが多い。そのため，破壊的な技術を過小評価してしまい，顧客志向な企業はその技術の採用に消極的になるのである。しかしながら，こうした破壊的技術が性能を向上させていくと，主要顧客が求める要求水準もつかむようになり，その技術を有しない顧客志向の企業は，破壊的な技術を有する企業に市場での地位を奪われていくことになるのである。

　以上のような指摘から考えると，先述したマーケティング・コンセプトおよびそれに基づいた経営を進め，市場志向の度合いの高い組織を構築していくと，インクリメンタル・イノベーションが行き詰まった時に革新的な新技

術の導入に乗り遅れてしまったり，破壊的な技術を基にした新市場の成長をつかみ損ねたりする可能性が考えられるわけである。

2．市場志向とイノベーションとの関係を巡る研究の展開

　市場志向の研究では，実際のところ，相当な数の研究が市場志向がイノベーションにプラスの影響を与えることを示している（Kirca et al., 2005）。少なくとも，市場志向の度合の高い企業でイノベーションという概念が示すあらゆる活動が不活発になっているとは実証されていないといえるだろう。市場志向の概念が示す市場情報の収集，伝搬，反応の活発さはイノベーションの促進，スピード，商業的成功にも不可欠なことは容易に想像できるはずである。

　破壊的イノベーションに関わる論議でも必ずしも顧客に注視する必要がないといっているわけではない。クリステンセン＆レイナー（Christensen, C.M. and M. Raynor, 2003）は，市場細分化の方法として，顧客が片づけるべき用事に注目すべきであると主張している。この用事に注目するということは，人口統計的な細分化にみられるように市場を細分化する時に顧客の特性に注目するのではなく，顧客が解決したがっている問題，問題を取り巻く状況，問題の解決を望む理由に焦点を当てるべきということである（Christensen and Raynor, 2003）。

　用事モデルは，市場志向とイノベーションとの関係の研究に次のような示唆をもたらす。第1には，用事モデルは，市場の1つの見方，捉え方を提案している。ある事象を脅威として捉え対応を遅らせるのか，機会として迅速にビジネスチャンスをつかめるかどうかは市場の見え方で変わってしまう。第2に，彼らは，この用事モデルで市場を捉えることにより，カニバリゼーションを回避しつつ市場に破壊的イノベーションに該当する影響をもつ製品・サービスを導入することができることを，説明している[3]。

　しかし，そうはいっても市場志向の度合いが高いこと以外の何かがラディカルあるいは破壊的イノベーションの実現には必要であることも確かである。

この点に関して市場志向の研究が注目したこととして第1に上げられるのも，まずは市場志向だけでは確かにこうしたイノベーションの実現には不十分であり，それを補完・代替するような要因を見つけ出すことであった。その方向の1つが組織学習論との結合である。組織学習論では，探索と活用（March, 1991），生産的学習と適応的学習などといった2つの分類がなされるが，この2分類の前者に注目し，市場志向の強い組織に探索的な学習モード，生産的学習が促進される状況が備わった場合に，ラディカルなイノベーションが促進され，高パフォーマンスを上げることができると考えるのである（Baker and Shinkula, 2009: Morgan and Berthon, 2008）。

　また別の流れとしては市場志向の概念をやはりいくつかのタイプに分類することで，市場志向の概念の幅を広げることである。代表的なものは，ナーヴァー＆スレーター＆マクラクラン（Narver, Slater and Machlachlan, 2004）によるプロアクティブ市場志向とレスポンシブ市場志向という分類である。彼らによれば市場志向はこの2つの重要な行動体系からなる。プロアクティブ市場志向は，事業は顧客の潜在的ニーズを発見し，理解し，補足させようとするものである。レスポンシブ市場志向とは，事業は顧客の明示的なニーズを見つけ出し，理解し，充足させようとする。実際にMARKORやMKTORのような伝統的な市場志向尺度の中には，このような将来ニーズへの対応やプロアクティブな対応という点についてはそれほど意識されておらず，この尺度で実証を行った場合，既存顧客の既存ニーズの充足に主に焦点を当て，将来の潜在的顧客ニーズの把握という点においては不足している企業であったとしても，将来の潜在的顧客ニーズを先取りして把握しようとしている企業と同様に，市場志向の度合が高い企業としてカウントされてしまう。この2分類は，この2つのタイプを明確に分けようとするものである。

　これら市場志向がイノベーションに与える影響という問題に関連して提起されてきた市場志向の分類図式に共通するのは，市場志向には，現在の市場に適応し，駆動される市場ドリブンな志向と，将来を見据え，市場を自ら作り上げていく市場ドライビングな志向の2つがあるということに集約される。

　しかしこうした分類を実務に応用する際に問題になるのが，これら志向が

1つの連続体に沿って存在しているのか，それとも2つ以上の連続体が存在し，同時に追求していくことができるのかどうかということである。前者であれば，組織は，たとえば，市場ドリブン的な志向を排して市場ドライビングな志向にコミットするのか，市場ドライビングな志向を排して市場ドリブンな志向にコミットするのか，両方に半分ずつ程度コミットする（自らを連続体の中の中間に位置させる）のかの意思決定をしなければならないということになる，後者で考えれば，組織は市場ドリブン志向と市場ドライビング志向の両方にフルにコミットして強めていく選択肢が生まれることになる（Ketchen et al., 2007, pp.962-963）。

3．市場志向と破壊的イノベーションとの関係

探索モードの生産的学習を従来の市場志向を補完するものとして位置づけたり，プロアクティブ市場志向という新たな概念を開発したりすることは，ラディカル・イノベーションと市場志向との関係には有益な視点をもたらしたけれども，市場志向が破壊的イノベーションのブレーキになるのではないかという疑問に対しては明確な答えが示されているとは言い難い。そこで，ラディカル・イノベーションと破壊的イノベーションとを区別し，それぞれに影響を与える要因を示した成果であるゴビンダラジャン＆コパレ（Govindarajan, P. and K. Kopalle）らの研究を最後に紹介しておきたい（Govindarajan and Kopalle, 2004: Govindarajan et al., 2011）。

ここでは，実証分析をもとに，イノベーションをラディカル・イノベーションの高低を縦軸，破壊的イノベーションの高低を横軸において4つの象限ごとに求められる事業の能力をまとめている。

ここでラディカル・イノベーションは，産業内にすでに存在している技術に比べて実質的に新しい技術をベースにしている新製品であり，ここでの定義ではラディカルさと破壊性のそれぞれの独自の特性は，ラディカルさは技術ベース，破壊性は市場ベースとされている[4]。

彼らは**図表8-8**のような4つの象限からなるマトリックスを作成した。

図表8-8 既存企業はどのようにしてラディカル／破壊的イノベーションを開発するのか？

	破壊性 低い	破壊性 高い
ラディカルさ 高い	象限2 主流顧客志向 技術機会主義	象限4 エマージング顧客セグメント志向 カニバリゼーションへの積極性 技術機会主義
ラディカルさ 低い	象限1 インクリメンタル・イノベーション	象限3 エマージング顧客セグメント志向 カニバリゼーションへの積極性

出所：Govindarajan and Kopalle, 2004, p.18を若干修正。

象限2の主流顧客志向とは，既存の主流顧客セグメントのニーズを満たすことを重視し，彼らが重視するイノベーションに投資をしていくような志向であり，伝統的な市場志向の概念がそのベースにある。主流顧客志向の強い組織は，ラディカル・イノベーションにはポジティブな影響を与えることになるけれども，その一方で，主流顧客志向と破壊的イノベーションを作り出す企業の力量との間にはネガティブな関係がある。つまり主流顧客志向には破壊的イノベーションの創出のブレーキになる可能性がある。

一方，象限3と4にあるエマージング（emerging）顧客セグメント志向は，小規模で今後あらわれつつある顧客セグメントに注目することを意味している。このエマージング顧客セグメント志向の度合が高ければ高いほど，破壊的イノベーションを作り出す企業の力量が高くなる。しかし破壊的イノベーションは，このエマージング顧客セグメント志向だけでなく，カニバリゼーションの積極性，そして技術機会主義の組み合わせによってさらに促進されることになる。技術機会主義的な企業のマネジャーは技術発展を（脅威ではなく）成長の機会として捉え，新しい技術を製品市場戦略に能動的に組み込もうとする。技術機会主義はラディカルさ度合の高いイノベーションと同時に破壊的イノベーション双方を促進させることになる。もう1つラディカル・イノベーションと破壊的イノベーションとの相違で重要になるのが，

カニバリゼーションの積極性である。ラディカル・イノベーションの意味するところでも既存の技術投資を共食いすることになる可能性が考えられるが，ラディカル・イノベーションで求められる能力には，技術機会主義だけでカニバリゼーションの積極性は含まれていない。彼らは，技術機会主義的な企業は，新しい技術が機会を示しているのかどうかを迅速に理解し，速やかに掴むことができるとしている。

　破壊的イノベーションの開発および導入における文脈では，既存企業はカニバリゼーションの罠に次の3つの理由で苦労する。第1に破壊的イノベーションは，一般に現在の製品の売り上げに重大でネガティブな影響をもたらす。第2に，破壊的製品の単位当たりマージンは通常現在の製品の単位当たりマージンよりも低い傾向がある。第3に，破壊的イノベーションは通常のルーティンや手法からは独立させる必要がある。そうしたことから既存企業はカニバリゼーションの罠を乗り越える能力がなければ，破壊的イノベーションを開発しようとはしない（Govindarajan et al., 2004, pp.7-8）。つまり組織が市場志向であることに加えて，このカニバリゼーションの罠に陥らず積極的に受け入れる意思が組織の中にあることが，市場志向と破壊的イノベーションとの間にポジティブな関係をもたらすことになる。

VI　むすび

　先述したようにマーケティング・コンセプトを巡る議論の出発点を第二次大戦後のGE社の年次教書におけるマーケティング・コンセプトの採用として位置づけるなら，マーケティング・コンセプトならびに市場志向という概念は，2017年時点で約70年間にわたり，実務と研究の両面で注目され続けてきたことになる。これら概念がマーケティング戦略の構築に与えてきたことを再度整理すると，①顧客ニーズの充足を事業目的の第一に考えること，②優れた顧客価値の選択，受け渡し，伝達を目的としてマーケティング戦略を組み立てていくこと，③高い顧客価値を提供するという目的の下に組織のあ

らゆる部門を統合し，市場対応の問題を組織のあらゆる部門にとっての問題として捉えること，④顧客満足の実現を通じて高いパフォーマンスを達成していくべきであるといったことに集約することができる。

そして後半の30年は，こうしたマーケティング・コンセプトの内容およびその業績との関係について実証的な分析が数多く蓄積されてきた。市場志向と業績との関係では，反証例が提示されたり，イノベーションにブレーキをかけるものとして批判を受けたりすることもあった。しかし，前者については，媒介変数やモデレータ変数を組み込むことで市場志向と業績との関係のメカニズムをより精緻に明らかにしてきたり，後者については，市場志向をいくつかのタイプに分類したり，補完的な要因を識別したりすることでその批判への一定の解答を導きだそうとしてきたのは，本章後半で検討してきたとおりである。さらに具体的な活動に注目して測定尺度を開発していくことで，市場志向的な組織を作っていくための道筋も，いくつか示されてきた。

こうした研究の蓄積は現在進行中であり不十分な点は少なからずあるものの，マーケティング・コンセプトおよび市場志向の概念が時流に乗った流行り言葉や空虚なスローガンでは決してなく，マーケティング戦略を構築していくにあたっての定点の1つをもたらしうるものに押し上げてきたといえるだろう。今日において企業は，マーケティング・コンセプトを適切に実行し，さらに状況に応じて，自社の市場志向度合いの強弱を管理していく手立てを獲得しつつあるともいえる。それでも顧客第一を掲げつつも実態を伴っていない組織や，高業績につながっていない組織が依然として少なくないのだとしたら，その理由の1つとしてはやはり90年代以降の市場志向研究にみられるような研究成果の共有が実務世界との間で十分になされていないことが考えられる。まずは市場志向の概念およびその研究成果の正確な理解を実務世界に発信していくことが必要ではないだろうか[5]。

その一方で，ビジネス環境が日々変化をし続ける中で，市場志向の実践ならびにその研究にも新たな進化が当然求められていくことになる。たとえば，コトラーが提唱しているマーケティング3.0の議論では，顧客満足を目標とする顧客志向はマーケティング2.0の段階であり，3.0の段階のマーケティン

グを,「世界をよりよくするため(邦訳19頁)」社会的課題の解決を目指したり,人々を消費者としてだけでなく精神的な充足を求めたり企業と協業したりすることもあるという点で全人格的存在として捉えて(人間志向)いるものと特徴づけている[6]。

　これらが,従来の考えを代替したりあるいは補完したりするほどに研究の蓄積が進むことで,今後のマーケティングに新たな定点を提供するのか,それとも一時的な流行に終わってしまうのか,現段階ではまだ判断しかねるだろう。しかしながら,マーケティング・コンセプトの理念あるいはその実行の方策を示す市場志向がマーケティングの成功ひいては組織の持続的な成功に不可欠であるとしても,その中身の変化について常に注視すべきであることは明白である。

注

1) たとえば,わが国の代表的な消費財メーカーである花王株式会社においては,理念のレベルで,消費者・顧客の立場にたったモノづくりを行い,さらに消費者・顧客と共に感動を分かち合う価値ある商品とブランドを提供していくといったことが文面に含まれ,さらにその下位に位置づけられている行動原則では「消費者起点」という項目の下に,「消費者第一」「消費者理解」「消費者との交流」といった項目が並んでいる(http://www.kao.com/group/ja/group/kaoway_03.html　2017年9月最終アクセス)
2) この2つの研究グループが報告した市場志向の研究は,発表された論文の引用の頻度の点などからしても現在の市場志向の代表的な研究であり,今日の多くの市場志向の実証研究の基盤となってきたといっても過言ではないだろう。
3) つまり,市場を無視するのではなく,市場の捉え方を変えるべきなのだといえるこの主張はレビットのマーケティング・マイオピアにも近い。用事モデルが述べるような市場の見方は,マイオピアを回避するために必要な市場の見方ともいえる。その点で,クリステンセンが投げかけた問題は,マーケティング・コンセプトの原点に再び立ち返らせるものだったということもできる。
4) ラディカル・イノベーションと破壊的イノベーションはかなり重複した概念として用いられていることが多いが,ここでは,両者を明確に区別するために,ラディカル・イノベーションを狭義に定義づけている。
5) 我が国に関していえば,実務世界に発信しやすい書籍の形で市場志向研究の成果を取り上げたものが少ないように思われる。その少ない成果の1つとして嶋口他(2008)があげられる。

6）さらに近年，コトラーは，経済主体が自己実現を目指すことでより良い社会を創り出していくマーケティング4.0を新たな段階として提唱してもいる。

参照文献

Baker, W.E. and J.M. Sinkula (2009) "The Complementary Effect of Market Orientation and Entrepreneurial Orientation", *Journal of Small Business Management*, Vol.47, No.4, pp.443-464.

Barksdale, H.C. and B. Darden (1971) "Marketers Attitude toward the Marketing Concept", *Journal of Marketing*, Vol.35, No.4, pp.29-36.

Cannon, J., W. Perrault Jr. and E.J. McCarthy (2008) *Basic Marketing: A Marketing Strategy Planning Approach*, McGraw-Hill Irwin.

Chandy, R. and G. Tellis (1998) "Organizing for Radical Product Innovation: The Overlooked Role of Willingness to Cannibalize", *Journal of Marketing Research*, Vol.35, No.4, pp.474-487.

Christensen, C.M. (1997) *The Innovator's Dilemma: When Technology Cause Great Firm to Fail*, HBS-Press.（玉田俊平太監訳，伊豆原弓訳『イノベーションのジレンマ～技術革新が巨大企業を滅ぼす時～』翔泳社，2001年）

Christensen, C.M. and M.E. Raynor (2003) *The Innovator's Solution: Creating and Sustaining Successful Growth*, HBS-Press.（伊豆原弓訳『イノベーションへの解～利益ある成長に向けて～』翔泳社，2003年）

Deshpande (Ed.) (1999) *Developing a Market Orientation*, Sage Publications.

Drucker, P.F. (1954) *The Practice of Management*, Harper & Row.（上田惇生訳『ドラッカー名著集　現代の経営（上）』ダイヤモンド社，2006年）

Drucker, P.F. (1973) *Management*, Harper & Row.（上田惇生訳『ドラッカー名著集マネジメント（上）』ダイヤモンド社，2008年）

Govindarajan, V. and P.K. Kopalle (2004) "Can Incumbents Introduce Radical and Disruptive Innovation?", *MSI Working Paper Series*, Iss.1, No.04-001, Marketing Science Institute.

Govindarajan, V., P. Kopalle and E. Danneels (2011) "The Effect of Mainstream and Emerging Customer Orientations on Radical and Disruptive Innovation", *Journal of Product Innovation Management*, Vol.28, Iss.1, pp.121-132.

Greenley, G.E. (1995) "Market Orientation and Company Performance: Empirical Evidence from UK companies", *British Journal of Management*, Vol.6, No.1, pp.1-14.

Han, J.K., N. Kim and R.K. Srivastava (1998) "Market Orientation and Organizational Performance: Is Innovation Missing Link?", *Journal of Marketing*, Vol.62, No.4, pp.30-45.

Harris, L.G. (2001) "Market Orientation and Performance: Objective and Subjective Empirical Evidence from UK Companies", *Journal of Management Studies*, Vol.38, No.1, pp.17-43.

Hayes, R.H. and W.J. Abernathy (1980) "Managing Our Way to Economic Decline", *Harvard Business Review*, July-August, pp.67-77.

Hult, G.M.T., D.J. Ketchen Jr. and S.F. Slater (2005) "Market Orientation and Performance An Integration of Disparate Approach", *Strategic Management Journal*, Vol.26, No.12, pp.1173-1181.

Jaworski, B.J. and A.K. Kohli (1993) "Market Orientation: Antecedents and Consequences", *Journal of Marketing*, Vol.57, No.3, pp.53-70.

Ketchen, Jr. D.J., G.M.T. Hult and S.F. Slater (2007) "Toward Greater Understanding of Market Orientation and Resource Based View", *Strategic Management Journal*, Vol.26, No.12, pp.1173-1181.

Kirca, A.H., S. Jayachandran and W.O. Bearden (2005) "Market Orientation: A Meta-Analytic Review and Assessment of Its Antecedent and Impact on Performance", *Journal of Marketing*, Vol.69, No.2, pp.24-41.

Kirca, A.H., W.O. Bearden and G.T.M. Hult (2011) "Forms of Market Orientation and Firm Performance: A Complementary Approach", *Academy of Marketing Science Review*, December, pp.145-153.

Kohli, A.K. and B.J. Jaworski (1990) "Market Orientation: The Construct, Research Propositions, and Managerial Implications", *Journal of Marketing*, Vol.54, No.2, pp.1-18.

Kohli, A.K., B.J. Jaworski, and A. Kumar (1993) "MARKOR: A Measure of Market Orientation", *Journal of Marketing Research*, Vol.30, No.4, pp.467-477.

Kotler, P. and K.L. Keller (2006) *Marketing Management 12th-edition*, Prentice Hall. (恩蔵直人監訳, 月谷真紀訳『コトラー&ケラーのマーケティング・マネジメント』ピアソンエデュケーション, 2014年)

Kotler, P., H. Kartajaya and I. Setiawan (2010) *Marketing 3.0: From Products to Customers to the Human Spirit*, John Wiley & Sons. (恩蔵直人監訳, 藤井清美訳『コトラーのマーケティング3.0 ソーシャル・メディア時代の新法則』朝日新聞出版, 2010年)

Levitt, T. (1960) "Marketing Myopia", *Harvard Business Review*, Vol.48, No.3, pp.45-56. (有賀裕子・DIAMONDハーバードビジネスレビュー編集部訳『T.レビット マーケティング論』所収 ダイヤモンド社, 2007年)

Levitt, T. (1969) *The Marketing Mode ; Pathways to Corporate Growth*, McGrawhill. (土岐坤訳『マーケティング発想法』ダイヤモンド社, 1971年)

March, J.G. (1991) "Exploration and Exploitation in Organizational Learning", *Organization Science*, Vol.2, No.1, February 1991, pp.71-87.

Morgan, R.E. and P. Berthon (2008) "Market Orientation, Generative Learning, Innovative Strategy and Business Performance Interrelationship in Bioscience Firm", *Journal of Management Studies*, Vol.45, Iss.8, pp.1329-1532

Narver, J.C. and S.F. Slater (1990) "The Effect of a Market Orientation on Business Profitability", *Journal of Marketing*, Vol.54, No.4, pp.20-35.

Narver, J.C., S.F. Slater and D.L. Maclachlan (2004) "Proactive and Responsive Market Orientation and New Product Success", *Journal of Product Innovation Management*, Vol.21, Iss.5, pp.334-347.

Slater, S.F. and J.C. Narver (1994) "Does Competitive Environment Moderate the Market Orientation-Performance Relationship", *Journal of Marketing*, Vol.58, No.1, pp.46-55

Webster Jr., F.E. (1988) "The Rediscovery of the Marketing Concept", *Business Horizon*, May-June, Vol.31, Iss.3, pp.29-39.

Webster Jr., F.E. (2002) *Market Driven Management: How to Develop and Deliver Customer Value*, Second-edition, John Wiley & Sons.

嶋口充輝・黒岩健一郎・水越康介・石井淳蔵(2008)『マーケティング優良企業の条件』日本経済新聞出版社。

第9章

会計学における利益概念の基本的視座

I 問題の所在

　利益，利潤，儲けとその表現は多様であるが，企業経営における「業績を測る尺度」の存在は，会計学の領域のみでなく，経営学においても重要であることはいうまでもない。会計学では，古くから，企業の「業績を測る尺度」を利益（profit）と呼んでいる。

　株主，債権者などの企業のステークホルダーたちにとって，企業の「業績を測る尺度」としての利益に関する情報は，彼らの経済的意思決定のための重要な指標である。利益に関する情報は，損益計算書から入手することができる。そして，彼らの入手する利益情報が掲載されている損益計算書の概略は，**図表9-1**のような様式となっている。

　図表9-1で明らかなように，わが国の損益計算書では，売上高から，順に，各種の収益と費用を加味することによって，売上総利益，営業利益，経常利益，税引前当期純利益，当期純利益が算定される構造をもっている。

　売上総利益とは，売上高から売上原価（販売した商品ないし製品の原価）を控除した金額であり，企業における最もシンプルかつ根源的な利益を表している。次に，売上総利益から販売費および一般管理費という営業活動にともなう費用を差し引くことで営業利益が算出される。営業利益は，その名が示すとおり，企業の営業活動全般の業績尺度を意味している。さらに，営業利益に営業外損益（営業外収益と営業外費用）を加減算することで，経常利

図表 9-1　損益計算書の構造

売上高		500
売上原価		300
売上総利益		200
販売費および一般管理費		50
営業利益		150
営業外収益	30	
営業外費用	20	
営業外損益	10	10
経常利益		160
特別利益	5	
特別損失	3	
特別損益	2	2
税引前当期純利益		162
法人税等		38
当期純利益		124

益が算出される。営業外損益とは、営業活動と直接的に関係しないが、企業活動において経常的に発生する収益および費用を意味している。基本的には、金融機関との取引で生じる利息の受取や支払などがそれに該当している。したがって、経常利益は、企業の総合的な利益獲得能力を示す尺度としての役割をもっている。次いで、経常利益に特別損益（特別利益と特別損失）を加味すると税引前当期純利益が計算される。特別損益とは、臨時的・偶発的な収益と費用を意味しており、災害などの損失や固定資産の売却にともなう損益がその主な内訳である。そして最後に、税金を差し引くことで当期純利益という最終的な利益を導き出している。

　つまり、損益計算書における利益は、どのくらいの収益を稼ぎ出し、どのくらいのコストを要したのかを、販売活動、営業活動、経常的活動、臨時的・偶発的活動、納税の5つの企業活動を意図したカテゴリーに分けて、企業活動の成否を判断する重要なメルクマールとしてステークホルダーに提供されているのである。しかしながら、会計学の領域において、「何を利益とするか」

という本質的かつ根本的な命題は，未だ多くの議論がなされているという現状にある。そこで，本章では，「何を利益とするか」という命題に対して，会計によって測定される企業の「業績を測る尺度」としての利益概念の基本的視座を検証することを目的としたい。

II 会計の歴史的変遷と利益の計算方法

　会計学に関する理論は，各時代においてその内容に相違をみせている。たとえば，法的色彩の強い一般常識的なものもあれば，簡潔ではあるが抽象的すぎて真意が不明確な理論も存在している。また，詳細ではあるが複雑すぎて意味がかえってわかりにくいものなど，今日に至るまで，かなり多種多様な会計理論が提唱されてきた。そのため，各会計理論において提唱される利益概念も，その内容に相違がみられる。

　会計の対象は，企業の経済的活動である。また，企業の経済的活動は，会計学では，具体的な取引ないし事象として認識および測定されている。したがって，いかなる会計理論においても利益とは，企業の行う経済的活動の結果，具体的には，取引ないし事象の結果として計算されるという点では，共通しているはずである。

　このような前提に立てば，「何を利益とするか」という命題は，会計の対象とする企業の取引ないし事象の質的変化，それらの量的拡大と深く相関性を有しているのは明らかである。したがって，本節では，まず，会計が歴史的にどのような変遷を辿って発展してきたのかについて，取引の拡大および企業を取り巻く経済的環境の変化という観点から考察していく。

1．会計の起源と現金主義会計の始まり

　会計は，歴史とともにその対象とする領域を拡大してきた。それは，会計に対する社会からの要請と実務的な要望の拡張であり，しばしば会計責任

(accountability）の拡充として説明されるものでもある。上述したように，会計の対象は，企業の経済的活動，言い換えれば，具体的な取引ないし事象である。

　一般に取引の原始的形態は，「物々交換」であるといわれている。自給自足によって生活していた原始時代の人類は，生活を営むうえで必要な「モノ」を他から入手するための方法として「物々交換」という取引を行っていた。「物々交換」の歴史は，狩猟・採取段階の未開社会にまで遡ることができるといわれている。しかし，当初は共同体構成員間における余剰物の交換からはじまったものであり，いわゆる儲けを目的とした「物々交換」は，農業段階に入って出現した都市国家であるメソポタミヤが最も古く，紀元前3500～3100年頃からはじまったとされている。

　この段階における最も重要な経営資源（会計学的に言い換えれば資産）とは，「モノ」，すなわち「財」であり，各財の生産者が，それらの交換を行うため，ある1ヵ所へ集中化していき，市（市場の原始的形態）を形成するようになる。

　このような「物々交換」という原始的取引形態を刷新したのが，「貨幣」である。取引形態は，「貨幣」の登場により，「物々交換」の段階から飛躍的な発展を遂げることになる。「物々交換」の弱点は，取引当事者間のニーズの一致が得難いという点にある。「貨幣」は，「財」と「財」の媒介となることで，取引当事者間のニーズの一致を容易にし，取引をその量および規模の面で飛躍的に拡大させ，企業の経済的活動を促進させたのである。

　この段階における経営資源，すなわち資産には，前述の「財」に加え，「貨幣」が含められ，「財」の価値を測定するために「貨幣」が尺度として用いられるようになる。そして，利益は，現金収支を計算基礎とした差額として測定される。なお，このような「貨幣」を中心とした計算基礎を持っている会計の枠組みは，現金主義会計と呼ばれている。

2．信用取引の生起と半発生主義会計の出現

「貨幣」の登場により，企業の経済的活動は一層促進され，これに対応するため取引形態は，より多様化・複雑化していく。また，その過程の中で信用に基づく取引が行われはじめ，これが経常化するようになる。

信用取引は，取引の頻度を増大させるとともに取引される「財」を量的にも増加させ，企業に安定した市場取引を保証する効果をもっている。この段階では，新たに信用に基づく「売上債権」および「仕入債務」が，会計の計算基礎において認識・測定され，前述の「財・貨幣」に加え，信用に基づく「売上債権」が，資産に含められることになる。同じく，負債としては，「仕入債務」が計上されるようになる。

信用取引の生起とその経常化は，会計の枠組みを現金主義会計から半発生主義会計へ発展させていく要因となる。半発生主義会計とは，計算基礎を具体的貨幣におくことからの離脱である。また，計算基礎の貨幣からの離脱は，いわゆる資金繰りと利益計算との分離を意味している。

3．現金収支からの分離と発生主義会計の成立

経常的かつ安定した市場取引を可能にした信用取引は，企業の経済的活動の拡大を促進させ，その経済的実態に，さらなる変貌を遂げさせていく。また，大航海時代の功績による市場の拡充，産業革命による生産性の向上を背景とし，企業内には，生産財（固定資産）の増大と商品（棚卸資産）の恒常的有高の増加が生じるようになる。そして，このような企業規模の拡大と所有する「財」の拡充にともない，継続企業（ゴーイング・コンサーン）が形成される。このような企業および企業活動における変化に対応するために，企業の利益計算も大きな変革を余儀なくされる。つまり，こうした歴史的段階で求められた利益は，現金収支とは関係なく，現金収支の原因となる取引および事象の発生という経済的事実に基づいて，収益と費用の差額として算出されるようになるのである。

一般に，取引および事象の発生を計算基礎とする会計の枠組みは，発生主義会計と呼ばれている。また，発生主義会計の成立は，動態論会計の幕開けでもある。動態論会計は，第１次世界大戦後のドイツにおけるハイパーインフレーションを克服するために，シュマーレンバッハ（Schmalenbach, E.）によって提唱された会計理論である。シュマーレンバッハは，会計の目的を損益計算として位置づけ，自身の主張する会計理論を動態論，そして，自説以前の財産計算を目的とした会計理論を静態論と命名し，かつ，期間配分，減価償却などの発生主義会計における基礎概念を確立した人物である。

　同様の会計の枠組みの転換は，アメリカにおいては，世界大恐慌を契機に生じたといわれている。アメリカでは，世界大恐慌後の1930年代において，「未実現利益の排除」という観点より，動態論会計の幕が開かれた。アメリカにおける動態論会計の代表的な会計理論としては，ペイトン＆リトルトン（Paton, W.A. and A.C. Littleton）による『会社会計基準序説』（*An Introduction to Corporate Accounting Standards*（中島省吾訳『「会社会計基準」序説』森山書店，1979年）以下，『会社会計基準序説』）があげられる。

4．経済学からのアプローチと意思決定有用性会計の萌芽

　第２次世界大戦後，市場経済は，高度情報化社会の到来により飛躍的に成長を遂げていく。その過程のなかで，従来までの企業の「業績を測る尺度」としての利益という考え方に，新たに「真実の利益とは，いかなるものか」という経済学的なアプローチが加わることによって，議論はさらに高まることになる。とりわけ，エドワーズ＆ベル（Edwards, E.O. and P.W. Bell）によって，1961年に発表された『経営利益の理論と測定』（*The Theory and measurement of Business Income*（伏見多見雄・藤森三郎訳『意思決定と利潤計算』日本生産性本部，1964年））は，会計学と経済学の学問領域を超えた理論として，歴史にその名を残している。エドワーズ＆ベルの最大の功績は，「企業の経済学は，意思決定の経済学である」（Edwards and Bell, 1961, p.2；邦訳１頁）と主張し，それまでの会計理論には存在しなかった「経営

者の意思決定」という要素を会計理論に導入したことにある。

　一方，純粋な会計学の立場において，発生主義会計から次の段階へ進む契機となった枠組みの提示は，アメリカ会計学会（American Accounting Association：以下，AAA）によって，1966年に公表された『基礎的会計理論に関する報告書』（*A Statement of Basic Accounting Theory*（飯野利夫訳『アメリカ会計学会　基礎的会計理論』国元書房，1969年）以下，ASOBAT）である。

　ASOBAT以降における会計理論は，その立論の基礎として，発生主義会計まで存在することのなかった情報利用者の「意思決定有用性」という思考を提唱するようになり，これ以降，意思決定有用性会計が，多くの論者によって展開されるようになる。

　ASOBAT公表前後のアメリカは，インフレーションの加速，変動相場制への移行など，それまで想定することのなかった経済的環境の変化にさらされていた。そして，そのような経済的環境の変化を想定した会計の枠組みが希求され，「意思決定有用性」という会計情報の質的特性を理論的基盤として取り入れることになったのである。したがって，ASOBATにいう「意思決定有用性」とは，上述のような経済的環境の変化に対応すべく，これまでのように，収益と費用の差額としてのみ利益を算出するのではなく，資産および負債に関して，物価の変動を加味した利益の算出の可能性，すなわち時価評価を会計の枠組みに組み込むことを示唆しているのである。言い換えれば，ASOBAT以降における利益は，取得原価をベースとした収益および費用の差額としてのみではなく，期首と期末純資産（時価評価も想定した資産および負債の差額）の差額として導き出されるのである。

　ASOBATにおいて提唱された「意思決定有用性」という会計思考は，多くの議論を経た後に，アメリカ財務会計基準審議会（Financial Accounting Standards Board：以下，FASB）に継承され，『財務会計概念ステートメント（*Statements of Financial Accounting Concepts*）』（以下，FASB概念フレームワーク）や各種の基準設定に関しての拠り所として用いられてきた。そして，現在では，FASBの主張する会計の枠組みの骨子は，国際会計基準

審議会 (International Accounting Standards Board：以下，IASB)¹⁾ に引き継がれ，IASBにおける会計の枠組みの立論根拠として重要な役割を果たしている。

5. ファイナンス型市場経済の進展と公正価値会計への移行

　近年，市場経済が，財の製造・販売を中心としたプロダクト型市場経済から，金融を中心としたファイナンス型市場経済へ重点を移行させてきた過程のなかで，企業の経済的活動の内容は，より複雑化するとともに，その範囲は多岐に及ぶようになってきた。さらに，企業活動の国際化が，これまで各国の慣習をベースに形成されてきた会計制度を統一化する強い誘因となり，これらの諸要因に応えるために，IASBは各種の国際財務報告基準（IFRS）を公表している。

　また，ファイナンス型市場経済が進展する過程において，企業の経済的活動もプロダクト型からファイナンス型へと，その重点をシフトしてきた。このような企業活動の質的変化に対応するために，IASBは設立以来，金融商品に関する会計基準の制定に精力的に取り組んできた。

　周知のごとく，金融商品の会計的問題とは，プロダクト型会計理論，すなわち発生主義会計の下では，オフバランスとして取り扱われ，それに関する情報の一切が公開され得ないという問題である。近年，ようやく各国の会計基準設定機関は，このオフバランスという問題を解決するために，公正価値測定に関する会計の枠組みを構築し，金融商品の財務諸表への計上を推し進めてきたのである。そして，金融商品の計算基礎として公正価値を採用し，資産および負債の差額としての期末と期首純資産の差額として利益を測定することになったのである。

　以上が，企業活動の変化，企業を取り巻く経済的環境の進展と会計の歴史的変遷の概略である。その関係を**図表9-2**としてまとめてみる。

　図表9-2において，まず，注目すべき点は，会計は，企業活動と企業を取り巻く経済的環境の変化によって発展してきたという事実である。つまり，

図表9-2 企業活動の拡充・会計枠組み利益算関係

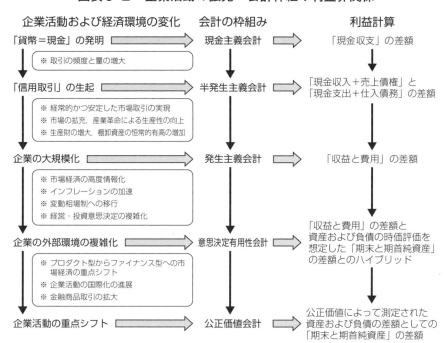

　企業活動ないし経済的環境が，変化，発展すれば，会計もその枠組みの範囲の拡充および内容の変質を求められ，結果として算定される利益も変容してきたのである。したがって，「何を利益とするか」という命題は，各時代の企業活動や経済的環境に対応することから生じる問題と言い換えることも不可能ではない。

　図表9-2において，さらに言及しておかなければならないことは，各時代における会計の枠組みの中で，利益は，常に，何らかの差額として算出されるものであり，とくに，現金収支と利益計算が乖離して以降の会計の枠組みにおいては，大別して2つの測定方法から算定されているという点にある。その測定方法の1つは，利益を期首と期末純資産の差額として算定する方法であり，今1つは，収益と費用の差額として利益を導き出す方法である。

　そこで，次に，これら2つの利益測定方法の詳細について検証してみる。

6．2つの利益測定方法

　前項で言及したように，利益は，常に，何らかの差額として算定されるという特徴を有しており，その計算方法は，2つの観点から説明することができるようになっている。まず，1つ目の観点は，企業に投下された元本としての純資産（資本）の額を超過して，企業が獲得した価値量を利益として計算する方法である。

利　益＝企業が獲得した価値量－投下純資産（資本）額

　この式より算出される利益の金額は，企業の保有する純資産の増加額として把握することができる。したがって，この種の利益に対する説明は，一般に，純資産増加説（純財産増加説）と呼ばれている。
　純資産増加額として示される利益は，1期間の期首と期末との2時点におけるそれぞれの純資産を調整し，この2つの有高を比較して求めることができる（阪本，1967，3頁）。したがって，この種の利益の計算方法では，企業の投下純資産（資本）額を算定するために，まず，各時点における企業のもつすべての資産の額と，企業の負うすべての負債の額とを算定し，両者の差額としての純資産を求めることになる。

期首純資産＝期首資産－期首負債
期末純資産＝期末資産－期末負債
利　　益　＝期末純資産－期首純資産

　純資産有高の算定には，資産および負債の有高を時価によって評価するのが原則となっている。したがって，物価に大きな変動のない状況を前提とすれば，このような方法によって算出される利益は，企業が元本を維持したうえで自由に処分できる資産部分の金額を表すことになる（阪本，1967，3頁）。
　しかしながら，純資産増加説によって導き出される利益は，企業の利益の

総額を明らかにはできるが，その発生原因を明らかにすることができない。要するに，この種の利益測定方法によって導き出される利益では，企業の利益がいかなる原因によって，いかほど発生したかについては，明らかにしえないのである。

これに対して，1期間の収益とその発生の原因である費用との差額として利益を算出する説明方法を，収益費用差額説（費用収益差額説）という。

利　益＝1期間の収益－費用

元来，収益は企業が獲得した成果を意味するものであり，費用は収益のために費やされた努力を意味している。したがって，収益と費用の差額として導き出される利益は，企業内に流入した価値（収益）と企業から流出した価値（費用）とを比較し，その差額を求めることによって把握することができる（阪本，1967，4頁）。

これらの2つの利益測定方法では，どちらとも利益を何らかの差額として導き出すことを特徴としている。そもそも，利益には，実体が存在しない。常に，何かと何かの差額として算出される性質を有しているのである。言い換えれば，利益とは，ある種の下位概念によって支えられる上位概念なのである（若杉，1985，103頁）。つまり，「何を利益とするか」という命題は，各

図表9-3　利益の概念構造

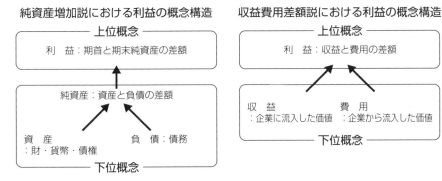

理論における利益を計算するための下位概念である資産，負債，純資産，収益，費用などの財務諸表の構成要素をどのように考えているかによって決定されるといっても過言ではないのである。

利益観に関する考察

　すでに述べたように，利益とは，それ自体が実体を有するものではなく，何らかの差額として算出されるという性質をもっている。そして，その測定方法は大きく2つに大別されており，1つ目の方法によって計算される利益は，資産と負債との差額としての純資産の増加を意味し，今1つの方法によって計算される利益は，1会計期間における収益と費用との差額として算出される正味成果としての性質を有している。したがって，利益とは，資産，負債，純資産，収益，そして，費用などの財務諸表の構成要素が，下位概念として支えている上位概念として定義されることになる。言い換えれば，利益とは，それ以外の財務諸表の構成要素によって導き出される概念であり，「何を利益とするか」という命題は，会計の枠組みが，財務諸表の構成要素をどのような観点より定義するかに委ねられているのである。

　このような視点に立脚した場合，会計の枠組みが，財務諸表の構成要素を定義するために拠り所としている基礎のことを財務諸表観ということができる。財務諸表観に関する議論は，FASB概念フレームワーク制定の布石として，1976年にFASBより，公表された討議資料『財務会計および財務報告のための概念フレームワークに関する諸問題の検討：財務諸表の構成要素およびそれらの測定（*An Analysis of Issues related to Conceptual Framework for Financial Accounting and Reporting*：*Elements of Financial Statements and Their Measurement.* （津守常弘監訳『FASB財務会計の概念フレームワーク』中央経済社，1997年）以下，FASB『討議資料』）における第1部「財務諸表の構成要素の定義」第2章「財務諸表の構成要素の定義のための基礎」において展開されている。

そこで，本節では，まず，利益の下位概念である各種の財務諸表の構成要素を定義するための基礎として，FASB『討議資料』において提示される財務諸表観について言及してみる。

1．財務諸表観とは

FASB『討議資料』では，その第1部第2章において，財務諸表の構成要素を定義するための基礎となる問題が吟味されている（FASB『討議資料』，par.5; 邦訳49頁）。ここにいう第2章における問題とは，いかなる財務諸表観を財務諸表の構成要素を定義するための基礎として採用するかという問題である。同資料では，その解として，次の3つの財務諸表観が提示されている（FASB『討議資料』，par.5；邦訳49頁）。[2]

①資産負債アプローチ（assets and liability view）
②収益費用アプローチ（revenue and expense view）
③非連携アプローチ（nonarticulated view）

ところで，上述の3つの財務諸表観のうち，非連携アプローチは，財務諸表の連携（articulation），言い換えれば，貸借対照表と損益計算書によって測定される利益の一致を要請していない。財務諸表の連携とは，貸借対照表と損益計算書において測定される利益が結果として一致し，2つの財務諸表が有機的に連携するという会計思考である。しかし，非連携アプローチは，一方では，資産負債アプローチに基づき貸借対照表を作成し，他方において，損益計算書を収益費用アプローチによって構築するため，財務諸表が連携することはなく，利益の一致が担保されていない。

このような非連携アプローチの性質は，上位概念である利益を定義するために，下位概念のうち，資産，負債，純資産に関しては，資産負債アプローチを用い，残りの下位概念の収益，費用については，収益費用アプローチから導き出すという結果をもたらす。したがって，このアプローチにおける上

位概念としての利益は,統一的な下位概念によって支えられるものではなく,本章における議論の対象とはいえない。つまり,本章の対象とする財務諸表の構成要素を定義するための基礎としての財務諸表観とは,資産負債アプローチと収益費用アプローチという2つの利益観なのである。

なお,このような財務諸表観の関係を図示すれば,次の**図表9-4**のように表される。

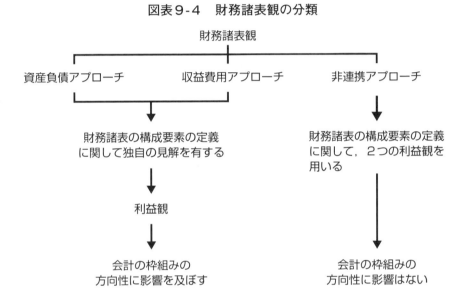

図表9-4に示されるように,財務諸表の構成要素を定義するための独自の見解を有しているのは,利益観としての資産負債アプローチと収益費用アプローチの2つである。言い換えれば,両者における利益を導き出すための下位概念としての財務諸表の構成要素に関する見解は,その内容を全く異にしているのである。したがって,本節では,財務諸表の構成要素を定義するための基礎としての財務諸表観として,資産負債アプローチと収益費用アプローチという2つの利益観を対象とし,その利益の定義,基礎的測定プロセス,財務諸表の構成要素の相違と財務諸表の構造について考察を進めてゆく。

2．資産負債アプローチと収益費用アプローチの特徴

　利益観とは，利益に対する概念的アプローチを意味している。そして，一般的に利益とは，投下純資産（資本）を維持した後の残余もしくは残高，すなわち控除後に残った金額として測定されるものであるという思考の下に，その概念が形成されている。したがって，利益観に関する議論は，資本維持という概念を念頭に置いたうえで，期間利益の本質やそれらに関連する企業の経済的資源および義務より生じることになる（FASB『討議資料』，par.28-29；邦訳51-52頁）。

　FASB『討議資料』では，このような残余として利益を計算する方法として，以下の2つの方法を提示している（FASB『討議資料』，par.30；邦訳52頁）。

①1期間（すなわち2時点間）における企業の正味資産ないし純資産（資本）の増加として測定する方法
②1期間における企業の収益と費用の差額として測定する方法

　これらの利益測定方法は，利益に対して，前者は正味資産（純資産）の増減としての意義を，後者は企業の収益力の尺度としての意義を強調する立場をとっている。ただし，財務諸表の連携（articulation）を前提とする場合，2つの利益測定方法によって算出される利益は，同一の利益額を導き出すことになる。言い換えれば，これらの利益測定方法は，単に利益の意義に関する強調点の異なりに過ぎないのである。しかしながら，このような利益測定方法の強調点の不一致によって，財務会計上，利益測定についての2つの思考として資産負債アプローチと収益費用アプローチが生成されることになるのである（FASB『討議資料』，par.31；邦訳52頁）。そして，これら2つの利益観は，各々，固有の特徴を有し，その特徴に基づき，いくつかの相違を包含しているのである。そこで，次に，これら2つの利益観の特徴を概観してみる。

　FASB『討議資料』では，2つの利益観の特徴に対して，利益の定義と基

礎的測定プロセスの観点から検証がなされている。

(1) 利益の定義

まず，利益の定義という特徴に関して，資産負債アプローチは，利益を資産と負債の変化の関連によってのみ，測定されるもの（FASB『討議資料』，par.35：邦訳49頁）としている。つまり，この利益観における利益は，正味資産（純資産）の増加の尺度として捉えられ，資産と負債の増減の観点より定義されているのである[3]。なお，このような利益測定方法は，前節で言及した純資産増加説に類似している。

これに対して収益費用アプローチでは，利益を，企業の経営効率の測定値，言い換えれば，収益性の尺度であるとみなし，1期間の収益と費用との差額に基づいて定義している。つまり，この利益観では，企業の成果である収益（利益獲得活動からの成果）と収益を獲得するために費やされた努力である費用（利益獲得活動への努力）の差額として利益が測定される（FASB『討議資料』，par.38：邦訳55頁）[4]。

これら2つの利益観における利益の定義に基づくと，その利益測定プロセスは，次の**図表9-5**のような構造をもっていると考えられる[5]。

(2) 基礎的測定プロセス

次いで，各利益観における基礎的測定プロセスという特徴に関して検証してみる。

資産負債アプローチでは，資産を企業の経済的資源の財務的表現，そして，負債を将来において他の事業体（個人も含む）に資源を引き渡す義務の財務的表現と定義し，これら資産および負債を鍵概念（key concept）として，直接的な利益の構成要素である収益および費用を，1期間における資産および負債の増減の観点より定義している。

したがって，この利益観における基礎的測定プロセスとは，資産および負債，そして，それらの変動の測定を中心として構築されることになる（FASB『討議資料』，par.34：邦訳53-54頁）。

図表9-5　利益観における利益測定プロセス

資産負債アプローチの利益測定プロセス

①期首における資産および負債の特定に基づく期首正味資産（純資産）の測定

期首資産 － 期首負債 ＝ 期首正味資産

②期末における資産および負債の特定に基づく期末正味資産（純資産）の測定

期末資産 － 期末負債 ＝ 期末正味資産

③期首正味資産と期末正味資産の対比

期末正味資産 － 期首正味資産 ＝ 利益もしくは損失

収益費用アプローチの利益測定プロセス

①期間収益の測定プロセス
収益実現の原則に従った1期間の収益の測定
※未実現利益の排除

②期間費用の測定プロセス
費用収益対応の原則に基づき期間収益を獲得するために当該期間において企業の利益獲得活動に費やされた費用の測定

③期間利益の測定プロセス

期間収益 － 期間費用 ＝ 期間利益もしくは期間損失

このような観点を踏まえ，上述の**図表9-5**で提示した資産負債アプローチの利益測定プロセスを再考すると，この利益観においては，次の**図表9-6**のような基礎的測定プロセスが構築されると考えられる[6]。

これに対して収益費用アプローチでは，収益および費用を鍵概念としている。上述したように収益費用アプローチにおける利益とは，収益と費用の差額として定義されている。したがって，利益獲得活動からの成果である収益の認識と成果を獲得するために費やされた努力である費用の認識，そして，それら収益および費用の時点決定を行うことが，この利益観の基礎的測定プロセスとされている（FASB『討議資料』，par.39；邦訳55頁）[7]のである。

ただし，現代企業は，継続企業（ゴーイング・コンサーン）を前提としている。したがって，1期間における利益獲得活動への努力（費用）のすべてが，当該期間中に利益獲得活動からの成果（収益）として結実することは難しく，また，その逆も稀である。そこで，収益費用アプローチでは，収益および費用の認識に関して，収益には，"実現"[8]，そして，費用には，"対応"（狭義の対応）[9]という基礎概念に準拠させ，それらの時点決定を行うことを基礎的測定プロセスの中枢に据えることで，この問題を解決しているので

図表9-6 資産負債アプローチの基礎的測定セス

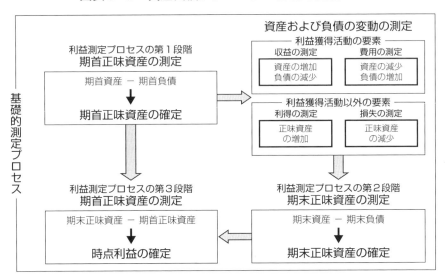

ある。このような収益費用アプローチにおける基礎的測定プロセスを図示すると，次の**図表9-7**[10]のような3つの階層を有するものとして表すことができる[11]。

3. 資産負債アプローチと収益費用アプローチの相違

　資産負債アプローチと収益費用アプローチにおける利益の定義および基礎的測定プロセスという特徴は，両者の財務諸表の構成要素に相違を生じさせる原因となる[12]。財務諸表の構成要素における相違とは，2つの利益観における資産および負債の範囲の相違を意味している。

　上述したように，FASB『討議資料』において提唱される資産負債アプローチは，資産および負債を企業の経済的資源および将来において他の事業体（個人も含めた）に譲渡する資源に対する企業の義務と定義している。

　これに対し，収益費用アプローチにおける資産および負債は，基礎的測定プロセスにおいて費用収益の対応とそれらの時点決定によって導き出される

図表9-7 収益費用アプローチの基礎的測定プロセス

規範	発 生 原 則
利益測定プロセス	利益測定プロセスの第1段階：収益の認識／実現：収益実現のルール（①非現金的資源および権利の貨幣への変換 ②資産の販売）／利益測定プロセスの第2段階：費用の認識／対応：費用対応のルール（①原因と結果の関連付け ②系統的かつ合理的な配分 ③即時認識）
基礎的測定プロセス／収益および費用の時点決定	現金の流出入の有無による収益および費用の組み合わせ：収益×収入／③未収益×②未収入／支出×費用／⑥未支出×⑦未費用／組み合わせ結果：①収入・収益／②収入・未収益／③収益・未収入／④未収益・未収入／⑤支出・費用／⑥支出・未費用／⑦費用・未支出／⑧未費用・未支出／繰延プロセス・見越プロセス

期間解消項目：損益計算書：収益および費用として計上される
未解消項目：貸借対照表：③および⑥は，資産として計上される／②および⑦は，負債・資本として計上される
オフバランス項目：財務諸表に計上されない

未解消項目として定義される。

　したがって，資産負債アプローチでは，企業の経済的資源および将来において他の事業体（個人も含めた）に譲渡する資源に対する義務を表示するもの[13]を，積極的に資産および負債として認識および測定し，そうでないもの[14]を，認識および測定することには消極的となる。

　収益費用アプローチは，費用収益の対応によって，導き出される経過勘定項目を会計上の資産および負債として認識および測定することに積極的である反面，費用収益対応の関係により，説明のつかないものを財務諸表の構成要素として認識および測定することに消極的な利益観といえる。

このような2つの利益観の財務諸表の構成要素，とりわけ貸借対照表の構成要素である資産および負債に対する考え方の相違は，2つの利益観における最も顕著な相違点であり，利益観の名称の由来ともなっている。なお，次の**図表9-8**は，2つの利益観における構成要素をまとめたものである[15]。

図表9-8　2つの利益観における構成要素の定義

	資産負債アプローチにおける構成要素の定義	収益費用アプローチにおける構成要素の定義
資　産	企業の経済的資源	費用性資産（支出・未費用） 貨幣性資産（収益・未収入，支出・未収入）
負　債	将来において他の事業体へ譲渡する企業の経済的資源に対する犠牲	貨幣性負債（費用・未支出，収入・未支出） 収益性負債（収入・未収益）
持分または資本	正味資産：資産から負債を控除したもの	資本金等（収入・未支出）
利　益	企業活動による正味資産の増加分	収益から費用を控除した残高
利　得	企業の利益獲得活動に起因することのない正味資産の増加分	
損　失	企業の利益獲得活動に起因することのない正味資産の減少分	
収　益	一期間における資産の増加および負債の減少	利益獲得活動からの成果（収入・収益）
費　用	一期間における資産の減少および負債の増加	利益獲得活動への努力（支出・費用）

さらに，前述の**図表9-6**および**図表9-7**の基礎的測定プロセスを踏まえ，上記の**図表9-8**における各利益観の構成要素の定義を財務諸表として図示すると，資産負債アプローチの財務諸表の構造は**図表9-9**のように，収益費用アプローチのそれは**図表9-10**のように表されることになる。

会計学において「何を利益とするか」という命題に関する議論の多くは，「2つの利益観のうち，どちらを採用するか」というものであるといっても過言ではない。そこで，次に，今日まで提唱されてきた多種多様な利益概念のうち，利益概念の史的展開において重視されている代表的な4つの利益概念を抽出し，各々の利益概念と利益観との関係について言及してみたい。

図表9-9　資産負債アプローチにおける財務諸表の構造

貸借対照表

資　産	負　債
企業の経済的資源	将来において他の事業体へ譲渡する企業の経済的資源に対する義務
	持分または純資産
	正味資産 ：資産から負債を控除したもの
	利　益
	企業活動による正味資産の増加分

損益計算書

費　用	収　益
一期間における資産の減少および負債の増加	一期間における資産の増加および負債の減少
損　失	
企業の利益獲得活動に起因することのない正味資産の減少分	**利　得**
	企業の利益獲得活動に起因することのない正味資産の増加分
利　益	**利　益**
企業活動による正味資産の増加分	企業活動による正味資産の増加分

図表9-10　収益費用アプローチにおける財務諸表の構造

貸借対照表

資　産　項　目	負債・資本項目
支払手段 貨　幣	**費用・未支出** 買掛金，未払費用，引当金など
収益・未収入 売掛金，未収収益など	**収入・未収益** 前受収益など
支出・未収入 貸付金など	**収入・未支出** 借入金，資本金など
支出・未費用 商品，製品，原材料，土地，建物，前払費用，繰延資産など	**期　間　利　益** 期間収益から期間費用を控除した金額

損益計算書

費　用　項　目	収　益　項　目
支出・費用	**収益・収入**
期　間　費　用 売上原価，販売費，一般管理費，営業外費用，特別損失など	**期　間　収　益** 売上高，営業外収益，特別利益など
期　間　利　益 期間収益から期間費用を控除した金額	

Ⅳ 利益概念の諸類型—利益観からの考察—

　本節では，アメリカを中心とする会計理論における代表的な利益概念についての考察を行う。なお，各利益概念には，それを提唱するに至った経緯，主張の位置づけや構造，具体的な測定方法など，1つひとつに膨大な考証すべき事項が存在しているが，ここでは，それらの詳細な吟味は割愛し，前節において言及した2つの利益観の観点から考察してみたい。

1．ペイトン＆リトルトンにおける利益概念

　ここでは，まず，アメリカにおける代表的な伝統的利益概念であるペイトン＆リトルトンの『会社会計基準序説』における利益概念について考察してみる。

　先節で触れたように，『会社会計基準序説』は，世界大恐慌における原因の究明のための集大成であり，会計の利益計算における「未実現利益の排除」をその主たる目的として公表されたものである。同書のなかで，ペイトン＆リトルトンは，会計の目的を企業に関する財務上の資料を経営者，出資者および公衆の要請にかなうように編成することにあるとし，財務諸表の作成とその内容を解釈するために，首尾一貫した体制を有する会計基準の必要性を説いている。そして，第2章「基礎概念」（『会社会計基準序説』，pp.7-23；邦訳11-39頁）において，そのような首尾一貫した体系から，利益を算出する方法として，「努力と成果」，すなわち「収益と費用」との対応を中止とした計算基礎を提示しつつ，そして，その差額としての期間利益を算出することを明示している。

　上述のような利益を算出する方法に鑑みれば，『会社会計基準序説』は，利益観として，収益費用アプローチを採用していることは明らかである。

2．エドワーズ＆ベルにおける利益概念

　エドワーズ＆ベルの利益概念とは，彼らの著書『経営利益の理論と測定』において提唱される経営利益概念を指している。同書によれば，企業の目的は，経済活動を通じて利益を最大化することであり，企業活動における経営者の責務とは，その目的を達成するために，資源をいかに配分すべきかを意思決定することにあるとされている。このような経営者の責務という観点から考察した場合，同書において主張される経営利益とは，経営者の意思決定の成否を評価するための指標としての役割を求められていることになる。また，エドワーズ＆ベルの想定する経営者の意思決定とは，営業活動に関する意思決定と保有活動に関する意思決定の2つを意味している。したがって，同書では，経営者の意思決定を評価するための経営利益の要素に関しても，各々の活動に対する意思決定の成否を判断するために，次の2つの要素が提示されている（Edwards and Bell, 1961, p.115；邦訳95頁）。

① 当期営業利益：経営活動に関する指標
　　1期間にわたって販売されるアウトプットのカレント価値が，関連するインプットのカレント価値を超過する部分
② 実現可能原価節約：保有活動に関する指標
　　企業によって保有される資産のカレント・コストの期中上昇分

　ここで注目すべきポイントは，エドワーズ＆ベルの主張する経営利益は，カレント・コストの期中上昇分を加味した購入時価をベースに資産を評価しているにもかかわらず，そこから前期に発生した実現保有利得（未実現の保有利得を除去した）を加算することで，いわゆる伝統的な会計利益の算出を内在している点にある。つまり，同書で主張される経営利益概念は，資産負債アプローチの基礎的測定プロセスを採用しながらも，そのなかに収益費用アプローチに基づき計算される利益が示唆されているのである[16]。

3. ASOBATにおける利益概念

　AAAは，1960年代のアメリカにおける企業を取り巻く経済的環境の変化に対応するために，情報論的および行動価格的アプローチに基づく会計の枠組みの構築を試みた。その成果が，ASOBATである。

　『会社会計基準序説』に代表される伝統的な発生主義会計の下では，「検証可能性」という会計情報の質的特徴を重視するため，資産の評価基準として歴史的原価を採用している。これに対して，ASOBATでは，「目的適合性」という会計情報の質的特徴を重視している。同書は，会計情報の質的特徴という観点から，時価に関する情報も情報利用者の意思決定に有用であるとする立場をとっているのである。

　なお，ASOBATでは，原価および時価の2つの評価基準に基づく多元的評価報告書として損益計算書を位置づけており，そのなかで，利益は，歴史的原価をベースにした計算書と購入時価をベースとした計算書を併記するかたちで説明されている（ASOBAT,付録B；邦訳121頁）。つまり，同書では，資産負債アプローチと収益費用アプローチの両者を採用し，損益計算書を2つの利益観の観点から，別々に構築する形式を採っているのである。

4. FASB概念フレームワークにおける利益概念

　FASBは，概念フレームワーク・プロジェクトの結論として，複数のFASB概念ステートメントを公表している。そのなかで，利益は，『財務会計概念ステートメント第6号「財務諸表の構成要素」（*Statements of Financial Accounting Concepts No.6：Elements of Financial Statements a replacement of FASB Concepts No.3*（平松和夫・広瀬義州訳『FASB財務会計の諸概念〔増補版〕』中央経済社, 2002年）以下，SFAC6号）において，出資者以外の源泉からの取引その他の事象および環境要因から生じる1期間における営利企業の持分の変動を意味する財務諸表の構成要素として定義されている。FASB概念フレームワークでは，かかる利益を包括利益として命名し，当該

利益には，出資者による投資および持分のすべての変動が含まれることも明示されている（SFAC6号, par.70；邦訳320頁）。

　FASB概念フレームワークにおける包括利益は，利益測定に関して，持分の変動（資産と負債の差額）という観点を強調していることから，資産負債アプローチを利益観として採用していると考えられる。しかしながら，FASB概念ステートメントでは，『財務会計概念ステートメント第5号「営利企業の財務諸表における認識と測定」(*Statements of Financial Accounting Concepts No.5：Recognition and Measurement in Financial Statements of Business Enterprises*（平松和夫・広瀬義州訳『FASB財務会計の諸概念〔増補版〕』中央経済社，2002年）以下，SFAC5号）』において，包括利益の1つの構成要素として稼得利益なる概念も提示されている。

　ここにいう稼得利益とは，1会計期間に実質的に完了した（またはすでに完了済みの）営業循環過程に関する資産流入額が，直接的または間接的であることを問わず，当該営業循環過程に関連する資産流出額を超過する（または超過しない）程度と密接な関係にある当該会計期間の業績の測定値（SFAC5号, par.36；邦訳228頁）を意図するものであり，包括利益から「累積的会計修正」と「出資者以外の者との取引から生じる持分変動」を差し引いた概念として提示されている。稼得利益における利益測定は，営業循環過程への資産の流入額（収益および利得）から，営業循環過程に関連する資産流出額（費用および損失）を減算するという構造をもっている。したがって，かかる意味合いにおいて，そのプロセスは，収益費用アプローチを利益観として据えているといっても過言ではない。

　上述の検証から明らかなように，FASB概念フレームワークにおける利益は，財務諸表の構成要素という観点からは，資産負債アプローチを採用しながらも，包括利益の概念の中に，稼得利益概念を包含させることで，認識・測定に関しては，収益費用アプローチに基づく利益測定に重きをおいているのである。このような資産負債アプローチと収益費用アプローチのハイブリッドという状態は，エドワーズ＆ベル以来，会計の枠組みの中に組み入れられたものであり，FASB概念フレームワーク以後の会計の枠組みにおいても，

形をかえながら引き継がれている[17]。なお，この利益観のハイブリッド化は，第2次世界大戦後の企業活動の量と質の変化，そして，企業を取り巻く経済的環境の複雑化，多様化に起因して生じていることは，先節において言及したとおりである。

V　むすび－利益の功罪－

本章では，「何を利益とするか」という命題について，各時代の要請への対応や概念の変化という側面から歴史的な考察を行ってきた。その要点は，以下のようにまとめることができる。

① 会計は，企業活動と企業を取り巻く経済的環境の変化によって発展してきたという事実から，「何を利益とするか」という命題は，各時代の企業活動や経済的環境に対応することへの要請と密接な関わりがあり，無縁ではないこと。

② 利益は差額であり，下位概念に支えられる上位概念であるため，「何を利益とするか」という命題は，各理論における利益を計算するための下位概念である資産，負債，純資産，収益，費用などの財務諸表の構成要素をどのように考えているかによって決定されること。

③ 会計学上，上位概念を支える下位概念を定義するための財務諸表観として，資産負債アプローチと収益費用アプローチという二律背反する思考が存在し，どちらの利益観を採用するかによって，財務諸表の構造，とくに，利益の定義が異なってしまうこと。

④ 発生主義会計の成立以降の会計理論は，企業活動の量と質の変化ならびに経済的環境の複雑化，多様化へ対応するため，資産負債アプローチと収益費用アプローチのどちらか，もしくは両者をハイブリッド化して採用することによって，利益概念を構築していること。

上記4つの要点を踏まえたうえで，最後に利益の捉え方・見方，言い換えれば，利益概念の基本的視座について考えてみたい。

　利益概念の基本的視座を考察するうえで，まず第1に，注目すべきことは，企業活動および経済的環境と利益概念の関係性である。利益は，時代の古今，洋の東西を問わず，企業活動の結果として測定されるものであり，新たなビジネスアイテムが，企業活動に導入され，企業のビジネスモデルに変化が生じるたびに，そして，企業を取り巻く経済的環境の発展によってビジネスインフラが拡充されるたびに，それらの変化を加味した企業経営を最も的確に表現するツールとして進化してきた。この関係性からは，「何を利益とするか」という命題に対して，「企業活動を最も的確に表すことのできうるものを利益とする」という解が導き出されるのである。このような視点に立脚した場合，利益の本質とは，その柔軟性にあるということができる。言い換えれば，変わることのない，変わってはならない普遍的な利益概念の基本的視座とは，企業活動の最適な表現のために変わり続ける柔軟性なのである。

　第2に，あらゆる企業活動を的確に表現できる万能な利益概念は，今後も提唱されえないということが，利益概念の基本的視座を考えるうえで，重要となる。利益概念の基本的視座が，その柔軟性であるとするならば，利益が企業活動と経済的環境の変化に対応し続ける限りにおいて，重要なツールとして企業経営に利用されるという関係は不変であると考えられる。しかしながら，この企業活動と利益の不変的な関係の存在を逆説的に考えれば，それは，唯一絶対の「真実の利益」というものが存在しえない証拠にもなる。なぜなら，企業経営に何らかのイノベーションが生じるたびに，利益は，変化し続けなければならないからである。

　ただし，その変化は，企業会計が複式簿記を企業活動の数値化のツールとして使用する限り，資産負債アプローチと収益費用アプローチの2つの利益観の間で生じることになる。なぜなら，企業活動のすべては，複式簿記によって，資産，負債，純資産，収益，費用という構成要素の増減と発生の関係としてデータ化されるため，それら構成要素の範囲のなかでの変化という限界を有しているからである。そういった意味では，利益観とは，利益概念の基

本的視座の範囲を意図しているといっても過言ではない。

　実際，近年において，企業活動が，財の製造・販売を中心としたプロダクト型から金融を中心としたファイナンス型へ重点を移行させてきた過程のなかで，利益観も収益費用アプローチではなく，ファイナンス型の企業活動にも対応することを目的として，資産負債アプローチに移行してきたのである。ただし，すべての企業活動がファイナンス型の活動に移行することは現実的ではない。そこで，現状として，各国の会計基準設定機関は，資産負債アプローチと収益費用アプローチをハイブリッド化して財務諸表の構成要素を定義することで，企業活動を最適に表現する方法を構築しようとしているのである。

　第3に，利益概念の基本的視座を考証するうえで，最も重視すべき論点は，利益は差額であり，それ自体には実体がないという利益の性質にある。利益は，上位概念であるゆえに，利益計算のための下位概念，すなわち資産，負債，純資産，収益，費用などの財務諸表の構成要素をどのように考えるかによって決定づけられるという性質をもっている。

　したがって，資産および負債の評価基準の恣意的な変更，そして，収益および費用の過少ないし過大計上によって，利益は容易に増減させることが可能なのである。このような利益操作に悪用されてしまう利益の性質は，利益の柔軟性の負の側面といえる。たとえば，山陽特殊鋼，不二サッシ，山一證券，エンロン，ワールドコム，リーマンブラザース，東芝など，戦後，国内外で発生した数々の粉飾決算についても，各々手法は異なってはいるが，それらは，すべて利益の性質を悪用することによって発生した問題といえる。

　先述したように，「何を利益とするか」という命題に対して，「企業活動を最も的確に表すことのできうるものを利益とする」という解が，正しい解であるとするならば，利益とは，企業の目的ではなく，企業経営を的確に表現するための手段，言い換えれば，企業経営における1つのツールでしかない。したがって，利益操作を主とした粉飾決算の問題は，企業経営の1つのツールであるはずの利益を目的化することから生じていると考えられるのである。また，利益の性質を悪用した企業不正の多くは，多数のステークホルダーが，

企業経営の目的をより多くの利益を獲得することにあると誤解していることから生じていると考えられる。利益は，下位概念の資産，負債，純資産，収益，費用の差額であり，企業活動の成否は，本来，それら下位概念にこそ存在しているのである。さらに言及するならば，企業不正を生じさせないためには，すべてのステークホルダーが，利益の大小のみに注目するのではなく，利益の質とその背景にある企業活動を読み解くための「真の会計リテラシー」を，身につけねばならないことを最後に指摘しておきたい。

注

1) IASBは，2001年に，国際会計基準委員会（International Accounting Standards Committee：IASC）から改組された機関であり，現在，国際財務報告基準の実質的な制定を担っている。
2) なお，FASB『討議資料』における資産負債アプローチ，収益費用アプローチ，非連携アプローチという3つの財務諸表観の選択問題には，財務諸表に含められるべき項目と含められるべきではない項目を区分することも意図されている（FASB『討議資料』, par.26；邦訳51頁）。
3) 資産負債アプローチにおける利益測定プロセスでは，ある2時点間における企業の正味資産（純資産）を対比して利益測定を行うという構造を持っているため，この利益観における利益は，一般に，時点利益と呼ばれている。言い換えれば，資産負債アプローチにおける利益は，企業価値の尺度（ストック指向）として役割を求められているのである。
4) 収益費用アプローチにおける利益測定プロセスは，収益実現過程と費用収益対応過程の2つの段階に区分されている（FASB『討議資料』, par.40；邦訳56頁）。そして，この利益観の利益測定プロセスによって導き出される利益は，一般に期間利益と呼ばれている。なお，期間利益とは，一期間における企業の利益獲得活動の正味成果，すなわち収益性の尺度ないし企業効率の尺度であり，企業の活動そのものに焦点をあてた（フロー指向）利益といえる。
5) 図表9-5に示されるように，資産負債アプローチでは，利益は，正味資産の増加分として定義されるのであるが，現代の企業活動においては，直接的な資本増減などの事象が存在しており，すべての正味資産の増減が利益に影響を及ぼすことにはならない。つまり，正味資産の増減が利益であるとする資産負債アプローチにおいても，資本拠出および資本引出，すなわち投資および分配などに起因する正味資産の増減は，企業の利益獲得活動とは関連のない増減として利益の定義に含められないのである（FASB『討議資料』, par.36；邦訳54頁）。
6) FASB『討議資料』では，資産および負債に変動をもたらす活動を，利益獲得活

動の要素とそれ以外の要素に分けて定義している。前者は，収益および費用であり，後者は，利得および損失として定義されている。
7) FASB『討議資料』では，収益の認識と費用の認識に関するプロセスを対応という表現を用いて，次のように定義している（FASB『討議資料』, par.18, footnote；邦訳44-45頁）。
 対応：一般に，しばしば，「費用・収益の対応」または「収益・費用の対応」のプロセスとして記述されるものであり，期間利益測定のプロセス全体を意味するために用いられている。「実現」はかかる意味に包摂される。対応はまた，費用認識プロセス全般を意味するために用いられている。かかる意味において，期間利益測定は「実現と対応」のプロセスとして記述されている。
8) FASB『討議資料』では，実現を次のように定義している（FASB『討議資料』, par.18, footnote；邦訳44-45頁）。
 実現：技術的には，非現金的資源および権利を貨幣に変換するプロセスを意味するものであり，財務会計における最も厳密な意味では，現金ないし現金請求権の獲得を目的とした資産の販売を言い表す用語として用いられている。
9) FASB『討議資料』では，費用を収益に関連づける主たる方法，すなわち狭義の対応には，次の 3 つの方法が提示されている（FASB『討議資料』, par.40；邦訳56頁）。
 (a) 原因と結果の関連づけ（最狭義の対応）
  これは，売上原価や販売手数料のように，認識された収益との直接的関係が明瞭な，あるいはその関係が合理的に推定可能な費用に対して摘要される。
 (b) 系統的かつ合理的な配分
  これは，減価償却費や保険料のように，複数の会計年度に関連し，認識された収益との直接的関係が明瞭でないものの，償却，あるいはその他の首尾一貫して適用される方法を通じて，収益が認識される期間と系統的に関連づけることが可能な費用に対して適用される。
 (c) 即時的認識
  これは，ほとんどの販売費および一般管理費のように，特定可能ないかなる将来便益をももたらさない費用，あるいは他の会計年度の収益と合理的に関連づけることが不可能な費用に対して適用される。
10) 図表9-7の収益および費用の時点決定に関する組み合わせは，武田（1988）における論述を筆者が改良して作成したものである。
11) FASB『討議資料』では，"実現"および"対応"という発生主義会計における期間利益の測定に関するルールは提示されているにもかかわらず，発生主義会計における大原則である発生の原則に関して何らの記述もなされていない。しかし，藤井(1990)によれば，FASB『討議資料』で提唱される収益費用アプローチの基礎的測定プロセスのなかに，規範としての発生原則の存在が論じられている（藤井, 1990, 11-12頁）。

つまり，収益費用アプローチにおける基礎的測定プロセスは，規範としての「発生原則」を前提とし，ルールとしての「実現」および「対応」，そして，時点調整手続（藤井，1990，12-13頁）としての「見越」および「繰延」という階層構造を有しているのである。そして，この利益観では，図表9-7のような基礎的測定プロセスを経て，収益および費用以外の財務諸表の構成要素は，収益および費用の認識および測定から帰納的に導き出されることになる。

12) FASB『討議資料』においては，資産負債アプローチと収益費用アプローチの相違は，実質的相違と形式的相違に分類されている。そのなかで，「財務諸表の構成要素に関する相違」は，利益観の実質的相違として紹介されている。なお，同資料では，財務諸表の構成要素に関する相違の他に，実質的相違として「利益測定に関する相違」も取り上げられている。

さらに，同資料では，「財務諸表の優位性に関する相違」と「財務諸表の構成要素の測定属性に関する相違」が，利益観の形式的相違であると主張されている。

13) たとえば，リース資産，未履行契約債権および債務，デリバティブなどが，これに該当する。

14) たとえば，自家保険引当金，繰延法採用による繰延税金などがこれに該当する。

15) ここで注目すべきは，資産負債アプローチにおける最も基礎的な鍵概念は，資産の定義にあるということにある。なぜなら，今1つの鍵概念である負債の定義は，資産の定義の逆定義になっているからである（広瀬，1995，150頁）。

16) なお，エドワーズ&ベルは，当期営業利益に実質的資本利得と実現原価節約を加えたものを実現利益概念として，その主張の中に,経営利益とともに併存させている。

17) FASBの公表したFASB概念フレームワークは，多くの国々の会計基準に多大な影響力を及ぼしてきた。とくに，IASBの前身であるIASCによって公表された『財務諸表の作成に関する枠組み』（*Framework for the Preparation and Presentation of Financial Statements*）は，FASB概念フレームワークの会計思考の多くをそのまま踏襲したものとなっている。

参照文献

AAA (1966) Committee to Prepare a Statement of Basic Accounting Theory, *A statement of Basic Accounting Theory*. （飯野利夫訳『アメリカ会計学会 基礎的会計理論』国元書房，1969年）

Edwards, E.O. and P.W. Bell (1961) *The Theory and measurement of Business Income*, University of California Press: Berkeley. （伏見多見雄・藤森三郎訳『意思決定と利潤計算』日本生産性本部，1964年）

FASB (1976) *An Analysis of Issues related to Conceptual Framework for Financial Accounting and Reporting : Elements of Financial Statements and Their Measurement, FASB Discussion Memorandum*. （津守常弘監訳『FASB財務会計の概念フレームワーク』中央経済社，1997年）

FASB (1984) *Statements of Financial Accounting Concepts No.5: Recognition and Measurement in Financial Statements of Business Enterprises*, FASB.(平松和夫・広瀬義州訳『FASB財務会計の諸概念〔改訂新版〕』中央経済社, 2002年)

FASB (1985) *Statements of Financial Accounting Concepts No.6: Elements of Financial Statements of replacements of FASB Concepts No.3*.(平松和夫・広瀬義州訳『FASB財務会計の諸概念〔改訂新版〕』中央経済社, 2002年)

Paton, W.A. and A.C. Littleton (1940) *An Introduction to Corporate Accounting Standards*.(中島省吾訳『「会社会計基準」序説』森山書店, 1979年)

阪本安一 (1967)「第1編利潤計算論第1章利益概念の諸相」山下勝治先生還暦記念論文集『利潤会計と計画会計』千倉書房。

武田隆二 (1988)「資産概念の拡張と能力概念」『企業会計』第40巻, 第10号。

広瀬義州 (1996)『会計基準論』中央経済社。

藤井秀樹 (1990)「FASB1976年討議資料の収益費用アプローチに関する検討」『経済論叢』第146巻第5・6号, 京都大学経済学会。

若杉明 (1985)『企業利益の測定基準』中央経済社。

事項索引

あ

IPO ······································ 169
アウトソーシング ······················ 188
ASOBAT ·························· 227, 244
新しい産業組織論 ······················· 48
アメリカ会計学会（AAA）········· 227, 244
アメリカ財務会計基準審議会（FASB）
······························ 227, 244
アントレプレナー ················ 170, 188
アントレプレナーシップ··· 166, 172-176, 180, 181, 184, 188

意思決定有用性 ························ 227
意思決定有用性会計 ···················· 227
5つの競争要因分析 ····················· 38
イノベーション ········ 166, 171-182, 184, 187
イノベーション戦略 ···················· 185
イノベーションのジレンマ ············· 210
イメージ先行型 ························ 128
インクリメンタル・イノベーション ····· 210

売上総利益 ···························· 221
売上高最大化仮説 ······················· 98

営業利益 ······························ 221
エージェンシー・コスト ··············· 102
エージェンシー理論 ············· 14, 20, 99
S-C-Pパラダイム ······················· 38
STP ·································· 195
SPA ·································· 179
NPO ·································· 182
MOT ·································· 121
MBO ·································· 181

オープン・イノベーション ············· 124
オペレーション効率 ····················· 29
オンリーワン企業 ······················ 166

か

会社支配市場 ··························· 12
会社法人性 ····························· 4
外的整合性 ····························· 78
外的報酬 ························· 70, 73, 77
外部適応 ······························ 150
鍵概念 ································ 236
課業 ··································· 61
革新を志向する企業文化 ················ 155
過少投資問題 ·························· 101
価値相関図 ····························· 49
稼得利益 ······························ 245
カニバリゼーション ···················· 215
株主価値 ························· 89, 93, 94
株主価値創造経営 ················ 90, 106, 108
株主価値の最大化 ······················· 93
株主重視 ······························· 84
環境適応型文化 ························ 153
完全合理性 ····························· 95
管理理念 ······························· 60

機会主義的行為 ····················· 14, 18
機関投資家 ························· 11, 12
起業家 ·························· 172, 188
企業家 ············ 172, 174, 180, 181, 184-188
企業家社会 ······················ 184, 186, 187
企業価値 ············ 13, 16, 24, 89, 92-94
企業価値の最大化 ······················· 93
企業成長率最大化仮説 ··················· 98
企業特殊的投資の束 ················ 18, 20
企業の社会的責任（CSR）············ 1, 114
企業文化 ························· 59, 140
企業別労働組合 ························ 125
技術機会主義 ····················· 214, 215
技術集約型新興企業 ···················· 167
規模の経済性 ··························· 32
キャッチ・アップ型の戦略 ············· 148
キャッチ・アップ型ビジネスモデル

	163, 168, 184
キャピタル・ゲイン	7, 171
キャリア形成	73, 82
QCサークル	69, 77, 82
共進化	23, 24
競争戦略論	76, 78, 136
競争優位	76, 78, 79, 84
協調的の労使関係	64, 68, 77, 81
協働	63, 64
共有された価値観	141
協力関係形成説	65, 85
木を見て森を見ず型	125
金融ビッグバン	168
ゲーム・アプローチ	48
経営財務（コーポレート・ファイナンス）	90
経営者支配	8, 98
経営利益	251
経営利益概念	243
経験曲線	36, 141
経済人モデル	61
経常利益	221
継続企業	225
契約の束	99
現金主義会計	224
限定合理性	97
ゴーイング・コンサーン	7, 24
コーペティション	48
コーポレート・ガバナンス	1, 103
コーポレート・ベンチャー	182
コア・ケイパビリティ	44
コア・コンピタンス	43, 124
コア・リジディティ	46
交差助成問題	100
公式組織	65
公正価値	228
高賃金・低労務費	61
行動科学	65, 66
効用最大化仮説	95
顧客価値	193, 195
顧客満足	195, 206
顧客ロイヤルティ	206
国際会計基準（IASB）	227

国際財務報告基準（IFRS）	228
個人主義	186
個別的労使関係	81
コミットメントの段階的拡大	100

さ

財務的意思決定	90
財務諸表観	233
財務諸表の連携	233
サプライチェーン	188
差別化戦略	136
差率的出来高給制度	61
参加型の企業文化	149
産業心理学	62, 63
GEM	172, 174, 176
シカゴ学派	40
資源ベース・アプローチ	40
資源ベース理論	76, 78
資源ポジション障壁	41
自己実現人モデル	65
資産代替問題	101
資産負債アプローチ	238
市場シェア	141
市場成長率	141
持続的競争優位	42
実現	237
実現利益概念	251
実践としての戦略	53
資本調達決定	91
社会人モデル	65
社会的財産	68, 71, 77, 80
社会的存在	64
ジャスダック	168
ジャスト・イン・タイム（JIT）	124
収益費用アプローチ	238
収益費用差額説（費用収益差額説）	231
終身雇用	125, 69, 77
集団意思決定システム	186
集団主義	186
集団的労使関係	81
10のD	175
準公的会社	10
純資産増加説（純財産増加説）	230

上位目標 ・・・・・・・・・・・・・・・・・・・・・・・・・・ 143
小集団管理 ・・・・・・・・・・・・・・・・・・・・・・・・・ 65
職務充実 ・・・・・・・・・・・・・・・・・・・・・・・・・・・ 69
所有権 ・・・・・・・・・・・・・・・・・・・・・・・・・・・ 4, 5
所有者支配 ・・・・・・・・・・・・・・・・・・・・・・・・・ 22
所有と経営の分離 ・・・・・・・・・・・・・・・・・・ 97
シリコンバレー ・・・・・・・・・・・・・・・・・・・ 167
新規開業 ・・・・・・・・・・・・・・ 165, 176, 177, 181
新結合 ・・・・・・・・・・・・・・・・・・・・・・・・・・・ 184
新興市場 ・・・・・・・・・・・・・・・・・・・・・・・・・ 168
人的資源理念 ・・・・・・・・・・・・・・・・・・・ 65, 75
人的資本理論 ・・・・・・・・・・・・・・・・・・・・・・ 75
人本主義企業 ・・・・・・・・・・・・・・・・・・・・・ 130

SWOT分析 ・・・・・・・・・・・・・・・・・・・・・・・・ 33
ステークホルダー ・・・・・・・・・・・・・・・・・ 182
ステークホルダー・アプローチ ・・・・ 17, 20
ストック・オプション ・・・・・・・・・・ 89, 104
スリーピング・パートナー ・・・・・・・・・・ 12

成果主義 ・・・・・・・・・・・・・・・・ 77, 83, 86, 127
生産年齢 ・・・・・・・・・・・・・・・・・・・・・・・・・ 188
成長ベクトル ・・・・・・・・・・・・・・・・・・・・・・ 35
税引前当期純利益 ・・・・・・・・・・・・・・・・・ 222
製品アーキテクチャ論 ・・・・・・・・・・・・・ 124
製品ライフサイクル ・・・・・・・・・・・・・・・・ 36
制約条件の理論 ・・・・・・・・・・・・・・・・・・・ 135
戦略の意思決定 ・・・・・・・・・・・・・・・・・・・・ 32
戦略的経営 ・・・・・・・・・・・・・・・・ 71, 74, 78
戦略適合文化 ・・・・・・・・・・・・・・・・・・・・・ 153

創造的戦略 ・・・・・・・・・・・・・・・・・・・・・・・ 154
創造的破壊 ・・・・・・・・・・・・・・・・・・・・・・・ 174
組織的怠業 ・・・・・・・・・・・・・・・・・・・・・・・・ 61
組織の編成原理 ・・・・・・・・・・・・・・・・・・・ 130
組織文化 ・・・・・・・・・・・・・・・ 140, 202, 203
ソフトのS ・・・・・・・・・・・・・・・・・・・・・・・ 143
損益計算書 ・・・・・・・・・・・・・・・・・・・ 221, 222

た

対応 ・・・・・・・・・・・・・・・・・・・・・・・・・・・・・ 237
第二創業 ・・・・・・・・・・・・・・・・・・・・・・・・・ 182
ダイナミック・ケイパビリティ・アプローチ
 ・・・・・・・・・・・・・・・・・・・・・・・・・・・・・・・・・ 50

達成動機理論 ・・・・・・・・・・・・・・・・・・・・・・ 65
多面的人間 ・・・・・・・・・・・・・・・・・・・・ 65, 75

知覚品質 ・・・・・・・・・・・・・・・・・・・・・・・・・ 206
知識集約型企業 ・・・・・・・・・・・・・・・・・・・ 166
調停ヒエラルキー ・・・・・・・・・・・・・・・・・・ 22

強い文化 ・・・・・・・・・・・・・・ 146, 147, 151, 155

TEA ・・・・・・・・・・・・・・・・・・・・・・・・・・・・・ 173
帝国建設の選好 ・・・・・・・・・・・・・・・・・・・ 100
適合概念 ・・・・・・・・・・・・・・・・・・・・・・・・・ 154
伝統的産業組織論 ・・・・・・・・・・・・・・・・・・ 38

当期純利益 ・・・・・・・・・・・・・・・・・・・・・・・ 222
動機づけ―衛生理論 ・・・・・・・・・・・・・・・・ 65
動作・時間研究 ・・・・・・・・・・・・・・・・・・・・ 61
投資決定 ・・・・・・・・・・・・・・・・・・・・・・・・・・ 91
東証マザーズ ・・・・・・・・・・・・・・・・・・・・・ 168
動態論会計 ・・・・・・・・・・・・・・・・・・・・・・・ 226
トヨタ生産方式 ・・・・・・・・・・・・・・・・・・・ 123
トレード・オフ仮説 ・・・・・・・・・・・・・・・ 105
トレンド・フォロアー ・・・・・・・・・・・・・ 123

な

内的整合性 ・・・・・・・・・・・・・・・・・・・ 78, 149
内的報酬 ・・・・・・・・・・・・・・・・・・・ 70, 73, 77
内部統合 ・・・・・・・・・・・・・・・・・・・・・・・・・ 145
ナスダック・ジャパン ・・・・・・・・・・・・・ 168
7つのS要素 ・・・・・・・・・・・・・・・・・・・・・・ 143
成行管理 ・・・・・・・・・・・・・・・・・・・・・・・・・・ 61
ナレッジ・マネジメント ・・・・・・・・・・・ 124

二重構造論 ・・・・・・・・・・・・・・・・・・・・・・・ 163
ニッチトップ企業 ・・・・・・・・・・・・・・・・・ 166
日本型企業モデル ・・・・・・・・・・・・・・・・・ 145
日本的企業家社会 ・・・・・・・・・・・・・・・・・ 186
日本的経営 ・・・・・・・・・・・・・・・ 68, 77, 84, 185
日本的社会システム ・・・・・・・・・・・・・・・ 186
人間関係論 ・・・・・・・・・・・・・・・・・・・・ 64, 65
人間的尊厳 ・・・・・・・・・・・・・・・・・・・・ 66, 75
人間的存在 ・・・・・・・・・・・・・・・・・・・・ 62, 63

能力ベース・アプローチ ・・・・・・・・・・・・ 43

は

パーソネル ……………………………… 62
ハードのS ……………………………… 143
バイアウト投資 ………………………… 169
媒介変数 ………………………………… 206
配当政策 ………………………………… 91
破壊的イノベーション 180, 210, 211, 213, 214
発生主義会計 …………………………… 226
範囲の経済性 …………………………… 32
半発生主義会計 ………………………… 225

PB ………………………………………… 188
非公式組織 ……………………………… 65
ビジネスプラン ………………………… 183
非連携アプローチ ……………………… 233

フォーチュン・グローバル500 ………… 177
福祉 ……………………………………… 62, 80
負債価値 ………………………………… 93
負債の規律づけ効果 …………………… 105
プライベート・エクイティ …………… 169
フリー・キャッシュ・フロー仮説 …… 105
ブルーオーシャン戦略 ………………… 124
不連続な変革 …………………………… 152
プロアクティブ市場志向 ……………… 212
プロダクト・ポートフォリオ・マネジメント
　（PPM） ……………………………… 36, 141
プロダクト・ライフ・サイクル ……… 141
文化的な惰性 …………………………… 152
粉飾決算 ………………………………… 248
分析的アプローチ ……………………… 140
分析マヒ症候群 ………………………… 142

ベンチャー・キャピタル ……… 167, 168, 183
ベンチャー投資 ………………………… 169

包括利益 ………………………………… 244
ポジショニング・アプローチ ………… 38

ま

マーケティング3.0 …………………… 216

マーケティング・マイオピア ……… 197, 217

見えざる手 ……………………………… 31
見える手 ………………………………… 31
３つのａ ………………………………… 174

無形の資産 ……………………………… 79, 82

メガベンチャー ………………………… 182

目的適合性 ……………………………… 244
モデレータ変数 ………………………… 207

や

欲求理論 ………………………………… 66
4P ………………………………………… 195

ら

ラディカル・イノベーション … 210, 213-215

利益観 …………………………………… 235, 246
利益操作 ………………………………… 248
リ・エンジニアリング ………………… 124
リーダーシップ ………………………… 175
リスク ………………………… 167, 169, 179, 180, 184
リテラシー不足 ………………………… 133

ルート128地域 ………………………… 167

レスポンシブ市場志向 ………………… 212

ロールモデル …………………………… 187
労使関係 ………………………………… 61
労働管理 ………………………………… 61
労働者管理 ……………………………… 65
労働力管理 ……………………………… 63
労働力有効利用説 ……………………… 63, 65, 85

わ

Y理論 …………………………………… 65, 69

人名索引

あ

アイゼンハート（Eisenhardt, K.M.）…… 51
アダム・スミス（Adam Smith）…… 6, 31
アンゾフ（Anzoff, H.I.）………………… 32
アンドルーズ（Andrews, K.R.）………… 32

岩崎弥太郎 …………………………… 186

ウィッティントン（Whittington, R.）…… 53
ウィンター（Winter, S.G.）……………… 50
植竹晃久 ……………………………… 4, 7, 13
ウェルチ（Welch, J.F.）………………… 174
ウォーターマン（Waterman, R.H.）…… 140
ウォルトン（Walton, E.）……………… 154

エイソス（Athos, A.G.）……………… 140
エドワーズ（Edwards, E.O.）… 226, 243, 251

オオウチ（Ouchi, W.G.）……………… 146
オーライリーⅢ世（O'Reilly, C.A.Ⅲ）…… 152

か

勝部伸夫 ………………………………… 3, 22

菊澤研宗 ………………………………… 16

クール（Cool, K.）……………………… 42
クラウゼヴィッツ（Carl von Clausewitz）31
グラント（Grant, R.M.）………………… 43
クリステンセン（Christensen, C.M.）
 ……………………………… 180, 210, 211

ケインズ（Keynes, J.M.）……………… 14
ケネディー（Kennedy, A.A.）………… 146
ケラー（Keller, K.L.）………………… 192, 193

コーリ（Kohli, A.K.）………… 199, 200, 208
ゴールドラット（Goldratt, E.）………… 135

コッター（Kotter, J.P.）………………… 152
コトラー（Kotler, P.）…………… 192, 193, 216
古林喜楽 ………………………………… 86
コパレ（Kopalle, K.）…………………… 213
ゴビンダラジャン（Govindarajan, P.）… 213

さ

サイアート（Cyert R.H.）……………… 97
サイモン（Simon, H.A.）………………… 97

ジェンセン（Jensen, M.C.）…… 98, 102, 104
渋沢栄一 ……………………………… 186
シャイン（Schein, E.）………………… 150
ジャオルスキ（Jaworski, B.J.）… 199, 200, 208
シュマーレンバッハ（Schmalenbach, E.）226
シュムペーター（Shumpeter, J.A.）… 174, 184
ジョンソン（Johnson, G.）……………… 53

スタウト（Stout, L.）…………………… 18
スティグラー（Stigler, G.J.）…………… 40
スペクター（Spector, B.）……………… 67
スレーター（Slater, S.F.）… 199, 201, 208, 212

孫武 ……………………………………… 31

た

ダーデン（Darden, B.）………………… 198
タッシュマン（Tushman, M.L.）……… 152

チャンドラー（Chandler, A.D.,Jr.）… 8, 31

ティース（Teece, D.J.）………………… 51
ティード（Tead, O.）…………………… 62, 85
ディーリックス（Dierickx,I.）…………… 42
ディール（Deal, T.E.）………………… 146
ティッキー（Tichy,N.M.）……………… 71
テイラー（Taylor,F.W.）………………… 61
デバナ（Devanna,M.A.）……………… 71

257

ドラッカー（Drucker, P.F.）···· 166, 174, 176, 180, 196-198, 208

な

ナーヴァー（Narver, J.C.）··· 199, 201, 208, 212
中西寅雄 ·· 23

ネイルバフ（Nalebuff, B.J.）··············· 48
ネルソン（Nelson, R.R.）····················· 50

は

バークスデール（Barksdale, H.C.）······· 198
バーゲルマン（Burgelman, R.A.）··········· 53
ハーズバーグ（Herzberg, F.）·········· 65, 69
バーニー（Barney, J.B.）··············· 40, 76
バーリ（Berle, A.A.）········ 8-10, 22, 97, 110
バイグレイブ（Bygrave, W.）··············· 175
パスカル（Pascale, R.T.）··················· 140
ハメル（Hamel, G.）··························· 43

ビアー（Beer, M.）··························· 67
ピーターズ（Peters, T.J.）··················· 140
ピゴーズ（Pigors, P.）··················· 64, 85

フォムブラン（Fombrun, C.J.）··············· 71
藤本隆弘 ·· 128
プラハラッド（Prahalad, C.K.）··············· 43
ブランデンバーガー（Brandenburger, A.M.）··· 48
ブレア（Blair, M.M.）························· 18

ペイトン（Paton, W.A.）··············· 226, 242
ベイン（Bain, J.S.）··························· 38
ヘスケット（Heskett, J.L.）··················· 152
ペティグルー（Pettigrew, A.）··············· 53
ペテラフ（Peteraf, M.A.）···················· 42
ペリー（Perry, L.T.）························· 45
ベル（Bell, P.W.）··············· 226, 243, 251
ペンローズ（Penrose, E.T.）················· 40

ポーター（Porter, M.E.）······ 29, 76, 136, 145
ボーモル（Baumol, W.J.）···················· 98

ま

マーチ（March, J.G.）························ 97

マーティン（Martin, J.A.）···················· 51
マイヤーズC.A.（Myers, C.A.）········ 64, 85
マイヤーズS.C.（Myers, S.C.）············· 101
マクミラン（McMillan, J.）··················· 48
マクラクラン（Machlachlan, D.L.）········· 212
マグレガー（McGregor, D.）············· 65, 69
マクレランド（McClelland, D.）············· 65
マズロー（Maslow, A.H.）···················· 65
松下幸之助 ···································· 186
マリス（Marris, R.）··························· 98

ミーンズ（Means, G.C.）····· 8-10, 22, 97, 110
ミラー（Miller, M.H.）··················· 91, 105
ミンツバーグ（Mintzberg, H.）··············· 53

メイソン（Mason, E.S.）······················ 38
メイヨー（Mayo, G.E.）······················· 64
メギンソン（Megginson, L.C.）
 ································ 65, 66, 75, 76, 85
メックリング（Meckling, W.H.）··· 98, 102, 104
メトカーフ（Metcalf, H.C.）············· 62, 85

モジリアーニ（Modigliani, F.）········ 91, 105

や

ヨーダー（Yoder, D.）··················· 63, 85

ら

ラパポート（Rappaport, A.）················ 106

リトルトン（Littleton, A.C.）········ 226, 242

レイナー（Raynor, M.）······················ 211
レオナルド・バートン（Leonard-Barton, D.）·· 43
レスリスバーガー（Roethlisberger, F.J.）··· 64
レビット（Levitt, T.）······· 39, 196-198, 217

ローゼンツワイグ（Rosenzweig, P.）····· 128
ロバーツ（Roberts, J.）····················· 128

わ

ワーナーフェルト（Wernerfelt, B.）········ 40

【執筆者紹介】（執筆順，＊編著者）

＊石嶋　芳臣（いしじま・よしおみ）〔第1章担当〕
　　1965年　秋田県八峰町生まれ
　　　　　　慶應義塾大学大学院商学研究科博士後期課程単位取得
　　　　　　北海学園大学専任講師（1994年），助教授（1995年），教授（2007年）を経て，現職。
　　現　在：北海学園大学経営学部教授
　　　　　　北海学園大学大学院経営学研究科教授
　　主　著：『変革期の組織マネジメント－理論と実践－』（共著）同文舘，2006年
　　　　　　『現代企業経営のダイナミズム』（共著）税務経理協会，2002年
　　　　　　『経営システムの日本的展開』（共著）創成社，1998年

今野　喜文（こんの・よしふみ）〔第2章担当〕
　　1970年　北海道上川郡美瑛町生まれ
　　　　　　慶應義塾大学大学院商学研究科博士後期課程単位取得
　　　　　　北星学園大学専任講師（2000年），助教授（2003年），教授（2009年）を経て，2014年より現職。
　　現　在：北海学園大学経営学部教授
　　　　　　北海学園大学大学院経営学研究科教授
　　主　著：『経営学イノベーション2　経営戦略論［第2版］』（共著）中央経済社，2013年
　　　　　　『経営学イノベーション3　経営組織論［第2版］』（共著）中央経済社，2013年
　　　　　　『変革期の組織マネジメント－理論と実践－』（共著）同文舘，2006年

＊岡田　行正（おかだ・ゆきまさ）〔第3章担当〕
　　1967年　広島県尾道市生まれ
　　　　　　広島修道大学大学院商学研究科博士後期課程修了
　　　　　　北海学園大学専任講師（1997年），助教授（1998年），教授（2007年）を経て，2010年より現職。
　　現　在：広島修道大学商学部教授
　　　　　　広島修道大学大学院商学研究科教授
　　　　　　博士（経営学）
　　主　著：『工業経営における人・組織と技術』（共著）学文社，2010年
　　　　　　『アメリカ人事管理・人的資源管理史（新版）』（単著）同文舘，2008年
　　　　　　『変革期の組織マネジメント－理論と実践－』（共著）同文舘，2006年

執筆者紹介

赤石　篤紀（あかいし・あつのり）〔第4章担当〕
1974年　大阪府大阪市生まれ
　　神戸商科大学大学院経営学研究科博士後期課程単位取得
　　北海学園大学専任講師（2003年），准教授（2007年）を経て，2014年より現職。
現　在：北海学園大学経営学部教授
　　　　北海学園大学大学院経営学研究科教授
主　著：『スモールビジネスの財務』（共著）中央経済社，2009年
　　　　『戦略財務マネジメント』（共著）中央経済社，2008年
　　　　『市場志向の経営』（共著）千倉書房，2007年

森永　泰史（もりなが・やすふみ）〔第5章担当〕
1975年　和歌山県有田市生まれ
　　神戸大学大学院経営学研究科博士後期課程修了
　　北海学園大学専任講師（2005年），准教授（2008年），教授（2014年）を経て，2016年より現職。
現　在：京都産業大学経営学部教授
　　　　博士（経営学）
主　著：『経営学者が書いたデザインマネジメントの教科書』（単著）同文舘出版，2016年
　　　　『デザイン重視の製品開発マネジメント－製品開発とブランド構築のインタセクション－』（単著）白桃書房，2010年
　　　　『市場志向の経営』（共著）千倉書房，2007年

横尾　陽道（よこお・はるみち）〔第6章担当〕
1976年　群馬県富岡市生まれ
　　慶應義塾大学大学院商学研究科博士後期課程単位取得
　　北星学園大学専任講師（2004年），准教授（2008年）を経て，2015年より現職。
現　在：千葉大学大学院社会科学研究院准教授
　　　　千葉大学グローバル関係融合研究センター研究員（兼務）
　　　　博士（商学）
主　著：『経営学イノベーション2　経営戦略論［第2版］』（共著）中央経済社，2013年
　　　　『経営学イノベーション3　経営組織論［第2版］』（共著）中央経済社，2013年
　　　　『「組織力」の経営－日本のマネジメントは有効か－』（共著）中央経済社，2002年

田中　史人（たなか・ふみと）〔第7章担当〕

1961年　山梨県甲府市生まれ
　　中央大学大学院商学研究科博士後期課程修了
　　企業の経営企画部門や経営コンサルタントなどの実務に携わった後，財団法人山梨総合研究所主任研究員（2002年），北海学園大学専任講師（2003年），助教授（2005年）を経て，2009年より現職。
現　在：国士舘大学経営学部准教授
　　　　国士舘大学大学院経営学研究科准教授
　　　　博士（経営学），中小企業診断士
主　著：『現代日本企業の競争力－日本的経営の行方－』（共著）ミネルヴァ書房，2011年
　　　　『現代マーケティングの理論と応用』（共著）同文舘，2009年
　　　　『変革期の組織マネジメント－理論と実践－』（共著）同文舘，2006年
　　　　『地域企業論－地域産業ネットワークと地域発ベンチャーの創造－』（単著）同文舘，2004年

伊藤　友章（いとう・ともあき）〔第8章担当〕

1966年　千葉県柏市生まれ
　　明治大学大学院商学研究科博士後期課程単位取得
　　北海学園大学専任講師（1996年），助教授（1998年），教授（2007年）を経て，現職。
現　在：北海学園大学経営学部教授
　　　　北海学園大学大学院経営学研究科教授
主　著：『イノベーションと組織』（共訳）創成社，2012年
　　　　『市場志向の経営』（共著）千倉書房，2007年
　　　　『マーケティング・リテラシー』（共著）税務経理協会，2000年

庄司　樹古（しょうじ・たつひさ）〔第9章担当〕

1971年　広島県呉市生まれ
　　広島修道大学大学院商学研究科博士後期課程単位取得
　　浜松短期大学講師（2000年），助教授（2003年），浜松学院大学短期大学部助教授（2004年），浜松学院大学講師（2005年），北海学園大学助教授（2006年），准教授（2007年），教授（2011年）を経て，現職。
現　在：北海学園大学経営学部教授
　　　　北海学園大学大学院経営学研究科教授
主　著：『入門簿記 第三版』（共著）同文舘，2008年
　　　　『国際会計の基本問題』（共著）同文舘，2005年
　　　　『近代会計の思潮』（共著）同文舘，2002年

平成23年 8 月15日	初 版 発 行	（検印省略）
平成28年 4 月12日	初版 5 刷発行	
平成30年 3 月31日	増補改訂版発行	略称：経営学定点（増）

経営学の定点（増補改訂版）

編 著 者	©石 嶋 芳 臣
	岡 田 行 正
発 行 者	中 島 治 久

発 行 所　同文舘出版株式会社

東京都千代田区神田神保町 1 - 41　〒 101-0051
営業（03）3294-1801　　編集（03）3294-1803
振替 00100-8-42935　http://www.dobunkan.co.jp

製版　一企画
印刷・製本　萩原印刷

Printed in Japan 2018

ISBN978-4-495-38042-7

[JCOPY]〈出版者著作権管理機構　委託出版物〉
本書の無断複製は著作権法上での例外を除き禁じられています。複製される場合は、そのつど事前に、出版者著作権管理機構（電話 03-3513-6969、FAX 03-3513-6979、e-mail: info@jcopy.or.jp）の許諾を得てください。